复旦政治学评论

FUDAN POLITICAL SCIENCE REVIEW

复旦政治学评论
FUDAN POLITICAL SCIENCE REVIEW
复旦大学国际关系与公共事务学院
中文社会科学索引（CSSCI）来源

知识传播与学科自主性建构

复旦政治学评论

復旦大學出版社

目　　录

政治学教学研究

中国政治

比较政治

评论

Contents

政治学教学研究

关于中国政治学自主知识体系与教学法关系的思考*

苏长和**

[内容提要] 本文阐述了中国政治学自主知识体系与政治学教学法关系的一些问题，首先从古今中外知识格局演变的角度，阐述政治学自主知识体系在各大文明地区中的意义。古代中国有一套自己的治国理政知识体系。当代中国开创了伟大的中国式现代化道路，中国在政治发展和实践上积累了丰厚的政治学资源。作为一个世界政治大国，中国自然也有与之相称的政治学知识宝藏。政治学自主知识体系建设会带动政治学教材的教学育人改革创新，依靠政治学自主知识体系，我们就能解决好“教什么、怎么教、为什么这么教”这一新时代政治学的育人问题。本文最后还提出中国政治学者要重视在自主知识体系构建和教学教材育人中，加强对中国政治学知识原创性成果的认定和推广、使用的建议。

[关键词] 中国政治学自主知识体系；政治学教学；中国政治学知识

建设中国政治学自主知识体系是复旦大学政治学学科“十四

---

* 2022 年 8 月 1—5 日，复旦大学国际关系与公共事务学院举办了“中国政治学教学法讲习班”，邀请了学院政治学、国际政治、公共管理重要基础课程的教师讲授课程教学理念、方法等。本文由作者根据其在讲习班开班式上的发言稿修改而成。

** 苏长和，复旦大学国际关系与公共事务学院教授、院长。

五”规划中重中之重的任务。中国特色政治学知识体系构建实际上于2016年就已经被列为复旦大学政治学世界一流学科建设的第一个重点方向。我们做这个工作,固然是回应国家对这个问题提出的要求,同时,建设复旦政治学学派,也是几代复旦政治学人的愿望和目标。在中国政治学自主知识体系建设上,复旦大学国际关系与公共事务学院主要围绕两块展开:一是自主知识体系研究,抓手是编辑出版“政治逻辑丛书”和集中体现中国政治学自主知识体系成果的多卷本《政治学手册》;二是将自主知识体系构建贯穿到教学教材育人中,抓手是“中国政治学教学法”。这次学院主办的“中国政治学教学法讲习班”,就是我们第二块工作的内容之一。

我的报告围绕中国政治学自主知识体系与教学法关系来讲。内容分为四个部分:第一,从历史和当代世界知识格局看知识体系;第二,大变局时代中国的政治学知识体系;第三,自主知识体系和教学法关系问题;第四,珍惜及加强运用中国政治学知识的原创性成果。

一、从历史和当代世界知识格局看知识体系

其实,每个伟大的国家或者文明都有自己的一套知识体系。但是世界上将近200个国家,不是每个国家都有自己的知识体系的,也不是每个国家都有必要搞自己的知识体系。我认为几百万人口的小国家,其国内状况根本没有复杂到能够产生很多问题以及产生很多解决问题的各种方案,以致会形成一个知识体系,所以我觉得这类国家不可能也没必要搞自己的知识体系。这样说并不是对这类国家的不尊重,而是知识体系形成的规律如此,我们应该尊重知识体系构建的规律。但在文明和国家高度重合、社会高度

复杂到产生各类问题并且会产生多样选择方案的国家，它必须要有自己的知识体系，也具备知识体系生成的必要土壤。这涉及我们如何看世界政治的视角。过去很多时候以国家为视角，这个本身没有错，因为我们生活在主权国家作为基本单位的世界中，但是仅这样还不够，还需要引入“文明国家”这个概念，如果以文明国家来看世界的话，视野就会不一样。从知识体系意义上讲，世界上称得上“文明国家”的国度，都有或者历史上有过自己的知识体系，这套体系对文明和秩序的稳定和内源内生发展很有意义。

人文社科的知识体系，说到底是表明对自己以及世界怎么看？为什么这么看？对于这些问题的系统回答，集成为一套由自洽概念和逻辑构成的认识体系。在政治科学世界中，特别是政治学和国际政治领域，这套政治学知识体系往往又和意识形态、价值观、国内/国际政治的秩序紧密结合在一起，彼此各得其所，但又相得益彰。所以，政治学知识体系是学术的，但同时又是政治的，它需要直面政治或者现实政治的问题，我们过去将其称为“政统”，当代中国政治的“政统”则体现在我们的党章和宪法中。一套政治学知识体系将天下太平、国家精神、政治信仰、制度安排、治理之道、人民对美好生活的追求等贯通集成于一体，乃至进一步转化到政治教育教化中。它可以为政治稳定和政治秩序提供思想和精神支撑，是政治稳定和政治秩序的粘合剂。

我们阅览古今中外诸多方面的重要的政治学著作，其背后其实都有一套维护“政统”的叙事和哲学，基督教世界、伊斯兰世界、近代西方、古代中国、当代世界等，均概莫能外。各类政治学知识体系始终要解决关于“一”和“统”的问题。换句话说，政治学知识体系需要为国家或者一个文明树立一套政治价值和政治标准。政治价值和政治标准问题解决了，内部政治稳定和秩序的共同思想基础就有了。当然，讲“一”并不是反对“多”。但是现代政治似乎认为多元就是好的，一统就是不好的，这是不正确的，因为即使在现代政治中，没有以“一”为前提的“多”，也不会有政治秩序，今日欧美世界由于忽视“一”而突出多元，由此带来很多政治弊病。实际上，我们阅读西方主流政治史著作，不管什么政治思想学说，它的“一”和“统”很清楚，无非是希腊、罗马、近代资产阶级革命，然后20世纪这个“统”从欧洲转移到美国，有时被统称为西方精神，或者西方传“统”。比如，我们讲20世纪比较流行的西方自由民主政治学说，大致构成了西方的“政统”叙事，其基本上就是按照这个历史线索叙述的。那么这样的政治史叙事或知识体系确定了什么标准呢？就是西方政治和制度中心的标准。有了这个知识体系以后，它又衍生出很多叙事模式，比如说现代化叙事模式、民主化叙事模式，延伸到世界政治，就是一度流行的自由国际秩序那一套。这是自由秩序模式的政治叙事。这套叙事模式背后隐含的假设是，西方那一套制度和思想是先进的，其他地方的制度和思想在整个世界政治国际关系中意义不大；其他世界的政治发展应该朝着西方自由政治经济秩序那套模式去；凡是不符合这套标准的，就是“逆流”；凡是符合这套标准的，就是“大道”。以古代中国政治话语来解说西方政治发展的话，这就是它们希望实现的“天下大同”模式。

我前些年翻阅《统治史》一书，其实这本书名应该译成《政府史》。我看它的叙事最后就落脚到议会民主和现代国家。书中说现代国家有两个：美国和法国。是这样吗？《历史的终结》一书的叙事也是这样，有一套背后的知识体系和标准为支撑。美国特色国际政治理论讲自由国际秩序，也比较武断，把世界简单地化分为自由世界和非自由世界。像罗尔斯这样的学者，为了服务美国这套世界秩序政策，使这种说法显得学理一点，将世界分为“三个世界”：一个是自由国家组成的世界，一个是得体国家组成的世界，还有一个是专制和独裁国家组成的世界。这是西方知识体系支撑下形成的世界政治叙事，后面讲的亨廷顿的民主化世界政治叙事也是。所有这些著作内容和主题虽不一样，但是道理都一样，万变不离其宗，明白了我们就可以化繁为简，不为其所束缚。当然，自由国际秩序有时既不自由也不国际，可能只是一个小范围的秩序。俄罗斯人把它名字给改了，也就是将自由国际主义（liberal internationalism）改成“liberal interventionism”，叫作“自由干涉主义”。因为这类秩序在外在延伸时存在一个致命的缺陷，就是当假设自己代表政统、别人不代表政统的时候，必然产生强烈的冲动去改造甚至干涉别人，给其他民族和国家带来巨大的痛苦。这种做法恰恰是违背自由原则的。不管怎么样，西方世界内部有一段时间形成了政治叙事的“一”，其也有多元叙事，但是多元叙事不能撼动和挑战这个“一”，这是他们的政治规矩。这套政治叙事一度在世界上很流行，被视为不二选择，但是后面我们会说，实际上不是这样的，随着世界政治的巨变出现了政治叙事的知识竞争。①

回过头来看，其实中国古代也有自己的一套政治知识体系。阅读中国古代通典、通志，还有很多会要体的书，大家可以看到，中国古代有一套自己的政治概念、逻辑和分类的办法，形成了一套清晰连贯的政治叙事，发挥了政治知识体系在安邦定国、长治久安中的独特意义。像天下、家国、君民、王霸、义利、礼法、华夷，等等，这一套体系形成以后，对古代中国的政治稳定和继承，发挥了很大的作用。我们可以用博、大、精、深四个字概括我们古代知识体系的特点。记得 20 世纪 80 年代时流行一个概念，说我们古代封建社会呈现“超稳定结构”。“超稳定结构”更多是从经济政治含义定义的，实际上还有一个重要因素，就是其解决了政治道统问题，确立了完整的、连贯的、不断被结构性继承的政治叙事和政治知识体

① 马克思主义世界政治经济学通过对“解放”主题的阐释，为人类提供了一套人类从生产开始、以解放为归宿的最有力的政治叙事。自由只是这一政治价值序列的一个环节。现代西方政治学知识体系将抽象的自由作为话语建构的一个核心概念和关键命题，日益显示其知识体系的贫乏。

系。这套政治叙事和政治知识体系,同时通过教化转化到民俗和人们日常生活中,很好地交融在一起。当然,我们现在叫那套知识体系为“封建知识体系”。对比起来,有一段时间,我们也可以说,西方社会内部政治一直比较稳定,如果用中国的概念讲西方政治发展,就是一段时间西方社会内部也有一个超稳定结构。它们形成超稳定结构,一方面得益于其神学政治解体后,政治上重新解决了共同思想、政治基础这个问题。即20世纪时其核心知识分子集团通过对民主话语、自由民主话语的改造,确立了新政治叙事。当然了,现在它们(西方世界)内部在社会政治以及对外关系方面也碰到问题,“是否能够维持稳定”成为其内部政治中的一个棘手问题。一定意义上,如果西方内部出问题的话,一定是其政治学理论、政治学说和政治教育出了问题。不管怎么样,对于整个西方政治学知识体系,我们同样可以像概括古代中国政治知识体系一样,用博、大、精、深四个字进行概括,要承认其贡献,但是必须看到其局限,乃至给予切实的批判。

另外我们再来看阿拉伯伊斯兰世界内部,它要形成超稳定结构也需要解决政治道统和知识体系叙事的问题。阿拉伯伊斯兰世界在这个问题上处于探索进程中,二战后阿拉伯伊斯兰世界的政治自觉和独立意识很强,但是现在它还处于自身政治发展道路的探索之中,在整个世界政治知识格局中,它还处于边缘。总之,这个世界上,只要有一个文明地区或者文明国家,它就一定要在政治上解决“政统”这个叙事问题,这是前面我说的最大的政治问题,也是几千年前政治学经典著作《尚书》所强调的。

当然在历史上道统和叙事有可能来自不同的政治知识资源。在政治学知识格局中,有的知识体系主要来自宗教,或宗教和世俗的糅合,例如即便我们阅读现代西方政治学著作,也能看到不少政教不分的内容,虽然西方政治学教科书告诉人们,经过宗教革命和资产阶级革命,西方政治实现了政教分离。对之,人们不能只看其书上怎么说,还要看现实政治仪式和政治生活。就此来说,当代中国政治学知识体系的知识资源来自古代中国优秀的治国理政文化、马克思主义经典政治经济学著作、中国化马克思主义政治思想理论成果以及当代中国伟大的政治实践和创造。这是中国政治学知识体系的思想根基。任何类型政治学知识体系,原理上都要确立政统及其叙事。一套政治叙事,不是简单地讲故事,它一定有一套概念和逻辑。政治叙事应该讲清楚内部的法律、政治、制度、秩序、人民等概念,也要讲清楚它跟外部世界的关系,也就是讲清楚内外政治,能够说明它自己的政治和外交哲理,赋予政治以合理化、理想化力量。同时它还不是高高在上的,它能够转化、普及到国民的政治教育中去,从而起到凝聚大部分人、形成共同的政治思想基础的作用。这就与我后面要讲的教学法主题联系在了一起。

这是本文第一部分,我从古今中外比较的视角来谈知识体系在政治秩序中的意义。这个视角是古今中外"会通法"。①

二、关于世界大变局时代中国的政治学知识体系

新中国成立以后,我们也一直面对着知识体系和意识形态的关系问题。我们各个大学的政治系老师在讲中国政治学历史的时候,都会知道,当时他们所在的马列主义教研室、科学社会主义教研室和政治学教研室是被视为一体的。那时关于世界历史和中国历史有一套新的叙事,也就是马克思历史唯物主义政治史叙事,讲中国的历史是这样,讲世界的历史也是这样,按照原始社会、奴隶社会、封建社会、资本主义社会、社会主义社会这样叙事。在这套

① 有关"古今中外法",参见毛泽东:《如何研究中共党史》,载《毛泽东文集》(第二卷),人民出版社,1993年,第400页。

历史哲学主体下，也有一套关于世界政治的叙事。有“三个世界”的叙事，有支持民族解放运动的叙事，有反帝反霸反殖、建立新世界的叙事。20 世纪 80 年代末 90 年代初，大学文科各个院系都有马克思主义为指导的各学科理论研究，涉及政治学、政治经济学、社会学、新闻学、教育学、历史学、世界历史、文艺理论，等等。在马克思主义指导下，当时我们形成了一套哲学社会科学知识体系。所以，有人说新中国成立以来我们没有自己的知识体系是不准确的。就知识体系而言，一是我们古代有，二是在新中国成立以后，相当长一段时间有马克思主义指导的各个人文社科的知识体系。这套知识体系深化普及到政治教育中。差不多 1980 年前后出生的一代人，大部分受惠于这套马克思主义哲学社会科学知识体系。

但是为什么我们今天讲这个问题？为什么说加快构建中国政治学自主知识体系很重要？党的十八大以来，习近平总书记在 2016 年 5 月 16 日哲学社会科学座谈会上以及 2022 年 4 月在中国人民大学考察时，讲到加快构建中国特色哲学社会科学理论体系和中国自主知识体系的重要意义。“这是一个可以出理论而且一定能出理论的时代，这是一个可以出思想而且一定能出思想的时代。”另外，各位高校一线教师都有感受，这些年中央特别重视教材问题，将教材提高到国家事权的高度，提高到国家文化战略（意识形态安全、政治安全）的高度，说明中央对这个问题非常重视。我这里强调一句，就是教材是国家事权，政治学教材更是如此。世界上没有一个政治大国不重视这个，凡是不重视的，将教材建设和评价体系拱手让给别人，最后其在政权和政治上没有不栽跟头的。

我们知道，20 世纪 90 年代以后，英美的学问被大规模介绍进国内（进来的时候打着“国际学术标准”的名义，很有迷惑性），中国化马克思主义的知识体系建设得不够，各种因素导致在一些学科领域，马克思主义的观点一定意义上失踪、失语、失声，①社会思潮出现多元化趋势和态势。前面说到，我们搞政治学和国际政治的都明白，在任何政治社会里面，多元并不是绝对好的，什么意思呢？就是一个社会和政治秩序，它一定要处理好“一”和“多”的关系：要“一”中有“多”，不能“多”中无“一”，没有“一”只有“多”，往往容易导致无序。那种认为“一”就是不好，“多”就是绝对好，是政治正确，这是很偏颇的。在世界政治中，欧美最近在这个问题上栽跟头了，栽的什么跟头呢？走到多元主义和个体自由主义的极端，它内部的“多”要取代“一”，或者“一”在式微，因此出现社会思潮的混乱和动荡，开始反思绝对的多元主义。这是亨廷顿和欧洲的一些学者一直担心的。对我们来说，各种学术流派纷呈当然是好事，但是主流的、主体的知识体系是什么？主流的、主体的知识体系是不是被大多数学人自觉地、一以贯之地认识并实践？这些有时还真要打上问号。马克思主义的指导地位是宪法和党章规定的，那么我们作为人文社科研究和教育者，是不是做到了以马克思主义为指导？现在几乎每个学者都认识到构建中国政治学知识体系的重要性，但是如果我们阅读很多期刊文章，其基本还是欧美理论-中国经验这样的写作和论证模式。我们很少有用我们创造的理论去把别人作为案例和经验检验的论著，不是外为中用，而要中为外用，这说明我们还不是能动的解释者，只是被动的被检验者。

在当代中国，我们讲自主知识体系的重要性，有一个交汇期，这个交汇期就是中华民族伟大复兴和世界百年未有之大变局。那么，我们现在有没有一套比较成熟的、定型的，能为自己以及自己与世界的关系提供稳定的解释的系统，为中国成为世界政治大国服务？认真琢磨起来，我们这方面还是存在不足的。因为存在不

① 习近平：“实际工作中，在有的领域中马克思主义被边缘化、空泛化、标签化，在一些学科中‘失语’、教材中‘失踪’、论坛上‘失声’。这种状况必须引起我们高度重视。”参见习近平：《在哲学社会科学工作座谈会上的讲话》，《人民日报》2016年5月19日。

足,我们就发现我们的政治和外交有很多了不起的实践和创造,但是学理化、知识化、系统化、普及化做得不够,有时感觉有理没说出。所以,有时候会发现,人们在一些大问题上,看法有分歧。对我们制度、政治发展、外交、中国与世界关系,以及一整套政治外交实践成果,坦率地讲,政治学和国际政治学在这一块,不是将所有的问题在理论上都说清楚了。如果说不清楚,怎么谈政治自信和学术自信呢?进而言之,如果没有自己的政治学自主知识体系,有的时候在面对外来政治知识的时候,有人就会缺乏鉴别能力,缺乏免疫能力,很容易被别人带着走。我们自己是这样,教出来的学生可能也是这样。

古代中国在面对外部世界的时候,政治上是很骄傲的,就如前面说的,我们有一套自己的成熟的政治知识体系。当然,现在我们也可以说,我们其实在政治文明和政治创造上很自豪,很多中国学者在骨子里是不认西方那一套的,觉得那一套政治文明不代表人类对更好政治追求的方向。所以大家会看到,西方的制度文明扩张到东亚的时候,它就停止了。这就说明,我们社会和政治中一直存在非常强大的力量,就是始终存在的不自觉地要构建自己政治学自主知识体系的那股力量,它对另一类政治文明的扩张形成了强大的抵抗。我认为这种抵抗对世界政治的进步是有积极意义的,为人类探索更好的制度方案和政治文明进步提供了新的选择和可能。

三、自主知识体系和教学法关系问题

前面两部分讲自主知识体系。下面,结合自主知识体系,讲讲它和教学法的关系问题。

重视政治学自主知识体系的构建,也要同时重视以自己的知识体系为基础的政治学、公共管理和国际关系的教学法改革和建设。知识体系立起来了,其一定会影响到教学、教育、教材。教学法是什么?教学法就是要解决"怎么教""教什么""为什么这么教"这些问题。习近平总书记在关于教育的重要论述中,提出"培养什么人、怎样培养人、为谁培养人"的教育之问。① 作为教育工作者,要回答好总书记提出的问题,就要在教书育人工作中抓住"怎么教""教什么""为什么这么教"。自主知识体系和教学、教材、课程紧密联系在一起。教学、教材、课程讲授的是主流、成熟、稳定的知识,其背后是自己的知识体系,这个并不排斥外来的知识。中国政治学知识体系最后要转化、普及,重要的一点是通过教学教材体系进课堂,发挥自主知识体系的育人功能。

目前中国的政治学研究和教育大致分三块:一是马克思主义政治学研究和教育,二是党的创新政治理论研究和教育,三是研究介绍西方政治学理论(由于受到西方政治学叙事的影响,这块有时误将西方政治学知识当作人类普遍的现代政治学知识)。这三块基本是分割的,有时在具体操作中甚至是对立的,学生在思想政治课上学马克思主义,但是一些专业课教学教材中的主要理论来自英美。学术研究中坚持马克思主义为指导思想,但在具体研究议程和过程中,有时马克思主义、党的创新理论又被丢了,有人甚至为了迎合西方的社科口味和标准,一味地用西方民主理论来检验中国政治经济发展。这说明目前的政治学研究和教育,与国家的期待还有很大落差。要克服政治学教育教学条块分割的缺陷,就需要将加快构建政治学自主知识体系同政治学教育教学更好地融合在一起。

这里我选择三个重要的政治学命题,讲一下自主知识体系和

---

① 习近平总书记2018年9月10日在全国教育大会上的讲话。参见《习近平总书记教育重要论述讲义》,高等教育出版社,2020年。

教学法的关系问题。第一个是政治学中的“民主”，第二个是政治学和公共管理中的“政府”，第三个是国际关系中的“现代化”。选择这三个命题，一是因为这三个命题在当代西方政治学知识体系中占据重要位置；二是因为中国政治学研究和教学近几十年来在这三个命题上受到西方政治学知识体系的影响大，人们或多或少习惯用西方政治学知识体系中这三个命题提供的叙事和标准来阐释中国政治发展道路，这样有时导致对中国政治发展的极大误读甚至误导。关于这三个重要命题的阐述，有些人好以西方政治学知识体系为参考标准，对此缺乏批判意识。而实际上，当代中国政治学知识体系本来就在这三个命题上拥有自己的一套解释体系，且这套解释体系能对外来的知识形成覆盖和超越的学术效果。

（一）民主

民主化叙事是当代西方政治学话语体系的重要内核之一。民主本来是社会主义政治学的关键概念，本质含义是人民民主。美国战后通过对“民主”定义的系统学术改造，将西方政治中的多党制、利益集团政治、一人一票选举、三权分立等特殊性知识，置换掉了人民民主的本质含义，在政治叙事上将西方制度体系的特殊知识，用普遍性的民主概念进行表述。回顾美国政治学发展历程，可以看出这个工作由三个或隐蔽或公开的部分组成：一是熊彼特、亨廷顿、达尔、福山等核心政治学者对民主概念进行改造，将代表西方政治制度核心特征的内容转换说成是普遍的标准、民主的标准，构造出一套所谓现代政治学知识体系；二是这个知识体系建构工作完成后，将其转化到大学政治学、经济学、社会学、法学、历史、哲学等教材中；三是动用政府、社会组织、基金会、大学、媒体、评价体系（奖项的设立、学术议程的设置、媒体话语的强置）等全方位力量在国内国际进行战略传播和推广。关于民主化的叙事，亨廷顿讲的民主化“三波”（浪潮），学界都很熟悉。其实大家仔细一想，这个世界上很多国家争取民族解放、争取独立,很多国家从殖民地半殖民地体系奴役中独立,社会主义国家对好的政治的探索,包括我们国家一直在探索好的政治和制度,以及国际关系中的民主化,大家看看这些进步因素,在亨廷顿的所谓三波民主化浪潮里是没有的。为什么没有?因为他背后有他的政治叙事标准,有一套他的知识体系。如果我们按照他的这套叙事讲世界政治,那跟美国讲的基本上是一样的,还是在他的框架里讲。现在不少人在讨论新冷战,所谓"民主化"浪潮,也是过去文化冷战的产物,是冷战政治学的产物。① 所以,我们的政治叙事对世界要有启蒙,如果顺着文化冷战的国际政治叙事讲,就会把自己不自觉地带入别人设置的陷阱中。因此,对一个解放的新世界,关于更好的世界的叙事恐怕不能够这样讲,而要把这个更多被遮蔽的进步因素呈现出来,把真正的世界呈现出来。

民主是社会主义核心价值观之一,也是中国在世界倡导的全人类共同价值之一。政治学、公共管理、国际关系学科都回避不了这个问题。在中国政治学自主知识体系中,民主的叙事如按照英美特色政治学,也就是希腊-罗马-近代资产阶级革命-欧洲大陆-美国-几波民主化(民主-专制或威权二分)这个叙事来讲,最后会将中国政治道路引导到英美政治道路上。而如果马克思还活着,或者一个真正的马克思主义学者去考察美国及西方政治,他不会认为那套东西就代表着真正的民主,其话语体系应被称为资本主义民主。作为一个马克思主义者,回到马克思主义,回到中国共产党,回到当代中国政治实践,回到民主的本来要义,民主的叙事就是:人类各大文明早期的贡献——近代资产阶级革命时期民主理论及其局限性——马克思主义政治理论对其的超越(人民民

① 这里主要内容摘自苏长和:《两种民主传统与中国民主的学术表达》,《红旗文稿》2015 年第 17 期。

主)——社会主义运动——战后各民族争取民主、独立、自由的进步性——中国革命——当代中国民主政治(人民民主、党内民主、协商民主、全过程人民民主等)——国际关系民主化(公道公正共商的新国际秩序)。

民主这个叙事涉及自主政治学知识体系构建,各方面形成一致并共同发力,这些成果应该被转化到教学、教材中。想一想,我们现在是不是在这样做?如果不是,应该怎么做,我们的认识需要一步步去改变。

(二)政府

我们学院教师刚出版了一本书:《马克思主义政府原理的中国逻辑》,[①]这是本研究政府理论和中国政治的书。当今流行的政府学说多从代议政府的逻辑展开。对于那套政府论的主要观点,人们已经习惯于不假思索地接受,奉之为政府理论的圭臬,鲜有批判和质疑。这些观点包括:政府为恶的假说,即政府是不值得信任的,政府像理性人、经济人那样是自利的,会为自身利益考虑;政府应该是"小"政府,不干预、少干预的政府才是好政府;政府与市场、政府与社会是对立关系;政府是否民主只能根据是否存在竞争性多党政治的定期选举来判断;由于受到竞争性政党制度的约束,政府的施政理念不得不在不同政党的理念间摇摆,本应守正持中的政府由于竞争性政党政治而被扭曲;受竞争性政党轮流执政的影响,政府的对外政策和行为常常因为党派政治而剧烈变化。

这里要问,这就是唯一标准的政府理论吗?我们是不是按照这种政府理论及其派生理论在教育我们的学生?如果学生都是这套理论教出来的,将来他们在公职机关工作了,会怎么样?我问这几个问题,都是与自主知识体系(政府理论)和教学法有关系的

① 陈明明:《马克思主义政府原理的中国逻辑》,上海人民出版社,2021 年。

问题。

中国政府理论的很多特点,有的特殊,有的具有普遍意义。第一,政之所要,在乎民心。传统的中国政治和民间认识并不会从政府天然为恶的简单假设来认识政府,而更多从政府的执政状况和民心向背来判断政府的优劣善恶,得人心、得民心的政府就是恪守政道的政府。第二,政府为公思想。政治以及政府是公和正的代表,政府应该是公道的政府。这与传统中国政治所讲的“天下为公”和马克思主义政治学中的为公思想是相通和一致的,与多党制支配下政府只代表部分利益的理念截然不同。第三,由于政府本身就是公和正的代表,因此其肩负着仲裁判断的一部分法律职能。在中国政治理论中,政和法有时结合在一起,于是有了“政法”(注意不是“法政”)这样的政治学概念。第四,政府为民或人民政府思想。中华人民共和国的缔造者在所有国家机构的名称中均加上“人民”二字,突出的是政府为民思想。一个为公的政府否定了一些政治学理论中政府为私或者自利的假设,人民政府本身并不代表哪一党、哪一派、哪一部分人的利益,它代表了绝大多数人民。人民政府本身没有利益,因而不能根据西方政治经济学的经济人假设、理性人假设来理解和分析政府。第五,在当代中国政治中,中国共产党、政府、立法司法机关和监察监督机构是一个逻辑上的整体,这与现代西方政治的代议制逻辑中上述机构之间的分立制衡是不一样的。虽然在政治学的研究中,为了理解上的方便,人们会以狭义的行政部门的概念来定义政府,将政党、政府、立法机构和司法区分开来,但是在中国人民的习惯认知中,党、政府、人民代表大会和司法机构均被视为人民政府的一部分,民众还会用“公家”来笼统地指代这些机构。第六,社会主义中国会限制、隔绝资本和政治之间的勾连,确保人民政府的公道性,保证政府不被利益集团政治俘获或绑架,制定和执行面向最广大人民的公共政策。这同很多国家中资本俘获政府的政治模式截然相反。第七,政府和社会、市场是互补而不是对立关系,是合作而不是对抗关系,同时我们强调有为政府和有效市场,这有别于西方新古典政治经济学以及“华盛顿共识”所推崇的极端“小政府”和私有化理念。政府不是越大越糟,也不是越小越好。政府的治理能力和质量是衡量其优劣的关键标准。第八,中国共产党的长期执政决定了中国政府必然且内在地是一个承担完全责任的有担当的政府。中国政府近乎无限的责任与多党制逻辑下的政府只会承担有限和部分的责任形成了鲜明对照。对后一类型政府的问责经常因为政党轮替而被自动豁免,而且这种责任豁免还合乎制度程序。相反,在中国政治中,政府在理论上的责任还是跨代际的,其在行政上既要对前任的政府行为负责,也要对之后的影响负责,因而政府的视野和规划要比选举政治下频繁更替的政府更为长远,行为也更为节制,并且更有担当。①

说到这里,人民政府来自人民(from the people)、植根人民(in the people)、为了人民(for the people),以及习近平总书记讲的“江山就是人民,人民就是江山”,就是我们政府论中的经典政治学名句。我不是说这套政府论就很成熟,但其确实是中国人对政府的理解,有中国特色,也有世界一般意义,这些内容需要转化到政治学、公共管理教学和教育中。现在一些学生的论文写中国治理,上来就假设(受新自由主义政府观以及公共选择学派影响)政府是自私的、恶的、小的、为利益博弈的,我们作为老师,是不是自己要反思一下?如果这样教出来的学生进入党政机关工作了,那潜在的后果是什么?这里提这个问题,是再次说明自主知识体系与教学法关系问题的重要性。

① 这里主要内容摘自苏长和:《世界需要新的政府理论》,《北京日报》2020 年 8 月 17 日。

（三）现代化

习近平总书记2021年在庆祝中国共产党成立一百周年重要讲话中讲到中国式现代化道路，2022年7月26—27日在省部级主要领导干部专题研讨班讲话中也讲到中国式现代化道路。中国式现代化道路是党的创新理论的一个重要概念，同时也是政治学自主知识体系中要深化研究的一个重要命题，其对于政治学教学教育也很有启发价值。

社会科学教材教学中经常讲到现代化理论。站在全人类共同价值和人类命运共同体角度看待现代化道路，就需要将过去西方现代化道路模式的普遍性还原为特殊性，将真正的现代化道路模式予以普遍性。所以，概括中国式现代化道路，需要做一些理论立标的工作，从而掌握我们关于现代化的叙事、定义权和解释权。为此，需要确立中国式现代化道路的标准，需要将中国式现代化道路的特殊性转化到现代化道路的一般性中进行叙事。这个工作也是自主知识体系构建过程中的一项重要工作，做好了，它就被转化到我们政治学、国际关系、经济学的教学和教材中，增强学生的道路自信、理论自信、制度自信、文化自信。而对政治学科、公共管理学科、国际政治学科的育人来说，就是要增强学生学者的政治自信。

从普遍意义上说，人类现代化道路大致有如下四个标准。第一个标准，现代化道路是否实现了自身发展。过去西方实现现代化，一般我们称之为发达国家。我们全面建成小康社会，也实现了自身发展。按照这个标准，中西现代化道路各有千秋。人们通常也是按照这个标准将世界分为发达国家、发展中国家等类别。第二个标准，现代化道路的发展成果是否为更多的人、绝大部分人所共享。按照这个标准，西方过去确定的现代化道路模式在一些国家内部造成巨大的贫富差距，这条道路存在问题。中国现代化道路实现了人类社会中人口规模最大的群体的发展和共享，现在在解决贫困问题后继续推进共同富裕。中国的现代化道路之所以如此,同我们“社会主义”以及中国共产党执政为民、以人民为中心的发展思想有关。在这个标准下讲中国现代化道路,我们会有政治制度的道义优势,就会促使我们在马克思主义、中国社会主义政治经济学理论下思考现代化道路。第三个标准,现代化道路在实现国家发展的同时,不以侵略、掠夺、扩张、殖民别的国家为代价。或者国家间互不相害,和平发展。按照这个标准,西方现代化道路不具有普遍意义,其历史上有很多对外扩张殖民掠夺的事例,如果各国发展道路都这么走,对世界就是灾难。中国现代化道路是和平发展的现代化道路,在世界上不输理;推而及之,各国如果共同走和平发展的现代化道路,新型国际关系和人类命运共同体的建设才有基础。在这个标准下讲现代化道路,我们就会有外交和国际关系的道义优势。第四个标准,就是在实现自己发展的同时,与其他国家共同发展。有的国家的现代化道路在这一点上不符合这个标准。中国努力同其他发展中国家共同合作,实现共同发展。这一点上,我们有道义制高点。

围绕这四个标准,各门社会科学(政治学、经济学、社会学、国际关系等)都可以作学理展开。同时,在国际传播中,有了自己的定义和标准,就容易进行比较和对话。这四个标准(或许还可以再丰富)是真正的现代化道路标准,具有道义性,不能说完全普遍地代表了所有的现代化发展道路类型,但是更多国家走这样的现代化道路,新型国际关系的建立就有可能,世界和平更有保障,人类命运共同体就有坚实的基础。

目前我们的发展政治学、国际政治理论关于现代化的自主知识体系中,是否有我们自己普遍的标准来衡量现代化道路?既然我们反复说现代化不等于西方化,那我们的现代化理论是什么?在国际关系教学中,是不是对那种带来侵略和扩张的现代化道路要给予更多的批判?在批判中确立新的现代化一般标准。这些都是在自主知识体系生产过程中，我们教学法的提高所要解决的问题。怎么教、教什么、为什么这么教，对之我们心中要有数。

以上讲了三个例子，推而广之，如以政治学原理这门课为例，欧美政治学原理是不讲党建的，那我们是不是就因此不讲了？中国政治学原理恐怕必须要有这一块内容。再如，政治学里还有民政，民政是中国古代政治知识很重要的一方面内容，实际上其他国家的政治也重视民政。大家注意到疫情期间各国治理的差异，疫情治理其实很大一块涉及民政思想。西方政治知识体系里没有“民政”这个概念，难道我们的政治学知识体系里就不要讲这个重要内容了吗？反过来，我们是不是可以用民政来研究对方？现在人们大多喜欢使用欧洲的福利政治概念，但是中国政治学知识体系中的民政概念与福利政治概念相比，无论在思想、内涵和实践哪方面都要更为丰厚。政治思想史（含国际政治思想史）也是如此，我们如按照欧美提供的几大流派来讲，那你写出来的书不会超过别人。但是我们可以把古今中外融合起来，写有我们自己理解线索的政治思想史，例如按照“天下为公”而不是“天下为私”政治哲学线索来写。比较政治学中是不是要引入“规模”这个关键概念？毕竟超大规模国家治理和那些人口几十万几百万的袖珍微型国家的治理不可同日而语。“追求权力”“无政府”是不是就如美国特色国际政治理论假设的那样是国际政治的本质？类似这样的反思性命题和建设性命题有很多很多，它们为中国社会科学学者提供了很多创新创造的机会。

按照这个思路来思考自主知识体系和教学法的关系，就会将我们的视角和思路彻底打开。这在认识上是从“别人怎么说”到“我怎么说”的思想解放过程，从马克思所说的从以往教条的“重力思想”中解放出来。解放不正是认识自由的目标吗？政治学自主知识体系构建首要的是在一些重要学术概念、理论命题、学理逻辑等方面确立自己的解释标准；政治学自主知识体系和党的创新理论并不割裂,反而在道理原理上相通自洽;教学法的改革创新是将这些扎根本土的学问转化到教材教学和课堂中。由此,实现传授知识和育人的统一。当然,知识体系立起来以后,不仅会促进我们目前政治学、公共管理、国际政治的教学教材体系改革,还会逐步促进评价体系的完善。

四、加强对中国政治学知识原创性成果的认定和推广、使用

世界政治的知识格局在变动,这是百年未有之大变局时代在知识层面上的一个重要表现。中国注定是一个世界政治大国,但是不是政治学大国?如果还不是,我们的政治学、公共管理和国际政治学科能做什么?我个人觉得,构建我们的政治学、国际政治、公共管理的知识体系,不是指与外部世界不来往了,要自搞一套。当然也不是"为了与国际对话,为了让别人听得懂,完全照搬别人的概念和理论,拿来就用,来构建我们的政治外交知识体系"。如果这样的话,最后我们生产的就不是自己的知识,只不过是为别人的知识体系做一些添砖加瓦的事情。

在国别政治中,像中国这样的超大规模国家的国家治理,涉及很多本土的政治和行政知识资源。由于中国学人对国家治理的关注和重视,治理成为世界政治学界的一个重要学术议程。所以我们很多了不起的政治知识与实践,在英美的政治知识体系中很少被看到。研究非洲的学者告诉我,我们中国学者研究非洲,大致分两类,一类是用欧美的政治经济发展理论研究非洲,另一类是利用从中国政治经济发展中概括的理论和概念与非洲学者交流国家治理经验。非洲朋友说,非洲学者对伦敦、巴黎、华盛顿提供的非洲发展学耳熟能详,他们最希望听的是第二类学者的观点和合理化

发展建议。这些都是值得我们注意的世界政治知识领域发生的现象。我们要把政治实践中的很多政治创造学理化、体系化,同时通过国民教育进行普及,从而树立自己的政治叙事和标准。有了这些东西以后,我们才能有政治自信和外交自信。

最后,我想突出讲一下一直被我们忽视的中国政治学自主知识体系和教学法关系中有关中国政治学自主知识原创性成果的认定和推广运用问题。

学术为天下之公器,在广泛使用中让各方受益,本不能独占和垄断。但是人类历史中很多让人一目了然的标识性政治概念、理论,则有创造的"注册"和归属,以示对创造者的尊重。这方面至少有两个现象值得我们重视。其一,在中国政治学知识生产过程中,我们往往将我们独到、独特、独有的政治创造,在文献综述中不自觉地归到外人那里。以"协商民主"这个概念为例子,我注意到不少中国学者研究此类主题的论著,将其溯源为美国学者最早提出这个概念。造成这种原创政治实践和知识成果流失的原因之一,是我们用中国独到、独特、独有的"协商民主"这个概念,去翻译外来的 deliberative democracy 这个词,久而久之,误导读者以为这个创造性政治知识是美国学者原创的,而实际上两者说的不是一回事。其二,在自主知识体系和教学法关系中,要重视对中国政治经典文献资源的阅读、保护和使用。在教学知识比重中,我们一度比较重视介绍外国其实主要是美西方的政治思想理论学术,但是,对构成中国政治学自主知识体系几大来源的知识重视不够,在课程安排、课堂讲授、教材建设等方面做得不够好。例如,对有关中国共产党人的经典政治、行政、外交文献及党规、党的文件在研究和教学中使用不够。既然做得不够,就应该着力去改善这种状况。这也是复旦大学政治学、公共管理、国际政治学科在"十四五"期间拟建设当代中国经典政治文献选读、当代中国经典行政管理文献选读、当代中国经典外交文献选读三门课程的初衷所在。将构成中国政治学自主知识体系几大来源的经典文献的研究阅读，贯穿到教学育人过程中，从而切实保护好、使用好我们的经典政治学文献，这是一流学科在传承发展中应该承担的薪火相传的责任。

The Relationship between Chinese Political Knowledge System and Political Education: A Reflection Approach

Changhe Su

Abstract: This paper provides some suggestive reflections on Chinese political knowledge system and political education. It begins to evaluate the importance of political knowledge system in the evolution of different civilizations, and then reiterates the meanings of ancient Chinese political governance knowledge system. In current world, China need to develop its own political knowledge system to match its rising role in world politics, and it put forward that we need to frame the knowledge system based mostly on its rich political resources. The framework of political knowledge will promote the process of political education, and tells us to rethink what we teach, how to teach and why teach in research and teaching in political education. The paper also reminds Chinese political and international studies students to protect Chinese political intellectual rights in their research and teaching areas.

Keywords: Chinese political knowledge system; political education; Chinese political intellectual rights

中国特色比较政治学的学术资源与理论框架*

郭定平**

［内容提要］ 当代中国比较政治学研究在改革开放以来的四十余年中取得了显著的成就，但在理论创新和自主知识体系构建方面存在不足，与新时代中国现代化国家建设的要求存在较大差距。构建中国特色的比较政治学必须坚持和加强马克思主义的指导地位，注重发掘和利用中华优秀传统文化，学习和借鉴西方比较政治学研究的理论和方法，总结和提炼中国特色社会主义政治建设和发展的成功经验。从中国特色比较政治学的知识体系框架看，可以在政治社会、国家建构、治理体系、政治过程、政党治理和治理绩效等方面进行比较研究，率先形成知识积累。中国特色比较政治学的构建是一个长期的理论创新和知识积累过程，需要政治学人的不懈努力。

［关键词］ 中国特色；比较政治学；理论创新；自主知识体系

比较政治学是当代政治学的一个重要分支学科，其与社会科学的其他主要基础学科相互交叉，在当代学术发展的百花园中争奇斗艳、引人瞩目。当代中国的比较政治学在改革开放以来的四

* 本文是根据2022年8月作者在复旦大学国际关系与公共事务学院举办的中国政治学教学法讲习班上的发言稿修改、补充而成，参加讲习班的各位老师和同学提出了富有启发性的问题，沈大伟博士协助整理了部分内容，在此一并致谢。

** 郭定平，复旦大学国际关系与公共事务学院教授。

十余年中,随着政治学在中国的恢复发展和中国的快速崛起已经成长为一门显学,并在学科建设、学术成果与研究方法等方面取得了长足的进步和重大的成就。但是,如何发展和建设中国特色的比较政治学教学与研究体系,这方面仍然存在很多不足之处。特别是对照2022年4月习近平同志提出的加快构建中国特色哲学社会科学、构建中国自主知识体系的这个目标,中国比较政治学的发展仍然存在很大的差距。在此我结合教学和研究,着重谈一谈中国特色比较政治学的学术资源和理论框架问题,希望引起大家的思考和讨论。

一、中国特色比较政治学的学科性质

比较政治研究在中国可以追溯到先秦诸子百家的著作,可谓历史悠久、源远流长。1949年新中国成立后,即便有一段时期没有独立的政治学科,仍有不少学者和研究部门对外国的政治发展进行介绍和分析,并积累了一些有价值的研究资料。但是,作为一门独立分支学科的比较政治学则是在邓小平同志提出政治学要"补课"的任务之后,从20世纪80年代才真正开始发展起来。一些学者开始引进国外比较政治学研究理论成果,还有一些学者尝试建构自己的比较政治学理论体系。前者以1987年上海译文出版社出版的加布里埃尔·阿尔蒙德等人的著作《比较政治学:体系、过程和政策》(曹沛霖等译)为代表,后者的典型则是同年由上海人民出版社出版的《比较政治分析》(王沪宁著)。此后中国的比较政治学研究就得到了迅速发展,特别是进入21世纪以来,随着中国加入世贸组织,中国经济快速发展和国际地位不断提升,共建"一带一路"成绩斐然,中国与世界各国的联系日益紧密,中国的比较政治学研究进入了一个“追赶型学术发展的阶段”。①大量成果以国外比较政治理论前沿综述和地区国别政治发展评述为主,也有少数运用严谨的比较研究方法进行的前沿性专题研究。从中国比较政治学发展的历史背景和时代特征看,我认为主要可以从以下三个方面来理解比较政治学。

第一是以研究区域来定义比较政治学。有的学者对比较政治学的理解比较宽泛,认为所有的社会科学都是要做比较的,因此可以说,“现代的政治学就是比较政治学,比较政治学就是现代的政治学”。② 但具体看,现代政治学与比较政治学其实是有差异的。我们通常对比较政治学的一个基本理解,就是要对世界各国的政治,乃至一个国家不同时期、不同地区的政治进行一些比较。比如,在中国,上海的政治和北京的政治可以比较。在日本,关东政治和关西政治也可以比较。所以,有国家与国家之间的比较,也有一个国家内部不同地区、不同时期政治的比较。这样一来,我们讲的比较政治学就成了“政治学”,政治学各个方面的内容,比较政治学也都研究。但是针对一些具体问题,我们在做学术研究,特别是进行学科建设和大学教育时,你不能说政治学涵盖一切,或者说比较政治学涵盖一切,彼此还是要有一个基本区分的。比如说在美国,美国政治就不在“比较政治学”里面,所以在美国的学术分类和学科分类中,有一类叫“美国政治”(American politics),另有一类叫“比较政治”(comparative politics),二者是并列的。所以在美国的大学里,比较政治学是指美国政治以外的各国政治。这就是按照研究区域来定义比较政治学。如果这样定义,其实比较的区域是相对的,比如在中国,我们单独开一门“中国政治”的课,比较政治就是讲中国以外的政治,美国政治则被纳入“比较政治”中了;在日

① 房宁主编:《新中国政治学研究 70 年》,中国社会科学出版社,2019 年,第 312 页。

② 潘维:《比较政治学理论与方法》,北京大学出版社,2014 年,第 17 页。

本，如果单独开一门“日本政治”的课，比较政治就是讲日本以外的政治，那么美国政治和中国政治都被纳入“比较政治”中了。所以，如果按照研究区域来定义比较政治学，实际上涵盖了所有的区域。而且从历史演变看，我们发现比较政治学也涵盖了差不多所有的区域。比如亚里士多德当时研究古希腊的城邦政治，他不是研究某一个城邦，而是研究所有的城邦，《政治学》这本书内容就涉及很多城邦，我们称之为比较政治学研究的开山之作。当代政治学的大发展也是基于很多的区域研究，当然其中发展中国家的研究会比较多一点。

从当前中国比较政治学发展看，经过我们这些年的努力，其地域的覆盖面已经大大扩展。在改革开放初期，我们推动比较政治学发展，主要是关注一些西方大国和少数有代表性的发展中国家。随着中国国际影响和国际交流的扩大，中国比较政治学的关注对象已经逐渐扩展到世界许多国家和地区。这里，我想特别强调两个重要的时间节点：一是从 1999 年开始，教育部推动在全国一些力量较强的高校和科研院所建立人文社会科学重点研究基地，比如在复旦大学就有美国研究基地。二是在 2011 年，教育部推出了“国别和区域研究培育基地”项目，并于 2015 年印发了《国别和区域研究基地培育和建设暂行办法》。我们提出的基本目标就是全覆盖，就是说国别和区域研究要把差不多世界上所有的国家和地区都覆盖到。最近几年，我们会发现，在一些大学里设立的国别和区域研究中心非常多，包括针对过去我们不太关注的一些小国家，也都有了相应的国别研究中心，中国比较政治学研究正朝着向世界各个国家和地区全覆盖的目标迈进。①

第二是从研究方法来定义比较政治学。“比较政治学”在名称上体现了方法论的含义，很多人认为，比较政治学是以“比较”方法

---

① 任晓：《再论区域国别研究》，《世界经济与政治》2019 年第 1 期。

见长的。比较政治学研究者很重视比较研究方法的运用，随着比较研究方法训练的普及和国别研究数据资料的开放应用，比较政治学的研究方法已经超越了传统的一般求同法和求异法的运用，而引入了各种以田野调查、访谈观察、数据分析、实验模拟等为基础的定性分析、定量分析以及定性和定量相结合的研究方法。特别是最近二三十年来，世界各国学者开展了大量的舆论调查和问卷调查，为比较政治学的研究积累了大量的数据库资料，比如世界价值观调查、世界各国的晴雨表调查等。我们有越来越多的学者都在利用这些数据库开展数据分析方面的比较研究。

复旦大学在比较政治学领域开展研究起步比较早，发展比较快。早期的成果之一就是由曹沛霖、徐宗士老师主编的《比较政府体制》。曹老师在前言中说，关于比较政府体制，既要研究“共性”，也要研究“个性”，通过分别研究每个国家的“个性”，才能更加深刻地了解它们的“共性”，因为“共性”是寓于“个性”之中的。新近关于比较方法的讨论，我看到谭君久老师有一篇很好的文章。谭老师是中国比较政治学领域非常资深的学者，从我们复旦大学研究生毕业。谭老师他们翻译的罗伯特·达尔的《多头政体》一书现在已经正式列入商务印书馆的政治学名著系列了。谭老师在讨论中国比较政治学研究方法时，提出要鼓励百花齐放，我也非常认同。他指出，任何一种方法都不可能十全十美，都有一定的片面性，一旦某种方法被绝对化、神圣化，就会产生排他性；比较政治的研究就会因此陷入盲人摸象的困境，而只有研究视角的多角度、研究方法的多样化，才能让我们对研究对象的认识趋近于全面和真实，使我们对客观世界的认识产生“无影灯”的效果。①

① 谭君久：《无影灯下看世界——关于比较政治研究方法的思考》，李路曲主编：《比较政治学研究》2021 年第 1 辑。

第三是以研究视野来定义比较政治学。比较政治学虽然名曰“比较”，但很多情况下并不表现为严格的、明显的国家之间的比较，潜在的比较也算“比较”，只要有比较的意识、比较的视野或者比较的参照物，这样的研究就可以算“比较”。比如说当代中国的学者研究外国政治，每个人心目中都有一个“中国”；反过来说，任何一个研究中国的外国学者，他们的心目中也会有不止一个参照物。从这个意义上说，比较的视野也构成比较政治学的基本特征之一。

从当代比较政治学的发展看，关注和研究更多的发展中国家的案例就变得特别重要，因为传统的比较政治学过多地重视欧美大国的政治经验，对于一些发展中国家政治发展的特点和经验没有在学术研究中给予足够的重视。清华大学的刘瑜博士认为，从比较政治学的角度说，如果只关注发达国家就可能存在一种视野上的局限，因为那样获得的政治知识可能就是“优胜者偏见”，因此更为完整的比较视野就应该包括许多发展中国家的案例。因此，拓展比较研究的学术视野将会为比较政治学研究带来更多的理论创新。

二、中国特色比较政治学的学术资源

中国特色社会主义进入新时代以来，以习近平同志为主要代表的中国共产党人，坚持把马克思主义基本原理同中国具体实际相结合，同中华优秀传统文化相结合，在大力推进党的理论创新、实现马克思主义中国化新的飞跃的同时，高度重视哲学社会科学理论创新，要求“提出具有主体性、原创性的理论观点，构建具有自身特质的学科体系、学术体系、话语体系”。[1] 2022 年 4 月 25 日习近平同志再次强调指出，加快构建中国特色哲学社会科学，归根结底是要构建中国自主的知识体系，并提出要立足中国实际，解决中国问题，不断推进知识创新、理论创新、方法创新，使中国特色哲学社会科学真正屹立于世界学术之林。这是对哲学社会科学的要求，当然也是对中国比较政治学的要求。加快中国比较政治学的理论创新、方法创新，构建中国比较政治学的自主知识体系已经是所有政治学人面临的迫在眉睫的重大任务。我们每个学科甚至每个分支学科都面临这方面的问题，对于中国的比较政治学来说，如何在建构中国特色比较政治学方面做出积极的努力并有所成就，这是我很愿意跟大家讨论和分享的问题。

这里我首先要提出一个社会科学发展的更基本的问题。大家知道，托马斯·库恩在分析科学革命的时候提出了范式这个重要的概念，认为科学革命就是靠范式转换来实现的。库恩所说的“科学”主要是指自然科学，自然科学在历史发展中确实经历过重大的范式转换。比如在 19 世纪末、20 世纪初出现了一个很奇特的现象，一些资深的科学家接连自杀了，因为他们原来构筑的思想体系崩溃了，之所以会崩溃，是因为以爱因斯坦为代表的一批年轻的科学家推进了科学革命，导致了科学研究中范式的根本转换。这导致一些科学家失去了存在的意义和价值。有人认为，社会科学中同样也存在这种科学革命和范式转换。我认为，社会科学研究和自然科学研究之间还是有一些差异的。社会科学当中像自然科学那样典型的科学革命是比较少发生的，比较大的发展和进步是有的，但根本性的范式转换很少出现。从这个意义上讲，社会科学中

① 习近平：《加快构建中国特色哲学社会科学》，《习近平谈治国理政》(第二卷)，外文出版社，2017 年，第 342 页。

任何学术思想体系的构建都是一个渐进的、漫长的过程。在此过程中同时也要消化、吸收、整合人类思想发展宝库中的各种有益、有用的思想资源。法国著名社会科学学者马太·杜甘就曾经举例说,马克思在他 1721 页的《剩余价值理论》一书中有 296 页提到了英国古典政治经济学家亚当·斯密。杜甘指出,社会科学的进步主要是因为科学的传承和知识的积累。[①]这给我们一个很大的启示,就是我们今天要建构中国特色的哲学社会科学,建构中国特色的比较政治学,也要基于科学的传承和知识的积累。那么,我们有哪些学术资源可资借鉴呢?

第一是马克思主义的指导。马克思主义是我们立党立国的根本指导思想,因此也是我们构建中国特色哲学社会科学和中国特色比较政治学的根本指导思想。马克思主义之所以能成为指导思想,是因为它揭示了人类社会发展的基本规律,提供了观察分析人类社会历史发展的基本立场、观点和方法。当然,我们不能教条僵化,要用发展的眼光看问题,要具体问题具体分析。世界各国,即便是在西方主要发达国家,不少人其实都非常重视马克思主义政治学的研究,很多著名的比较政治学学者事实上就是资深的研究马克思主义的学者。比如佩里·安德森、巴林顿·摩尔、伊曼纽尔·沃勒斯坦、迈克尔·布若威等,这些名字大家应该都知道,但你是否认真研究过他们关于马克思主义的观点呢?这样的名字在当代比较政治学学者中还有长长的一串。相反,我们在评论我们的青年教师、博士和硕士的论文时,经常说他们运用马克思主义的理论和方法做了很好的研究,实际上不少都是客套话。现在很多年轻学者在马克思主义理论和方法的运用方面存在明显不足。马克思主义的理论和方法在当代比较政治学研究中的运用是很普遍

---

① [法]马太·杜甘:《国家的比较:为什么比较,如何比较,拿什么比较》,文强译,社会科学文献出版社,2010 年,第 118—119 页。

的,而且杰出的研究成果也很多,需要引起我们更多的注意和更大的重视。

当代比较政治学一个很重要的主题就是研究第三波民主化转型,在民主转型研究中(也包括在研究其他很多重大的历史变迁过程中),很多人都倾向于从结构论和能动论的角度来进行分析,并试图将二者结合起来。很多人对马克思主义的经典著作不太熟悉,对于马克思主义的基本理论和基本方法也不太了解,一看到西方比较政治学中关于结构论和能动论的一些说法就觉得如获至宝,实际上这是马克思主义历史唯物主义的基本常识。举例来说,马克思的《路易·波拿巴的雾月十八日》这本书大家应该都知道,恩格斯曾评价这本书是把结构论和能动论有机结合起来的光辉典范。在该书1869年版的序言中,马克思还提到了差不多同时期出版的另外两本著作,一本是维克多·雨果的《小拿破仑》,另一本是蒲鲁东的《政变》。前者强调了个人的能动作用,后者偏重分析宏观历史结构。而马克思则实现了二者的完美结合,他指出,在重要的历史关头,历史当然是由人来创造的,但是人们"并不是随心所欲地创造,并不是在他们自己选定的条件下创造,而是在直接碰到的、既定的、从过去承继下来的条件下创造"。①

第二是中华优秀传统文化的滋养。中华优秀传统文化是中华民族的"根"和"魂",中国特色比较政治学的构建必须扎根于源远流长的中华历史文明和博大精深的中华传统文化之中。中华优秀传统文化具有独特的思想体系和价值理念,在治国理政方面就有讲仁爱、重民本、守诚信、崇正义、尚和合、求大同等伟大的思想。只有得到这些传统政治文化价值的滋养,才能形成真正具有中国特色的比较政治学。习近平同志高度重视挖掘中华文明的精华,推动中华优秀传统文化的创造性转化和创新性发展,并在此基础

① 《马克思恩格斯选集》(第一卷),人民出版社,2012年,第669页。

上建构中国特色的哲学社会科学。他指出:“如果没有中华五千年文明,哪里有什么中国特色?”①现在不仅我们自己越来越重视这些伟大的思想,国外学者也很重视。我注意到,十多年前一些学者合作编写了一本书,书名是《政治学的未来》,该书编者邀请了全世界100位政治学大家一起来探讨政治学的未来该怎么走,该研究什么。其中有一篇是麦克法夸尔写的,他讲的一个最核心的主题就是要研究中国。这是麦克法夸尔去世前留给世界的最后也是最重要的忠告。他讲到,中国具有悠久历史的独特政治体制一定值得引起所有政治学家的关注,特别是导致这一体制持续再生的政治文化因素究竟是什么?中国制度的特殊性表明它或许应该是理论输出而不是输入的基础。②因此,基于中国具有深厚底蕴的政治文化传统而进行的中国政治研究就应该而且能够结出理论创新的累累硕果,为比较政治学和国际政治学的发展提供鲜活的案例资料和崭新的理论范式。

第三是国外比较政治学研究成果的借鉴。外国比较政治学的研究历史悠久、成果丰富、积累深厚,因此消化、吸收和借鉴国外相关研究成果对于中国比较政治学的理论创新和自主知识体系构建至关重要、不可或缺。国外比较政治学研究能够为我们提供很多研究资料。我们不可能什么都从零做起,只有借助国外研究的资源,才能实现弯道超车。更重要的是,中国比较政治学的自主知识体系必须建立在中外学术交流与对话的基础上,否则我们的研究就难以被别人认可,就会是关起门来自我欣赏。所以我特别强调,只有交流才能知己知彼,只有对话才有创新超越。

---

① 习近平:《把弘扬优秀传统文化同马克思主义立场观点方法结合起来》,载《习近平谈治国理政》(第四卷),外文出版社,2022年,第315页。

② Roderick MacFaquhar, "Study China", Garry King, Kay Lehman Schlozman and Norman H. Nie, ed., *The Future of Political Science: 100 Perspectives*, Routledge, 2009, p.190.

事实上，比较政治学发展到今天，那些重要的研究进展基本都有共同的研究路径。比如吉列尔莫·奥唐奈曾经在耶鲁大学学习比较政治学，他的老师就包括罗伯特·达尔、胡安·林茨、斯特潘等大家，后来他本人也获得了国际政治学会颁发的终身成就奖。他在学习研究中也没有停留在前人的基础上，而是结合他自己的南美研究，提出了很多重要的创新概念，为比较政治学的发展做出了重要贡献，其中最为重要的概念之一就是官僚威权主义。他的著作已经翻译出版了中文版，书名是《现代化和官僚威权主义：南美政治研究》。

再比如，原东京大学教授蒲岛郁夫退休后参加熊本县知事选举，现在是熊本县的知事。他在哈佛大学读博士的时候，他的导师团队包括亨廷顿、维巴、赖肖尔等——都是如雷贯耳的名字。但是他也没有停留在前人的水平上，而是结合自己的东亚研究，有创新，有发展，有些还挑战了前人的研究。其中最为重要的是他提出了支持发展参与模式。亨廷顿在《变动社会的政治秩序》一书中提出，现代化会导致不稳定，因为现代化会动员参与，在制度化水平还不够高的时候，越来越多的参与就是破坏性的。蒲岛郁夫挑战了这一理论，他运用日本的实证资料，在世界比较政治学最著名的旗舰刊物《世界政治》上发表了长篇论文，其中最核心的概念就是"支持性参与"(supportive participation)。亨廷顿在看到了蒲岛的研究结论后，在他自己的书里也承认，这样的研究是有价值的，他写道："怎样使经济目标的实现与政治目标的实现互相调和的跨学科研究较为罕见。蒲岛郁夫指出了怎样才能调和民主、增长与平等的矛盾。"①这就使得比较政治学的研究向前推进了一步，这些案例给我们的启示是非常深刻的。

---

① [美]塞缪尔·亨廷顿等著：《现代化：理论与历史经验的再探讨》，上海译文出版社，1993年，第349页。

因此，我们可以得出一个基本的结论，比较政治学理论和知识体系原本就来源于区域国别政治发展经验，从古希腊亚里士多德的《政治学》到当代罗伯特・达尔的《谁统治：一个美国城市的民主和权力》、查默斯・约翰逊的《通产省与日本奇迹：产业政策的成长》、吉列尔莫・奥唐奈的《现代化和官僚威权主义：南美政治研究》，它们都是以区域国别政治发展经验为研究对象提出了各自的创新理论，从而对比较政治学的理论发展做出了重要贡献。

第四是当代中国政治发展经验的凝炼。从一定意义上说，比较政治学的理论创新和知识体系的构建是当前中国学者面临的一项重要任务，我们要运用当代中国政治发展的经验提炼概括出一些新的概念，使中国比较政治学的理论创新和知识体系发展再向前迈进一大步。我们对于当代中国政治发展经验的提炼并不是从今天才开始的。事实上，在中国共产党领导中国革命、建设和改革的历程中，中共关于中国革命的经验和今天发展成就的讨论，在海外比较政治学研究中早就是重大的研究主题了。其中最重要的例子之一就是，麦克法夸尔在 1960 年就创办了《中国季刊》杂志，这本杂志现在是海外比较政治学研究中关注中国的旗舰刊物。所以说，关于中国政治发展经验的研究早就是比较政治学研究中的重大主题。我们现在必须在前人研究成果的基础上把这一研究推向前进。因为过去海外学者研究得很多，海外研究往往存在偏见和一些内在的局限性，我们要通过对中国经验的研究发展出具有中国特色的比较政治学。

在这个过程中，值得我们重视的一个非常重要的文件是十九届六中全会通过的《中共中央关于党的百年奋斗重大成就和历史经验的决议》，这个决议虽然篇幅不长，但提纲挈领，高度概括，等于是为我们从中国经验中提炼出概念和理论提供了启示和指导。比较遗憾的是，一些中国学者和学生一看到这个文件，就把它当作政治意识形态宣传，我认为这是极大的误解和歪曲。这份决议应该得到大家足够的重视，大家要好好阅读和认真学习，看如何从中做出一些大文章、好文章，从而推动中国特色比较政治学的发展。

三、中国特色比较政治学的理论框架

中国比较政治学的理论框架目前还处于摸索的过程中，我们的理论框架要以马克思主义基本理论和党的创新理论为指导，把马克思主义基本原理同中国的具体实际相结合，同中华优秀传统文化相结合，认真消化、吸收和借鉴国外比较政治学的优秀研究成果，全面、系统、科学地研究和总结中国政治发展经验，并将之上升为普遍性的理论，以回答时代之问、世界之问、中国之问和人民之问。

下面结合自己的研究和教学体会，我想谈几点认识，谈谈哪些方面是值得重视的，哪些方面是有发展潜力的。中国很早就有人提出要建构中国特色比较政治学或者说马克思主义比较政治学，但是仅仅提出这样的口号不管用，关键是我们要脚踏实地，实事求是，认真研究，久久为功，这样才能把我们的研究做得严谨踏实，才能真正得到国际比较政治学界同行的认可和支持，才能形成一些新的共识。一个大的方向是坚持马克思主义政治学的理论指导，结合各国政治发展实际，重新定义比较政治学的一些核心概念，比如政治、国家、政府、政党、制度、治理等，重新阐释国家与社会、政府与市场、政党与国家、政党与社会、国家与人民等重大关系，推动概念创新、理论创新和话语创新。例如，我注意到黄宗智先生发表一系列论文和著作，提出倡导构建具有中国特色的新政治经济学，在反思西方学术影响的基础上进一步构建中国特色的社会科学。传统的西方社会科学倾向于采用两分法，然后强调二元对立，其中最重要的就是传统与现代、西方与东方、国家与社会、政府与市场的关系,以及政商关系、公有制与私有制、计划与市场的关系等。黄宗智先生认为这种思维方式本身是有问题的,二元对立思维常常无视经验证据和实际发展,现代中国必定是过去与现在并存、中国与西方相互渗透的结果,现代中国经济更不是简单的计划经济或市场经济,而是社会主义市场经济。就中国的快速发展经验而言,把国家与市场设定为非此即彼的对立二元,可以说是完全不得要领。①邓小平同志在著名的南方谈话中已经讲得很清楚了,计划里面有市场,市场里面也有计划。现在西方搞市场经济的资本主义国家,哪个没有计划?中国作为社会主义国家,也早就推动发展市场经济了。东亚那些发展得比较好的国家,不都是计划和市场有机结合吗?这给我们很大的启示,我们要重新理解、重新定义很多基本的概念,重新阐释很多重大的关系,在这个过程中推动概念创新、理论创新和话语创新。

下面结合若干实例来谈谈我个人的一些看法。

第一,关于政治社会的比较分析,这是我们复旦政治学的一个传统了。它强调要把各国特定的政治模式和政治现象放在一定的社会生态环境中去分析和考察。早在 1987 年,王沪宁在《比较政治分析》一书中就试图从历史-社会-文化条件中比较分析各种政治活动和政治关系。此后,王邦佐教授带领的研究团队做了很多具体的研究项目,其中就特别提出要从社会生态的角度研究政党制度。他们分别出版了《西方政党制度的社会生态分析》和《中国政党制度的社会生态分析》,认为“各国政党制度是各特定民族国家的产物,是在特定的社会土壤里生长出来的,因此具有互不相同的个性”。②这就给我们一个很重要的启示,即各国的政治模式和

① 黄宗智:《国家与社会的二元合一》,广西师范大学出版社,2022 年,第 60—63 页。

② 王邦佐、李惠康主编:《西方政党制度社会生态分析》,学林出版社,1997 年,第 7 页。

政治现象都是植根于特定的社会历史环境中的。这样我们理解政治现象就有了一个全新的思维，就会超越西方中心论的单线发展模式，就会发现各国现代化的发展路径是多样化的，不是只有西方资本主义国家的那套自由、民主、人权的发展路径和发展模式。

比如大家都知道西方的人权理论，人们对美国的《独立宣言》和法国的《人权宣言》都很熟悉，它们都反映了西方非常典型的天赋人权观。如果我们用全新的观念来透视的话，其实并非如此。著名学者何兆武先生就指出，即便是在西方，也并不是天赋人权观一统天下，也有不同的看法。比如埃德蒙·柏克就发展出了一套"人赋人权观"，他的定义是："它是由自然演化而形成的，是人类历代智慧的结晶所赋予的。"①在中国，我们对人权也很重视，党的文件乃至《宪法》中均明确强调要尊重和保护人权。那么我们的理论研究要怎样结合我们的历史传统来建构我们自己的人权观念呢？华中师大的徐勇教授就曾经提出过一个"祖赋人权"的概念，可能对其还有争议，但它开辟了一条理解人权观念的新路径。

第二，关于国家建构的比较分析。国家建构是比较政治学中的重大主题，传统政治学和当代政治学对之都有很多研究观点。但总体说，其基本都是基于西方中心论的国家分类方式，甚至是简单基于意识形态的国家分类方式，这我们是无法认同的。如今随着历史的发展和学术研究的进步，我们越来越觉得那些西方的观念非常片面。比如大家都非常熟悉的弗朗西斯·福山曾经因提出历史终结论红极一时。历史终结论实际上是在冷战结束的背景下，宣扬西方自由民主的最后胜利。而在西方的自由民主取得最后胜利之后，西方学者再也想象不出还会有其他什么社会政治体制是重要的、合法的、可供选择的。所以福山说历史发展到自由民主的最后胜利就结束了，福山这样的认识是很傲慢也是很无知的。

① 何兆武：《苇草集》，生活·读书·新知三联书店，1999 年，第 430 页。

后来我们邀请福山到中国来访问,他在复旦也访学了一段时间,跟很多中国的学者进行讨论,然后他的思想观念和他的研究在我看来就发生了很大的变化。在中国他发现了一个全新的世界,中国悠久的政治文明史给他留下了非常深刻的印象。他在书中写道:"我们理解的现代国家的很多要素在公元前三世纪的中国已经存在了,比它们在欧洲出现要早 1800 多年;但是西方的政治发展研究很少提到中国率先发展国家制度的先进经验。"他后来把现代国家形成的要素概括为国家建构(state building)、法治(rule of law)和问责制(accountability),其实这三者在中国的历史上都是存在的,否则中国的传统政治文明不可能这么发达,延续性这么强。再联想我刚才提到的麦克法夸尔说要研究中国的政治文明史、政治制度史和政治文化史,从中我们可以有大量新的发现。

中国现代国家建构的过程和查尔斯 · 蒂利他们概括的西方的路径是完全不同的,这是值得我们认真总结的,将会对未来比较政治学的概念和理论建构有所帮助。这当中就涉及中国共产党的领导作用,涉及以政党为中心的国家建构道路和国家治理模式。正如著名政治学者林尚立所言:"共产党主导中国社会主义国家建设,而中国社会主义国家建设需要政党主导,就成为中国现代化发展的基本政治逻辑。"①由此可见,研究中国古代国家建设的先进经验和现代中国政党主导国家建设的成功经验都会对比较政治学理论创新和自主知识体系建构具有极大裨益。如果我们再放眼东亚国家,那关于国家建构的相关研究问题就更多了。也就是说,如果纳入了更多国家的经验,由西方建构的关于国家建构的那套概念和理论就远远不能解释清楚了。比如日本、朝鲜半岛和东南亚国家政治发展的经验,就非常值得我们研究和提炼。

① 林尚立:《当代中国政治:基础与发展》,中国大百科全书出版社,2017 年,第 110 页。

第三,关于治理体系的比较分析。任何一个大国都面临着建构一个合理的治理体系的问题,治理体系本质上是指公共权威回应公众愿望与需求,并向全体社会行使公共权力和提供公共服务的一个庞大的复杂网络。世界各国的治理体系差别很大,比如纵向的中央集权与地方分权、联邦制与单一制,以及横向的集中统一与分立制衡、议行合一与三权分立。那么,我们应该如何比较,如何判断优劣呢?这不能一概而论,既要将之放到特定的社会历史文化环境中去分析,也要放到具体的运作过程中来考察。

中国建构了一个具有鲜明特色的治理体系,我把它概括为中国共产党领导的治国理政的制度体系,其中包括中国共产党的领导制度、人民代表大会制度、新型政党制度、民族区域自治制度、基层群众自治制度和特别行政区制度等。正如习近平同志指出:“国家治理体系是由众多子系统构成的复杂系统。这个系统的核心是中国共产党,党是领导一切的。”①对于这套治理体系,目前的比较政治学研究中尚未进行系统概括、总结、提炼,那么我们是否可以做一些理论提炼的工作呢?这种中国共产党全面领导的国家治理模式与其他国家形成的社会中心主义模式和国家中心主义模式不同,是一种政党中心的国家治理模式。它不仅创造了政治现代化理论的新范式,也为广大发展中国家提供了政治现代化的新经验。②政党中心的国家治理是一个从中国的成功经验中提炼出来的学术概念,对于分析和研究其他的国家与社会治理具有重要价值,现在它已经在比较政治学研究中得到越来越多的推广应用。

第四,关于政治过程的比较分析。政治过程研究也是当代比较政治学一个非常重要的研究领域。一个国家的政治过程涉及从输入到输出以及反馈的很多环节,具体包括民意表达、民众参与、

① 习近平:《论坚持党对一切工作的领导》,中央文献出版社,2019年,第9页。

② 郭定平:《政党中心的国家治理:中国的经验》,《政治学研究》2019年第3期。

党政领导人的选举和任用、政策的制定与执行等多方面内容。这些是阿尔蒙德和鲍威尔等人在《比较政治学》里强调的，曾几何时很多人对此奉为圭臬，但是这些概念和理论就能够解释一切了吗？它们是放之四海而皆准的吗？要解释和分析不同国家、不同时期复杂的政治过程，这些概念是远远不够的，必须不断发展和丰富。特别是当代西方国家往往把政治过程简化为选举过程。这些西方国家的政治过程都围绕多党竞争选举展开，是一种以选举为中心的过程，西方的民主蜕变为选举民主，政策制定和执行演化为多党围绕选举的讨价还价。与之形成鲜明对照的是，我们所强调的政治过程要比这充实、丰富得多。我们讲全过程人民民主，其中就包括全体人民依法进行民主选举、民主协商、民主决策、民主管理、民主监督，依法通过各种途径和形式管理国家事务，管理经济和文化事业，管理社会事务。这是一种过程民主和结果民主、程序民主和实质民主、直接民主和间接民主、人民民主和国家意志相统一的民主。①我们的全过程人民民主不仅能为比较政治学开辟出新的研究方向，而且能为不同国家的国别研究和比较研究提供新的研究路径。

第五，关于政党治理的比较分析。政党是现代国家治理的核心主体，是现代政治的主要组织者和参与者。但是由于西方各国的历史局限，其并没有建立与政党的地位和作用相适应的政党治理的法治、体制和机制。现在西方国家的很多问题与此有直接关系。政党组织不断壮大，但又没有完善的政党治理制度，于是很多国家的政党治理乱象丛生，早期有米歇尔斯的“政党寡头统治铁律”对此进行分析和揭示，如今欧美各国政党政治的民粹化、极端化和派系化愈演愈烈，在有的国家甚至出现了个人化政党、企业型

① 习近平：《全过程人民民主是最广泛、最真实、最管用的社会主义民主》，载《习近平谈治国理政》第四卷，外文出版社，2022 年，第 260—261 页。

政党、家族型政党。因此,加强政党治理的比较研究、改善政党治理的基本状况已经成为刻不容缓的重要课题。我认为,政党治理应该是或者说一定会发展成为比较政治学中很重要的主题。既然政党是国家治理的核心主体,那么政党自己首先要治理好,就是说,"打铁还需自身硬"。在这方面,中国共产党在过去一百余年的奋斗历程中,在加强政党治理方面积累了很丰富的经验,形成了很多概念和理论,这是非常值得我们重视的。最近,我们刚刚把党史党建学确定为一级学科,但是我们过去的党史党建研究,在我看来学术性不足。所以,我觉得我们应该借此机会,把我们的党史党建研究跟政治学研究和比较政治学研究有机结合起来,推动党史党建研究进一步学科化、科学化、学术化、实证化,这样就能为政党治理的比较研究提供更多的经验支持和理论来源。

第六,关于治理绩效的比较分析。当代西方比较政治学研究受到西方中心论和冷战意识形态的严重误导,片面强调政体形式和政体差异,从二元对立的传统思维模式出发,把攻体类型简化为"民主与独裁"或"民主与威权";从线性历史观出发,把政治发展和现代化理解为"从独裁体制到民主体制";从西方中心论出发,提出"民主促进发展"和"民主促进和平"等简单化、片面化的结论。这些传统的比较政治学概念和理论在面对"一个有创新能力和竞争力的强大中国"时完全失去了解释能力而显露出"时过境迁的局限"。①这就为重新理解中国政治发展和创新中国比较政治学研究提供了重要契机。与西方政治学传统强调政体与政道不同,中国政治文化传统强调治道与治术,基于民本思想传统,强调政治的根本目的就是爱民、保民、惠民、安民、利民。现在我们在构建中国特色比较政治学的过程中,应该强调回归政治学研究的原初和经典

① [德]韩博天(Sebastian Heilmann):《红天鹅:中国独特的治理和制度创新》,石磊译,中信出版集团,2018年,第15页。

议题,其中最重要的,一是公共权威和秩序,二是经济发展和繁荣。这样我们的比较政治学就有了更加广阔的视野和更加牢固的基础,也会有更好的理论创新前景。

四、中国特色比较政治学的创新前景

比较政治学的发展在当代中国是非常重要的,特别是与中国的大国成长密切相关。今天的中国已经与世界紧密联系,中国的影响已经无处不在,这就需要我们对世界各国的政治社会发展有更深入的研究。不仅如此,既然是大国,我们就要有自己的概念、理论和知识体系,要把中国自己的问题想清楚、讲清楚,这样才能真正成为屹立于世界民族之林的大国。所以,建构中国比较政治学的自主知识体系是一项迫在眉睫的重大任务。但是对之也不能操之过急,要慢慢积累。在这个过程中,我特别强调我们政治学者要有责任感、使命感、紧迫感,要在总结和提炼中国政治发展经验的基础上,全面系统深入地观察和分析世界各国政治发展趋势和面临的问题,运用科学的理论和严谨的方法回答世界之问、时代之问、中国之问、人民之问。

与此同时,我们要把握好国际化与本土化之间的平衡关系,不能偏废,否则不仅难有成就,还会误入歧途。一方面,比较政治学研究必须国际化,否则我们的政治科学就不能称之为“科学”了。反过来说,中国的比较政治学研究不能片面地强调本土化,否则就不是在做学问,而是在搞政治了。中国特色的比较政治学首先必须是学术研究,所以必须要有一定的国际化,要研究国外政治,要借鉴国外的研究成果,要有规范的研究方法和严谨的学术规范,这样才能发展出具有普遍性的理论,这样才是真正的学术研究。另一方面,比较政治学研究也必须走本土化路线,否则我们的政治科学就没有“政治”了。我们现在强调要把学问做到祖国的大地上，要把论文写到祖国的大地上，政治学的学术研究是有国别背景的，而且从某种意义上讲，中国的比较政治学研究也要服务于中国的大国崛起，这其中当然是有“政治”的。所以，要实现国际化与本土化的合理平衡，既不能是“反科学的政治学”(politics against science)，也不能是“无政治的政治学”(political science without politics)。这二者当然存在紧张关系，但有这种紧张关系是好事。所以在比较政治学中有一个非常著名的说法，即“创造性紧张关系”(creative tension)。特殊性的地域研究与普遍性的学术理论之间存在紧张关系，但是我们要让这种紧张关系具有创造性。做到了这一点，中国特色比较政治学就不仅能为中国的发展和繁荣做出重大贡献，同时也能为比较政治学的理论和学科发展做出重大贡献。

The Academic Resources and Theoretical Framework for Developing Comparative Politics with Chinese Characteristics

Dingping Guo

Abstract: Many great achievements have been made in the comparative political studies of contemporary China during the past four decades since the reform and opening up policy was adopted in the late 1970s. However, it is no deniable that there are few brilliant works with theoretical breakthrough and autonomous knowledge accumulation, which cannot meet the requirements of modern state-building in the new era China. In order to develop comparative political studies with Chinese characteristics, it is imperative to uphold and strengthen the Marxism as our guiding principle, reinvent and reinterpret the traditional Chinese cultures, emulate and exploit the theories and methods in foreign comparative political studies, generalize and conceptualize the good practices in the Chinese socialist political developments. The comparative analysis of political society, state-building, governance system, governmental process, party governance and governmental performance will contribute greatly to the formulation and accumulation of conceptual framework for comparative political studies with Chinese characteristics. This is a long, gradual and dynamic process of theoretical innovation and knowledge creation, which needs more input and further efforts by generations of political scientists in China.

Keywords: Chinese characteristics; comparative politics; theoretical innovation; autonomous knowledge system

“政治学原理”教学方法刍议

陈周旺*

[内容提要] “政治学原理”是中国政治学专业本科生的专业基础课程，该课程的教学不仅对于政治学学科的发展具有重要意义，也是政治学专业教师成长的一个助跑器。恢复政治学本科专业招生以来，“政治学原理”的教学，经历了奠定价值、过渡与交锋以及整合与发展三个阶段，实现了政治学多重理论知识的有机统一。“政治学原理”的内容体系是板块式的，不是条线式的，由各个不同的理论范畴构成，这对教学产生一定的挑战，因此教学者要特别讲究教学方法，要有完整的教学内容体系，引入适量的参与式教学，实现线上与线下教学相结合、课堂与实践相结合。作为政治学原理课程教学的基础条件，本土化教材建设是必不可少的。

[关键词] 政治学原理；知识；教学；教材

“政治学原理”不仅是政治学专业本科生的首要课程，某种意义上也是很多政治学专业教师的首要课程。万事开头难。政治学原理课程无论对政治学专业的学生还是教师来说都至关重要。

---

* 陈周旺，复旦大学国际关系与公共事务学院教授。

一、"政治学原理"教学的重要意义

我先从两个角度讲一下"政治学原理"教学的重要意义。

第一个角度是对于政治学学科的意义。1981 年中国恢复了政治学学科研究,一些高校开始招收政治学专业本科生。有学生就要有课程。当时面临的一个首要问题就是怎样讲授"政治学原理"这"第一门课"。政治学原理讲什么,谁来讲,凡此种种,无不涉及政治学学科自身定位。须知此前,政治学教学部门设在马克思主义教研室下,现在它要成为一门独立的学科,政治学原理就要体现出其跟原来作为一门思政课的区别,此乃涉及政治学学科"安身立命"的重大问题。这就因缘际会,催生了复旦大学承办的中国政治学第一届讲习班。① 在讲习班上,中国政治学的开拓者们共同探讨政治学原理等课程的教学,达成基本共识,为后来政治学学科的发展奠定了基础。对于政治学学科而言,政治学原理好比是一棵大树,从这棵大树上生长出各种枝丫,代表着不同的研究领域、不同的专业课程,最终构成了政治学学科相对完整的培养体系。

对于政治学梯队力量的培养而言,政治学原理也同样重要。以我自己为例。我还在念研究生的时候,就参与了政治学原理教材的编写工作。2002 年我留校任教,便开始承担政治学原理课程的授课工作,先给法学院的学生讲,后来给本学院的学生讲。大概是 2014 年,机缘巧合,我开始担任政治学原理教学团队的负责人。也许大家都会思考一个问题,政治学原理的教学团队应该以资深教师为主还是以年轻教师为主呢? 从我本人的经历看,以老带新

---

① 王邦佐、桑玉成编:《亮相·启蒙·播种:复旦政治学讲习班与中国政治学的恢复和发展》,复旦大学出版社,2021 年。

的模式比较合理,但总的趋势,教学团队越来越年轻化已是不争的事实。仍以我自己的经历为例。我承担的这门课最早由王邦佐、孙关宏两位老师担任教学团队的负责人,后来是胡雨春老师、林尚立老师、陈明明老师,再后来就是我了。我们实际上走了一条年轻化的路线。现在我们教学团队中的成员,都刚留校就承担政治学原理的授课工作,逐渐成长为资深教师,团队平均年龄也就在40岁上下。我个人的浅见,年轻学者应该尽快担纲政治学原理的教学工作,这是涉及政治学学科梯队建设的大问题。年轻老师常常陷入一个误区,认为自己资历尚浅,最好开设一些跟毕业论文研究相关或者跟自己研究领域相关的选修课,而不是去承担类似政治学原理这样的“大课”,好像“大课”是资深老师的专利。这种认识对于学科建设来说并非好事。我们学院培养年轻老师,其中一个做法就是让新进教师担纲基础课程。

我之所以要突出强调这一点,首先是因为,作为年轻教师,赴大学任教之初,要主动承担类似政治学原理这样的基础课程的教学工作,这对年轻教师来说是一个很重要的起点。其次,当年轻教师拥有一定资历,有能力和责任参与规划本学科建设时,亦可有意识地支持新进年轻教师担纲基础课程。我个人的体会是,年轻老师如果能从一开始就得到信任,参与、承担基础课程的教学工作,无论是对个人的教学和科研,还是对整个学科的梯队建设,都是意义非凡的。

由此引入第二个角度。对于政治学学者来说,政治学原理同样举足轻重。我们学院要求每一位政治学系老师都有能力上好政治学原理课程,这是学院一直秉持的一个宗旨。同样,我们也要求国际政治系的每一位老师都能上好国际关系导论课程,行政学系的每一位老师都能驾驭行政学导论课程。一位政治学专业的教师,如果能把政治学原理课程完整、成体系地讲好,一气呵成,无论是做研究还是上其他课程,心里都会更加有底,更加踏实。国内高校教师的课时量很大，一个教学周期通常都是18周及以上，这对每一位专任教师都是挑战。任课教师要保证课程内容足够充实，每次课都有“亮点”“引爆点”，[①]不往课程里“注水”，这是一个很高的要求，至少授课者必须对课程本身拥有一个比较成体系的理解。

之前我跟国外学者普沃斯基教授聊天，他问我们一个学期有多少课时，我如实告之，他听罢大摇其头：“你们的工作太辛苦了，在美国，我们只有10周的课，很难想象你们能一直保持上课足够精彩。”据我观察，美国老师精彩的授课，如果能保证5周，已经算是很好了，很多老师只有第一节课上得好。这是中美高等教育的一个差别。中国的大学不仅是一个科研单位，更是一个教学单位。把学生教好，在大学里是最重要的事。教书育人是我们的首要任务，如果我们能够精心准备18周的课程内容，意味着我们对于政治学基本的知识体系也就有了比较完整的把握。中国的高考是一场公平而又残酷的选拔，能够考进大学的都是中国最优秀的一批年轻人。政治学专业的学生一进大学就要听政治学原理课程，如果老师不认真上课，实在对不起学生十几年的寒窗苦读。随着我们年龄的增长，我们在大学里待的时间越长，就越觉得教学比科研重要。教学是育人，是跟学生打交道，对于大学老师来说，最重要的收获不是多发了一两篇文章，而是收获了一批好学生，为社会培养了人才。只有把学生培养好，我们的大学才站得住脚，才能得到更多的认同。发表十篇文章，还不如培养好一个学生，这是一个非常简单的道理，但是很多人就是看不透，宁可把大学当成是一个公司，把大学老师当成是项目经理。学生通常不会因为大学老师科研论文发表不佳而说这所大学不好，但他一定会因为大学老师不认真上课而牢骚满腹，这种负面评价，任你发表了多少篇文章都无法挽回。所以说，怎样把学生培养好，才是我们这些身处高校的科

---

① [加拿大]马尔科姆·格拉德威尔：《引爆点》，钱清等译，中信出版社，2014年。

研工作者面临的大挑战。

二、政治学原理教学的发展

从20世纪80年代至今,政治学原理课程的教学发展,主要经历了三个阶段。

第一个是奠定价值阶段。恢复政治学专业本科招生之后,开设政治学原理课程是中国政治学学科发展和专业教学中一个非常独特的经验。虽然不同国家的政治学专业,不免都有类似“政治学导论”这样的课程,但并非所有高等院校都像我们这样去讲政治学原理。据我所知,美国很多大学并没有开设政治学原理这门课。当然我的信息也不一定准确。美国的大学里,最常见的两门相近课程,一门是“美国政治”,“美国政治”就是他们的“政治学原理”。“美国政治”是一门通识课,所有的学生都要选,借此了解美国政治,知道怎么投票,怎么跟政府打交道。另一门是“比较政治学”。不难想象,“美国政治”的教学风格和特点跟“政治学原理”不一样,主要是知识讲授,教学生怎么用这些政治学知识去参加政治活动。反观“政治学原理”是一门专业课,最初设计“政治学原理”这门课的时候,也许根本没有想过要把它设计成知识性的,更多的考虑是要设计成公理性的,旨在讲清讲透政治学的基本公理。我听说过这么一段往事。吉林大学王惠岩教授曾提问:什么叫“共和”?他指出,“共和”的“公理”就是两条,一是取消世袭制,二是取消终身制。王老师认为,符合这两条,就称为“共和”。这个理论判断,我至今觉得非常震撼、一锤定音。这些“原理”都带有强烈的价值取向和时代特征。在政治学的最初阶段,政治学原理的目标就是奠定价值。奠定什么价值呢?就是社会主义的优越性、先进性,它代表人类文明的发展方向。当时无论是政治学原理课程的教学,还是教材编写，都沿着二元对立的框架展开。任意找一本当时的政治学教材，翻到目录页，大致内容都是先讲资本主义社会的国家怎样怎样，再讲社会主义社会的国家怎样怎样。我们最初设想的教学目标与其说是教学生怎样运用政治学相关知识，去从事与政治相关的活动，不如说是引导学生树立一种基本的政治价值观。因此，从大的方面讲，当时是“奠定价值”的阶段。对于当时的教学工作来说，知识、经验以及后来所说的那些常识性内容都不是首要的，首要的是理论逻辑，如何把理论逻辑讲好，这是对授课教师最基本的要求。

在这一阶段，有些老师为了说理更透彻，想方设法举一些日常生活中遇到的事例，难免弄巧成拙。绞尽脑汁找到的经验支持和想要证明的公理之间，经常会脱节。其实经验论证不了原理。经验永远都是肤浅且表面化的，甚至还很个性化、地方化，原理是非常抽象、深刻的。有些学生非常喜欢用日常经验来反驳原理，这也是不得要领。原理不能拿经验来证明，同样也不能拿经验来反驳，最根本的还是靠它内在的逻辑。好的老师能把原理的内在逻辑讲清楚，讲透彻，贯通起来，浑然一体。技逊一筹的老师就不免含糊其辞，甚至自我否定。到了这一步，为了坚持把课上下去，就只好迎合逻辑，或者说为了逻辑而逻辑。这就是我们在奠定价值阶段所面临的一些困难。

第二个是过渡和交锋阶段。20 世纪 90 年代之后，中国社会乃至整个世界都发生了巨大变化，政治学相应地也在理论上快速发展。如果政治学原理的发展刻舟求剑，就满足不了学生的求知欲。举例来说，经济基础决定上层建筑，这是一条公理，没有疑义。生产力发展推动政治社会的变化，这也是一条公理，也毋庸置疑。但是，无论在教学还是研究中，我们都不能简单地把下面这句话作为研究的结论：“随着生产力的发展，某某制度一定会发生根本性的变化。”有学生问你某件事的起因，你不能简单回答说是经济发展所致。这样学生会觉得你是在敷衍他。为什么会这样呢？因为因果链太长了。从生产力发展到某种制度的变化，中间存在很多因果关系。如果找一条很长很长的因果链来解释，这就成了一个哲学问题，不是我们社会科学要回答的问题，它过于宏大了。社会科学之所以重要，是因为我们在面对宏大问题的同时，还需要解释一些具体的事实和现象。社会科学的任务，就是要从很长的因果链中，找到那个最直接的因果关系。如果求知精神长期停留在某个已经解决的历史哲学命题，那社会科学毫无进步可言。在众所周知的公理之外，我们还需要追寻一些具体解释，方可指导我们的行动。反之，如果我们只求满足于知道这些公理，那我们只需要等待，静观其变，不需要任何行动，因为历史变迁总会走到那一步的，不以人的意志为转移。但社会科学告诉我们，在特定的历史情境下，我们要去解决面对的具体问题，具备付诸行动的能力，社会科学就是在这一个意义上指导我们的行动。

所以，政治学原理的内容上需要加入知识性的内容，政治学原理要有能力解释当下政治生活中的具体现象。唯其如此，学生才会觉得学有所用。这个"用"不是功利意义上的有用，而是说学生通过学习，提高他们对政治现象的判断能力和分析能力，有获得感。对此，现代政治学中的一些理论和知识是可以汲取的，有启发和辅助作用。大学一年级的时候，我在图书馆读到一本哈罗德·拉斯韦尔的《政治学》。以今天的眼光看，这本书已经很过时。但对于当时的我很有启发：政治生活中的一些现象居然还可以从非常贴近我们生活的角度来解释。拉斯韦尔用了完全不同的范畴，包括权力、舆论、传播、心理等来解释政治现象。① 这一下子把我对政治学的兴趣提升起来了，原来我们还可以用这么直白的语言来探究政治现象，直抵经验本身。

---

① [美]哈罗德·拉斯韦尔：《政治学》，杨昌裕译，商务印书馆，1992年。

这样一来,不可避免地就会产生马克思主义政治学和当代政治学交锋的局面,对教学和教材编写都构成不小的挑战。有些概念要统一,有些逻辑要自洽。比如说“国体”是传统的思政教研室留下来的一个概念,虽然可以上溯至任公的君主共和之辨,[①]但是英文中找不到与“国体”对应的表达,译为 regime 或者 political system 都不是很贴切。当两个知识体系或理论体系交锋的时候,要把它们统一起来是很难的。

在这种情况下,很多人不免要将两者对立起来,只取其一,实大谬不然。两者不是替代关系,而是相互补充的关系,关键在怎么补充,怎么整合。不特此也,政治学原理归根结底还是要回到中国,解释中国的政治现象,这就需要将当代政治学、马克思主义政治学和中国政治三方面内容有机统一,这是我们今天最迫切的任务。

所以,第三个阶段应是整合与发展的阶段,也正是我们今天要努力的方向。进入整合与发展阶段之际,亦即我们产生建立中国政治学理论话语体系的自觉之时,而进入这一阶段也就是当代政治学、马克思主义政治学和中国政治三者实现有机统一之始。重复说一遍,有机统一不是说谁替代掉谁,而是要在一个完整的理论体系中达成逻辑的一致性。

从这个意义上看,1995 年出版的《政治的逻辑》是一个很重要的里程碑,它旨在实现现代政治学和马克思主义的有机统一。[②] 我们不能停歇,要继续前行,再往前走就是要建立一个能够科学、有效地解释中国乃至世界的政治现象的基本理论体系。为什么我们总觉得西方的理论或者说现代政治学存在不足呢? 因为它解释不了太多非西方世界的政治现象,顶多能够解释那些按照西方的样板建立的政治世界中的现象。它要是能解释某些非西方

① 梁启超:《异哉所谓国体问题者》,载《梁启超集》,花城出版社,2010 年。

② 王沪宁等主编:《政治的逻辑》,上海人民出版社,1995 年。

世界的政治现象，也是因为这是按照西方的样板建立起来的政治世界，正如《共产党宣言》中所说的，资本主义按照自己的面貌创造了一个世界。① 如果不是按照西方样板建立的政治世界，西方的理论就解释不了。我们今天用的许多概念都来自西方，但其实它解释不了复杂的政治世界。即使进行解释，那也是一种扭曲的解释。

如今我们提出要建立自己的理论知识体系，理所当然，适逢其时。显然，西方的问题不是我们的问题。我们如果只满足于做西方知识的搬运工，那解决不了我们自己的问题，甚至会歪曲我们的问题。另一方面，我们要了解西方，不能说因为解释不了中国的问题就不去学习它，我们毕竟还要跟西方打交道。我们要认识西方，了解西方，理解他们的那套思想和理论，我们就要想办法跟现代政治学接轨、对话。了解西方、理解西方不等于我们就是西方，认识这一点，就有了我们的理论自觉。很重要的一点是，我们建立自己的理论知识体系，不是要回到价值二元对立的第一个阶段，我们有了理论自觉、文化自信，所持的就是有机统一的立场。我们不应把自己排除在现代政治体系之外，而应将现代政治体系吸纳、融入到我们这里。属于现代政治文明的东西，他处有，我也可以有，而且我做得比他好。有些东西在他处是意识形态，在我这里是现实，我们可以把它做成知识。比如说民主，在西方世界其实是意识形态，是资产阶级统治最好的外壳，是一套话术，而在中国是政治现实。民主是全人类共有的价值，民主的话语不是由西方垄断的，而是由我们共同建构的。再比如环保，在西方是口号，是政治工具，西方国家用环保来挑动发展中国家的政治抗争和社会对立，以遏制发展中国家的发展，制造环保与发展的矛盾；在中国，环境保护是现实，是脚踏实地的努力，“绿水青山就是金山银山”。这是政治学原

① 《马克思恩格斯选集》(第一卷)，人民出版社，1995 年，第 276 页。

理的一个基本出发点或者说立足点。

我们有些人在谈构建中国自己的知识体系时，把中国排除在现代政治体系之外，搞“中国例外论”“中国特殊论”，这样反而让我们很被动，逻辑上讲不通，理论上也矮了一截。这样做出来的知识对我们的理论发展大概率是没有意义的，充其量只是在经验上提供了一个特例。这些作者没有体会到我们构建中国政治学理论知识体系的精髓是什么。这个精髓就是我们不要二元对立，我们要有机统一。中国既不“例外”，也不“特殊”，我们不搞特殊化，我们要搞普遍化，要让中国自身成长的经验具有一种普遍性，成为对于现代世界政治文明普遍有意义的东西。所以，我们当前最紧迫的工作就是把我们的价值理念和理论“知识化”，使之成为可以传播、可以接受、可以转化的知识。我们既要有理论体系，也要有知识体系，而要把理论体系转化为知识体系，既要靠理论创新，也要靠教书育人，两者是互相成就的。我们要通过政治学原理的教学，慢慢去体会如何将我们的政治学转化为一种知识，只有这样做，才能让我们的理论立足现实、解释现实、改造现实。我们创造的知识是可以被掌握、被运用、被推广的，而不是在自己的领地里兜圈子、自娱自乐。我们不是要构建自己的“独异性”，而是要构建自己的“独特性”。“独异性”中是没有普遍性的，只有独特性中才有普遍性，这普遍性就是指互相尊重各自的独特性，互相尊重彼此的独特性就是最大的普遍性。只有这样构建出来的政治学理论我们才能称之为“原理”。

三、政治学原理教学的特点

政治学原理最大的特点在于，它是板块式的，不是条线式的。授课内容由各个不同的理论范畴构成，比如国家、政党等，形成不同的板块。每一个理论范畴都称得上是政治学的一个次领域，可以单独开一门课。比如，政治学原理当然涉及国家这个范畴，然而大部分政治学系免不了还设有一门类似于国家理论的专业课程；诸如政府、政党等范畴无不如此。政治学原理教学面临的挑战有一部分来自这里。因为学生免不了要做比较，而比较的结果，通常不少人都会认为政治学原理太粗浅。这个问题近乎无解。课程本身的容量决定了授课教师不可能比专业课的老师讲得更加深入透彻和理论化。

另一方面，政治学原理的教师不可能在每个领域都是专家，毕竟术业有专攻。有些老师在国家理论方面是专家，但是涉及民主理论或者政党理论，就略逊一筹。到了大三、大四，学生们往往会更喜欢给他们上专业课的老师。

所以，政治学原理不是一门真正的“导论课”，跟经济学导论不一样。经济学导论从“人是理性的”“资源是稀缺的”这两个前提假设出发，一路带着学生推导出供求线、无差异曲线、消费者剩余、边际效应等等，是名副其实的“导论”。经济学导论授课教师完全不必担心跟后续的专业课讲课内容重复。经济学导论的授课水准，可以说高下立判，好老师可以把其中每一个理论的来龙去脉都讲得透彻无比。政治学原理是个“拼图”，范畴与范畴之间的逻辑关系并不是那么清晰，授课教师很难保持一贯水准。

总而言之，政治学原理注重范畴的阐释而不是逻辑的演绎，它是入门课，不是统摄性的课程，不能指望它一次性解决学生的所有问题。课程的最低目标是能够提升学生对政治学的兴趣便足矣。

四、政治学原理的内容体系

政治学原理无论是教材编写还是授课，基本都包括以下八个方面的内容：政治、权力、国家、政体、政府、政党、民主和世界政治。

首先，我们要跟学生探讨什么是政治。政治学最大的特点是，没有一个概念是精确的，几乎所有的概念都存在争议。第一堂课就要告诉学生，"政治"是一个非常复杂的概念，所有人口中的"政治"几乎都不一样。比如，老师通知你今天去参加一场政治学习，联合国秘书长说巴勒斯坦问题只能通过政治方式来解决，这两个"政治"完全不是同一个事物，但他们都被冠以"政治"之名。而且，我们对政治了解得越多，就越难以给政治下一个准确的定义。①

接着，我们就要讲到"国家"，因为政治很多时候是跟国家联系在一起的。然而我们很快会发现，"国家"的概念比"政治"更复杂，它有共同体的意涵，更多是指政权组织。再接着我们又讲到政体。我遇到不少政治学原理授课老师，他们都承认"政体"的概念是政治学中最难讲的，这个概念到现在也没有形成一个共识。有些老师讲的"政体"是政府形式，有些老师讲的"政体"是国体，有些老师讲的是立法、行政和司法三权之间的关系。这是十分吊诡的。所谓"原理"，难道不是首先帮助学生把概念理清么，但政治学中竟然没有一个概念是有共识的。对这些概念的把握是否准确，完全取决于授课老师的理论素养，就此而言，政治学原理显得非常个性化。

另外，"权力"到底能不能作为政治学原理这门课的理论支点呢？这是一个颇耐人寻味的话题。以我个人的体会，如果以"权力"作为支点来贯穿政治学原理的内容，相对来说授课更加具有知识性、经验性。若是从"国家"开始，走的就是一个自上而下的过程，价值性、历史性的内容会更吃重。授课教师可以根据自己的长短决定取舍。

当然，有些老师可能专攻发展中国家政治，他可以给自己的课

---

① David Easton, "Political Science in the United States", *International Political Science Review*, 1985, Vol.6, No.1, pp.133-152.

加上政治发展的内容;有些老师更关注政治观念,会觉得政治文化必不可少。无论如何,政治学原理的内容体系经过这么多年的磨合,大体上已经趋于一致。

五、政治学原理的教学方法

所谓方法者,无非都是些经验之谈,仅供参考而已。

第一,建立完整的教学内容体系。专业基础课的基本要求,就是给学生提供一个完整的知识体系和理论体系。授课教师有必要在课堂上把应该掌握的概念和理论都给学生过一遍。有些外国学者在课堂上喜欢讲自己的研究,剩下的时间就留给学生做课堂展示,做 PRE(陈述),硬生生将基础课变成“水课”,一学期的课上下来,学生该掌握的概念都没有掌握。试想一下,某位学者的专长是国家理论,难不成他的政治学原理课程只讲国家理论,接下来学生还要选修他的国家理论专业课,这不就是人为制造重复,让学生不得不反复学查尔斯·蒂利。对于年轻老师来说要克服一个心理障碍,哪怕有些规定动作你一万个不喜欢,也要认真对待,用心备课,把它讲透,切不可随心所欲。

第二,引入适量的参与式教学。政治学原理是一门基础课,尽量不要用做 PRE 来填充教学内容,但是这不等于拒绝参与式教学,相反,要始终让学生保持对课堂的积极参与。有些任课老师为了推动教学改革,设计课程让学生不断做 PRE,说这种教学方法在国外如何如何受欢迎,云云。但是我们调研下来发现,学生并不乐意做 PRE,倒不是因为他们想偷懒,而是他们希望老师能够多讲一点,课程内容能够更系统些。参与式教学其实可以有很多种方式,不一定要通过做主题发言、做 PRE 的方式来进行。对于政治学原理课程来说,学生还刚刚进入大学校园,也没有接触专业,他们的

PRE能有什么质量呢？只能白白耗费宝贵的授课时间。所以我个人的观点，更好的参与方式是给学生开一些入门的书目，支持他们在课外开展阅读和小组式的交流分享，授课教师也可以参与其中。因为不占用授课时间，可以十分灵活多样，线上聊天，线下茶叙，各取所需。有助教的话，可以让助教经常性地参与到讨论当中。课堂上可以通过发问的方式引导学生去思考，通过启发式教学提供沉浸式体验。在参与式教学中，PRE可能是最不讨好的方式，除非事先有精心的布局和环节设计，庞大的工作量对于普通的大学老师来说是难以承受的。

第三，线上与线下教学相结合。我们的教学团队集体制作了"慕课"，采取混合教学方式，课程主体内容是线下教学，同时拿出1—2次课给学生提供线上教学体验。在线上授课的环节中，我们即时安排习题和讨论，进行过程性评价，学生反应非常踊跃。线上授课的效果，很大程度取决于老师和助教的投入。哪怕是线下教学，在当前的条件下，其实也有线上性质。因为教师面对的不是课堂上的学生，而是课堂外整个网络世界。我曾经遇到一名学生，他喜欢一边听课，一边上网搜索各种资讯，下课就来跟我争辩，指出我这里或者那里讲得不对。这对授课教师提出了很高的要求，备课一定要充分，确保每一个知识点都经得起推敲，做好跟学生争辩的准备。大学生喜欢挑战老师的权威，作为老师，千万不要把这样的学生当作你的对手，而应该是你学术成长的助手。作为大学教师，我们教学和知识上的增长，跟学生对我们的挑战分不开。学生拿他不知道从什么地方得到的资讯来质疑你，对你来说不失为一条获得新知的捷径。比如，有一次我讲到中国传统社会的文武关系，引用邓广铭先生的材料，指出岳飞之所以被处死，是因为他作为一个武官，向赵构提出立储的问题，干预了政事。① 前面提到的

① 邓广铭：《岳飞传》，三联书店，2007年，第410页。

这位同学课后告诉我,他在网上浏览到,岳飞班师回朝,赵构一高兴就赐他一个文官职务,也就是说,岳飞其实是有资格讨论立储问题的。后来我也了解到,这涉及宋代文武关系的名实问题。无论如何,经过他的提醒,后来我再讨论同样的问题时就更加严谨了。这样的学生对老师的帮助是很大的。

第四,精心设计一次实践教学。关于实践教学,我们尝试过很多方式,比如参观、考察,等等。这种实践教学难免跟课程内容脱节。我沿用了多年的做法,即从政治学原理 3 个学分中取出 1 分,作为实践分,安排一份实践作业,让学生做一个口述历史的访谈。其中一个经典的作业题目就是:爷爷奶奶,革命建设年代你在做什么? 为什么这样设计呢? 大学一年级的学生,18 岁的孩子,真正成年了,脱离家庭独立成长,这时应该跟自己的爷爷奶奶做一次深入的交流,了解我们国家成长的历史,以及祖辈为国家的建设和发展所作出的贡献。这个作业不需要过多的理论储备,非常适合大一新生。这个做法,我已经坚持了很多年,迄今没有发现学生抵触的情况,每一位学生都认真去做,做完之后都深受触动,访谈的内容也非常真实、生动。我读下来也很感慨,这是一部生动的国家建设和发展的历史。有一位学生采访了一位老奶奶,这位普通的老奶奶曾经是昌飞直升机的工程师,她讲述了在昌飞直升机厂车间中的故事。还有一位同学采访了复旦大学的俞吾金老师,俞老师讲述了他当年一路成长为大学教授的故事,不久之后俞老师因病去世,这份采访,几乎可以说是俞老师留给学生最后的话,显得弥足珍贵。通过这些访谈,学生可以主动了解他们的祖辈,了解我们国家的发展,这跟政治学学习的目标是一致的。

另一个教学经验就是,我们的教学团队恢复了政治学原理教研室,作为基层教学组织。我曾经读到复旦大学国政系一段口述史资料,说的是 1981 年恢复政治学专业本科招生,眼看着暑假过后就要给学生上政治学原理课了,怎么办? 当时系里几位老先生当机立断成立了政治学原理教研室。顶着酷暑,教研室集体备课、听课。王邦佐老师回忆,当时他们上课之前,讲稿都要先拿到教研室讨论,通过了才试讲,先在教研室讲一遍。正式开课,先到外系讲,最后才回到国政系来讲。[①] 我反复读这段口述史材料,体会很深。集体备课太重要了,老先生们为了教学愿意付出这么多心血和时间,现在的老师恐怕是做不到了。我们的老师、我们的前辈,有很多精神值得我们铭记。政治学原理教研室恢复之后,意味着我们拥有了一个比较稳定的基层教学组织,主要是能够统一教学宗旨、教学要求和教学内容,统一考核标准,兼顾标准化教学和个性化教学。但这其中也会产生很多问题,比如政治学原理作为平台课程,是否要内容统一,考试用同一份卷子?目前我们的做法是不强求统一,尊重授课教师的个性化和差异化教学,但是我们要求团队中每一位老师必须达到一些基本的标准。以教研室为载体,教学团队成员形成了互相听课的制度,特别是在新进教师讲授政治学原理课程时,资深教师带头听课,就授课方式、教学情况等进行交流,以老带新,促其成长。教研室也定期到学生中开展需求调研,不断调整和优化教学方法。

六、政治学原理的教材建设

本土化教材的建设是政治学原理教学工作不可分割的一部分。我把政治学原理教材建设分成四个阶段。

第一个是百花齐放的阶段。最早比较有影响的政治学原理本土教材,来自张慰慈和邓初民两位先生,他们给自己的教材都起名

① 本书编写组:《国务血脉——复旦大学国际关系与公共事务学院老教师访谈口述史》,复旦大学出版社,2015 年,第 91—92 页。

为《政治学大纲》，不难看出，为了把中国的情况和马克思主义政治学、现代政治学结合起来，他们付出了艰辛的努力。改革开放初期中国恢复政治学专业之后，摆在眼前最重要的一个任务就是要有新的本土政治学教材。吉林大学的王惠岩教授、苏州大学的邱晓教授、北京大学的赵宝煦教授、王浦劬教授，以及复旦大学的王邦佐教授、孙关宏教授等，他们各自编写的政治学原理教材都产生了较大的影响，所以说是一个百花齐放的阶段。

第二个是特色彰显的阶段。在百花齐放之后，新的优势点就在于能否形成自己的特色，政治学者开始有意识地在教材中彰显自己对政治学原理的独特理解。比如王浦劬教授的《政治学基础》，就特别强调用“权力”这一概念来统摄其他内容，①迈出了实现“有机统一”的第一步。复旦大学的政治学原理教材特色是把马克思主义政治学和当代政治学结合起来，除了《政治的逻辑》，还出版了《马克思主义政治学》。

第三个是知识交锋的阶段。在这个阶段，很多海外教材开始被一些高校在教学中使用，有的甚至也作为考研的参考教材，比如海伍德、罗斯金等著的政治学教材。原来的本土教材也紧锣密鼓地进行新的修订。这个阶段比较显著的一个现象，是我们没有新的、重量级的教材出版，只是在原有的教材基础上做一些修改、补充的工作。

最后进入统一建设的阶段。我们开始建设“马工程”系列教材，首当其冲的就是政治学原理教材。国内高校的许多政治学学者基本都为“马工程”《政治学概论》教材做出了不同程度的贡献。我当时领的任务是对古今中外的政治学教材进行收集、整理和分析，最后撰写一份内部报告。“马工程”教材是面向全国各大高校、面向所有政治学学生的，但不同大学的学生培养要求是有差异的。

① 王浦劬：《政治学基础》，北京大学出版社，1995 年。

所以在“马工程”教材建设的同时，各大学的政治学专业应该根据自己学生的不同层次和特点，编写辅助性教材，作为教材建设的一部分。就此而言，我觉得政治学原理教材本土化的工作不会停下脚步，将继续向前发展。

On the Teaching Approaches of Introduction to Political Science

Zhouwang Chen

Abstract: As a specialized basic course for political science in China, Introduction to Political Science is very important not only to the development of this discipline, but also to the scholars themselves. The teaching of Introduction to Political Science had experienced three phases: foundation of political values, confrontation of political theories, and integration of political knowledge. The teaching system of Introduction to Political Science seemed like a puzzle which constituted by different political categories. In order to encourage the student to study hard, we need some valid approaches such as participant learning, on-line teaching, and so on. And we also need some excellent textbooks to explain the political knowledge.

Keywords: Introduction to Political Science; knowledge; teaching; textbook

资料、知识和理论：浅论“马克思主义政治学”教学法

汪仕凯*

[内容提要]　马克思主义政治学是中国政治学知识体系的基石，其在当代中国高校政治学教学与科研中占有重要地位。在中国特色社会主义新时代，熟悉并且通透地掌握资料是开展马克思主义政治学课程教学的基础，由一个中心、两大支柱、三者有机统一、四种基本政治制度和四项基本政治权利、五环政治过程共同组成的知识体系是马克思主义政治学课程教学的基本内容，而中国政治发展理论、中国现代政治文明理论、中国政治创造能力理论则集中体现了马克思主义政治学知识体系的理论创新。

[关键词]　马克思主义政治学；知识；理论；中国

一、复旦政治学传统与马克思主义政治学

马克思主义政治学是中国政治学知识体系的基石，这就意味着马克思主义政治学课程自然而然地是中国大学政治学教学体系的核心课程。围绕着马克思主义政治学教学法方面的一些问题，我结合自己的学习、教学和研究，谈一谈初步的、尚不成熟的认识。

---

* 汪仕凯，复旦大学国际关系与公共事务学院教授。

坦率地讲，这其实是比较有难度的一门课，或者说，这门课的门槛还是比较高的。据我了解，现在国内高校的政治学系里，开设马克思主义政治学这门课的不多，只有较早发展政治学科、这方面比较有传统的学校，还在坚持开设这门课。大家都已经听了陈周旺老师讲政治学原理教学法，马克思主义政治学跟政治学原理有联系，但是也有很大的差异。如果说我们要在大学里讲授这门课，可能要像开设政治学原理课程一样，需要具备非常系统的知识储备。对于政治学专业的从业者来说，我们从大一开始学习，一直到博士毕业，十年里所接受的政治学的专业训练，可能并不能够为开设马克思主义政治学课程提供必要的基础，因为马克思主义政治学是一套不同的知识体系。

关于马克思主义政治学的教学法，主要有三个方面的内容值得关注。一是课程准备，这是对于教师本人而言的。马克思主义政治学教学既然有难度、有门槛，那么如果教师本身没有做好准备，这门课就很难上好，所以充分的课前准备是讲好课程的前提。从一定意义上讲，这门课难就难在课程准备上。因为马克思主义政治学是不同的知识体系，如果没有非常扎实的准备，这门课就很难将其知识以比较通俗易懂的方式传递给学生。二是课程内容，也就是马克思主义政治学所要呈现的具体知识。这门课程的具体知识主要有两个来源，既有复旦政治学前辈们的探索和贡献，也包括学界同仁们做的研究积累。三是理论创新，我们既要讲授知识，还要从知识上升到理论，理论化程度高、逻辑性强是马克思主义政治学这门课的特点。理论可谓是知识的精华，它是用概念对知识内在的因果关系进行的抽象表达。我们在根据马克思主义的基本立场和方法分析中国政治之后，一方面会形成许多一般性的认识即具体知识，另一方面还要将具体知识上升到理论层面从而发现原理。

马克思主义政治学的教学和研究是复旦政治学一个非常重要的特色和传统。20 世纪 60 年代初，复旦大学根据中央的指示开始恢复政治学。[①] 在复旦大学恢复政治学伊始，马克思主义就是很重要的一个基石，其实从20世纪60年代一直到80年代初期，复旦政治学实际上就是马克思主义政治学。[②] 到今天已历经60多年，我们一直在坚持，复旦政治学从马克思主义中汲取了很多资源。我们在坚持马克思主义基本原理的同时也在发展马克思主义政治学，一个很重要的成果就是编撰了《政治的逻辑：马克思主义政治学原理》，这本书已经再版过很多次了。在学生时代，很多老师叮嘱我们：这本书一定要好好读，复旦政治学培养学生、做研究，“根”就在这本书里。

同时，我想强调的是，复旦政治学的传统是马克思主义政治学，但并非只有马克思主义政治学。复旦政治学在知识体系上是多元一体的，在精神气质上是中正平和、兼容并包的。我们从20世纪80年代中期就开始吸收欧美国家的政治学知识，曹沛霖老师主持翻译了阿尔蒙德的《比较政治学》，[③]还主编过《比较政府

① 复旦大学在1960年以马列主义教研室为基础建立了马列主义教育系，1962年改名为政治学系，1964年定名为国际政治系。据孙关宏老师回忆，尽管1960年系的名称是马列主义教育系，但是“全国文科教材会议后，该系就采用政治学专业教学方案，专业定为政治学”。而且，孙关宏进一步认为，在短短几年间，系的名字几经变更，这不是偶然的，而是有其内在演变逻辑的，“一旦政治课程学科化的需求成熟时，政治学科的影响力便显露出来”，与此同时，国际政治作为一个分支学科得到重点发展，为20世纪80年代复旦政治学的全面恢复和发展准备了条件。参见孙关宏：《复旦政治学的历史渊源及新中国成立后的调整、转向与恢复（1923—1966）》，《复旦学报》（社会科学版）2022年第4期。

② 为响应“政治学要补课”的号召，复旦大学国际政治系于1979年先设置了科学社会主义教研室，随后又将其改名为政治学教研室。教学的主要内容主要是恽代英、邓初民等建立的由阶级论、国家论、民族论、政党论等构成的马克思主义政治学。因此，马克思主义政治学从一开始就是复旦政治学的根基，并且在后续发展中得到了坚持。相关详情可参看王邦佐的回忆文章“勤于学习，勇挑重担”和孙关宏的回忆文章“国政系，我精神的家园”，两篇回忆文章均收录于《国务学脉》（复旦大学出版社2015年出版）一书。

③ 据曹沛霖回忆，阿尔蒙德在这本书里使用了很多在当时不为国内学者所知的新概念、新话语，例如政治发展、政治文化、政治社会化等等，究竟应该如何贴切地翻译这些新的概念、话语，同时应该采用怎样的书名来概括阿尔蒙德贡献的这套新的知识体系，这些在当时都是颇为棘手的问题。经过深思熟虑，曹老师和合作者选定“比较政治学”（而非“政治比较学”“比较政治理论”等）来系统化地表述这套现今已为国内学者所熟知的知识体系。

体制》教材，曹沛霖也在很多次会议上讲到当年他们编写这本教材时候的经历。新千年之后，曹沛霖把他在教学中的心得，以及跟学生讨论交流时候的一些新想法，汇编成了《制度纵横谈》，该书最初由人民出版社出版，2019 年由上海人民出版社出版了增订版，书名改成《制度的逻辑》。

最近 20 年是复旦政治学大发展的时期，发展的成就得益于兼容并包的态度。2021 年，刘建军教授写了一篇回忆王邦佐老师的文章，其中讲到王邦佐喜欢用“层”来形容复旦政治学的老师和学生。一般来说，我们习惯使用“一代又一代”，王邦佐老师喜欢用“层”，这其实体现了他对复旦政治学理想和现实的认知。我对这种现实和理想的体会是，复旦政治学是一个群峰竞秀、层峦叠嶂、气象万千的大政治学科。

以上是我在具体讲授马克思主义政治学教学法之前强调并希望大家了解的马克思主义政治学与复旦政治学的关系。马克思主义政治学是我们的传统，但我们不只有马克思主义政治学，这就是复旦政治学发展到今天一直比较兴盛的一个很重要的原因。

二、马克思主义政治学的资料基础

对资料的熟悉乃至通透的把握是讲好马克思主义政治学课程的难点，所以教师为了上好这门课，需要做好以掌握资料为重点的三个方面的准备工作。

（一）马克思主义政治学的“源”和“流”

马克思主义政治学的“源”主要有三个。第一个是马克思和恩格斯的历史唯物主义学说。马克思曾经有一个计划，他除了写作关于资本、土地所有制、雇佣劳动等问题的论著外，还想写一部系统的关于国家的论著。在马克思生活的年代,政治学其实就是国家学,但后来他没有完成。① 但是在马克思的著作中,有很多关于政治问题的论述,复旦政治学所做的一个工作就是把这些论述整理出来写成了《政治的逻辑:马克思主义政治学原理》。第二个是列宁主义。列宁把马克思主义学说和俄国的具体国情相结合,提出了很多非常具有标识性的概念和理论,创造了比较系统的政治学说。美国著名政治学家亨廷顿在《变化社会中的政治秩序》中有一个重要判断,他认为马克思的学说是一种历史理论,而列宁的学说是一种政治发展理论。② 亨廷顿虽然不信马克思主义,但是他对马克思和列宁的理解却是有见地的。列宁的政治学说内容丰富,举其要者,有先锋队理论、革命领导理论、帝国主义理论,这三个理论都对我们国家和中国政治学具有重要影响。复旦政治学的元老陈其人老师就将研究兴趣主要放在帝国主义理论上,现在国内研究帝国主义理论的学者并不多,但随着世界形势的新变化,帝国主义理论可能又会变得引人关注。第三个是中国人根据历史和经验自己创造的政治学说,主要是毛泽东思想中的国家理论、政党理论、人民民主理论、政治过程理论等。

马克思主义政治学的“流”就是指中国共产党领导人民治国理政的具体经验。“流”与“源”是同等重要的,学术界关于“源”的研究比较多,而且很多学者其实研究得已经比较精深了,但是我们现

---

① 马克思在《政治经济学批判》序言中写道:“我考察资产阶级经济制度是按照以下的顺序:资本、土地所有制、雇佣劳动;国家、对外贸易、世界市场。在前三项下,我研究现代资产阶级社会分成的三大阶级的经济生活条件;其他三项的相互联系是一目了然的。”[参见《马克思恩格斯选集》(第二卷),人民出版社,1995 年,第 31—32 页。]据此推知,马克思有过撰写专门研究国家问题的计划;并且,在担任《莱茵报》编辑期间,马克思针对“林木盗窃”问题写过政治评论,后来“关于自由贸易和保护关税的辩论”又促使他去追寻“经济问题的最初动因”,于是为了解决使其“苦恼的疑问”,就有了《黑格尔法哲学批判》。因此,虽然马克思没有关于国家问题的专著,但是国家问题始终存在于他的问题意识中,《路易·波拿巴的雾月十八日》可算是马克思在研究中种下的问题意识的一个果实。

② [美]塞缪尔·亨廷顿:《变化社会中的政治秩序》,王冠华等译,沈宗美校,上海人民出版社,2008 年,第 280 页。

在对"流"的研究还不够,比较弱。集中而论,对于中国共产党治国理政实践的认知,以及从认知到知识、从知识到理论的学术工作,还有待于系统、深入地努力去完成。《中共中央关于党的百年奋斗重大成就和历史经验的决议》讲到,中国共产党在新中国成立以后将"马克思列宁主义的基本原理和中国的具体实际进行第二次结合",①这个结合的过程就是中国共产党领导人民治国理政的具体实践,从中产生了大量的知识和理论,等待政治学者去发现、整理。

从政治学教学的现状看,无论是学生还是已经走上教学岗位的老师,应该都有这样的感受,政治学教学的主要内容还是 20 世纪 80 年代以来从欧美国家吸收过来的现代政治学知识,这些知识中基本没有反映或者说很少反映中国自身的历史和经验。由于这个原因,复旦政治学现在特别重视本土化、自主性知识体系的创造。马克思主义政治学的教学和研究面临的任务是很重的,我们如何基于"源"来认识"流",从"流"来进一步发展"源",并且把蕴藏在"流"之中的经验进行知识化、概念化、理论化,这是一项艰巨的学术挑战。

(二)马克思主义政治学的核心资料

讲授《马克思主义政治学》需要阅读很多文献,经典文献则是其中的核心部分,如果教师对于经典文献没有读过或者还比较陌生,那么讲授这门课程就没有基础。文献是矗立在教师面前的一座必须攀登的山峰,只有登临"绝顶",教学和科研才会"一览众山小"。

首先,通读马克思主义关于政治问题的经典著作。一是《马克

① 《中共中央关于党的百年奋斗重大成就和历史经验的决议》,人民出版社,2021 年,第 12 页。

思恩格斯选集》四卷本。复旦大学政治学系有一门依托《马克思恩格斯选集》的研究生课程，内容就是精读其中大概十多种作品，比如《黑格尔法哲学批判导言》《1844 年经济学哲学手稿》《雇佣劳动与资本》《共产党宣言》《德意志意识形态》《路易·波拿巴的雾月十八日》《论犹太人问题》《法兰西内战》《中国革命和欧洲革命》（论东方系列）等。

二是《马克思恩格斯文集》十卷本。文集和选集的差别在于，前者把《资本论》三卷放进去了，还把马克思 1857—1858 年、1861—1863 年、1863—1865 年的经济学手稿放进去了。为什么要在文集中添加手稿呢？因为，在马克思生前，《资本论》第二卷只有初稿，后经恩格斯修订才完成，而《资本论》第三卷则主要是由恩格斯根据马克思手稿编的，所以手稿和《资本论》有些不同。当然，如果我们读了《资本论》三卷本，再加上选集，其实也够用了，不一定要读文集。

三是《列宁选集》四卷本。其中有很多论述政治问题的经典著作，包括《怎么办？》《进一步，退两步》《共产主义运动中的“左派”幼稚病》《社会民主党在民主革命中的两种策略》《国家与革命》《帝国主义是资本主义的最高阶段》等。

四是《毛泽东选集》四卷本，经典篇章有《中国社会各阶级的分析》《湖南农民运动考察报告》《中国的红色政权为什么能够存在》《井冈山的斗争》《新民主主义论》《论联合政府》《论人民民主专政》等。比如《新民主主义论》之所以经典、重要，因为它分析的是中国的前途问题，毛泽东开篇就写“中国向何处去？”[①]第一句话就能吸引住人。这篇文章是毛泽东在抗日战争的关键阶段写的，它指出中国有一个值得奋斗、去争取的光明前途，这就是建立一个新民主主义的新中国，人民共和国制度的基本构想都出自这篇文章。

---

① 《毛泽东选集》（第二卷），人民出版社，1991 年，第 662 页。

五是《毛泽东文集》八卷本。《毛泽东文集》特别好，在内容上和选集并不重复。文集的特点就是比较口语化，不像选集那样经过了反复修订，文集中很多内容都是毛泽东的口头报告，比如选集中的《论联合政府》是书面报告，非常正式，而文集中收录了几篇毛泽东在中共七大开会期间的口头报告，就是他在大会上根据提纲做的口头发言，由现场的人记录下来，再经过毛泽东自己审定，最后收录在文集中。这些著作生动活泼，能够帮助我们了解当事人在面对当时的难题时，他的所思所想，想得很透彻，讲得很细致。我们要了解一个事件的发生，就要回到历史情境里，理解当事人的动机是什么？他为什么要这样做决策？他对当时的情况是怎么分析的？对于政治学研究来说，这类文献非常重要。如果我们只看选集是远远不够的，还要看文集。

六是《建国以来毛泽东文稿》十三卷本。它的内容就更加丰富了，有很多的批示、批复和电报，是重要的史料。从事历史学研究，特别是从事中共党史、人民共和国史研究的同仁，用此文稿比较多。而对我们从事政治学研究的学者来说，文稿读起来就有点难度，感觉内容很零碎。读懂文稿要求我们对历史线索比较了解，尤其是对历史情境要有一定的理解，否则我们读这些文献就会觉得比较枯燥、一时难有收获。

七是《邓小平文选》三卷本、《江泽民文选》三卷本、《胡锦涛文选》三卷本和《习近平谈治国理政》四卷本。改革开放以来中共中央关于治国理政的重要问题的论述，基本上都可以从中找到。《习近平谈治国理政》的风格和《毛泽东文集》比较像，既有书面化的形式，也有口头谈话的特点。

八是中共中央的文献选编。目前出版的有建党至建国的文献选编二十六卷、建国以来的文献选编五十卷。除了连续出版的汇编合集，还有如《十八大以来重要文献选编》一类的五年时限的文件汇编。这套资料不仅有中央的文件，还有一些地方党委和中央机构的党组织针对特定问题给中央写的报告，以及中央经过开会讨论对这些报告作出的批复。文献选编是以中央文件的形式对中国共产党一百年历程中的重大事件的展现，实际上可以将其看作是“百年事件史”。我们要了解中国共产党和中国政治，这是不可或缺的系统性的资料。当然，读懂这套资料的前提也是要对党史比较熟悉，只有如此我们再去看这些资料时才会更有收获。

其次，熟读马克思主义政治史著作。中国有着悠久的修史传统，并且主要修政治史。政治和历史是不分家的，我们如果不懂历史，政治学研究就可能脱离历史情境落入形式主义、抽象主义的泥沼，对政治学知识的理解也会由于脱离历史经验而比较机械。复旦政治学在培养学生上的一个基本要求就是，看书既要读政治又要读历史。以下政治史著作对于讲授马克思主义政治学而言是必须要读的：一是《毛泽东传》四卷本（新版是六卷本），我们要了解中国现代政治史，围绕着作为最主要决策者的毛泽东，了解以他为中心的历史叙述就非常重要。而且，《毛泽东传》和《周恩来传》也代表了中央党史研究室修史的很高水准。二是《毛泽东年谱》九卷本（建国前三卷、建国后六卷）。三是《周恩来传》，《周恩来传》和《毛泽东传》配合起来看更好。四是《邓小平年谱》五卷本，尤其是1978 年以后的部分大家要认真看。五是《中国共产党历史》，目前一共出了两卷，每一卷都有上下册。上面提到的传记的主要编写者是金冲及先生，金先生是复旦大学历史系毕业的。他写过一部《二十世纪中国史纲》四卷本，是一部比较简明的中国现代史，看完之后我们能够对整个历史脉络有比较清晰的认识。另外，胡绳先生主编的《中国共产党九十年》可以说是一部简明的党史，也是一本很好的党史教材；胡绳先生还写过一本《从鸦片战争到五四运动》，这本书主要是写中国共产党诞生以前的历史，书中不仅有很多史料，而且比较集中地写了他们那一代从革命年代走过来的人对当时历史的认识。

最后，学习马克思主义的政治学著作。一是王沪宁主编的《政治的逻辑：马克思主义政治学原理》，副主编是林尚立老师和孙关宏老师。二是刘德厚老师撰写的《广义政治论》，刘老先生是改革开放以后武汉大学政治学的主要奠基人，这本书从历史唯物主义出发，在狭义的政治之外提出了广义的政治。刘老先生认为政治就是对人类劳动利益的全局关系进行调控的活动和过程，因为只要有集体生活就有公共利益，只要有公共利益就会有在其中占据支配地位的利益，而政治就是由这个占据支配地位的利益支配的公共权力的活动和过程，所以，只要有人类社会就有政治生活。① 这即刘德厚老先生持有的广义政治观。三是王浦劬老师主编的《政治学基础》，这本书的最大特点就是，王浦劬老师和他的团队从利益出发演绎出政治学的基本原理。四是林尚立老师写的《当代中国政治：基础与发展》，这本书可以说是林老师研究中国政治的集大成之作。五是陈明明老师写的《马克思主义政府原理的中国逻辑》，陈老师在西方代议制政府理论之外，根据当代中国政府的制度安排和政治过程，提出了代表制政府理论。最后一本是由刘建军老师领衔、包括陈周旺老师和我在内的复旦大学政治学

① 刘德厚：《广义政治论》，武汉大学出版社，2004 年。在《广义政治论》中有多处段落论述政治的含义，比较重要的论述主要有："以公共权威性力量来调控与保护社会成员的劳动生存的全局性利益，成为了所有社会的人们对社会政治生活和活动的内在需求。政治生活成为了所有社会成员生存的必要条件。政治的最一般性本质，就是对政治主体的劳动生存利益全局的调控。"（第 13 页）"政治是社会的政治主体的利益全局关系所支配的社会公共权力活动。在阶级对抗性的社会中，政治主体的全局利益集中体现在国家政权上，所以阶级的政治核心理所当然地可以被理解为是国家。如果我们将人类社会政治生活的本质理解为社会的政治主体的全局利益关系，那么当社会的经济在一定条件下上升为社会利益关系的全局性地位时，经济就不仅继续发挥着它的物质基础作用，而且要直接发挥其政治功能作用，经济即成为解决政治主体的全部利益关系中的矛盾与冲突的一种途径、方式和手段。"（第 80—81 页）"广义政治的基本含义可以概括为：以人为中心的政治主体，并由其历史惯例或者法律规范确认的社会利益全局关系所支配的公共权力或权威性的活动和过程。也就是说，人是一切政治活动的中心，社会利益全局关系是形成政治活动的基础，公共权力或权威是实现政治目标的手段，政治过程就是政治实施的艺术。"（第 114 页）

出身的学者共同完成的《政治逻辑：当代中国社会主义政治学》，这本书是复旦政治学在马克思主义政治学领域的最新作品，核心内容主要是，根据马克思主义的原理比较全面地总结中国共产党治国理政的经验，并且将这些经验知识化、理论化，这本书可以算作是《政治的逻辑：马克思主义政治学原理》的续篇。

（三）区分形式逻辑、历史逻辑与理论逻辑

马克思主义的义理博大精深，同时著述内容也非常丰富，在其内部其实包括三种不同的逻辑。

一是形式逻辑。形式逻辑在我看来本质上就是数学证明过程中的规则，或者说数学可能体现了最完美的形式逻辑。数学证明过程就是从已知条件出发，通过已知条件推导出新的条件，再把这些条件组合起来推导出最后的结论，这就是形式逻辑。无论是自然科学，还是社会科学，其实都必须具备数学证明的思维，缺乏这种思维能力将会对学术工作造成很大的麻烦。我们可以不做定量研究，但我们必须要懂形式逻辑，具有从已知到未知的推理思维能力，掌握证明过程的逻辑规则。如果我们关注马克思，就会知道马克思的数学功底是非常厉害的，他甚至对数学中的某些领域很有研究。①

二是历史逻辑。我们也可以把历史逻辑称为实践逻辑，因为实践跨越了时间并在长时段展开就变成了历史。实践逻辑就是说事情本身是怎么发生的，其中时间顺序是基准。比如说，一战之后召开了巴黎和会，在和会上，当时的中国政府诉诸战胜国立场来主张自己的正当权利，但是日本基于它和列强的密约提出了侵略中国的殖民要求，从而引发了中国的五四运动；在此之前，俄国爆发了十月革命，改变了世界格局，证明了先锋队政党领导革命走向成

① 恩格斯在马克思墓前的讲话中就特别提到：“马克思在他所研究的每一个领域，甚至在数学领域，都有独到的发现，这样的领域是很多的，而且其中任何一个领域他都不是浅尝辄止。”参见《马克思恩格斯选集》（第三卷），人民出版社，1995 年，第 776—777 页。

功的现实性;俄国布尔什维克看到了五四运动的巨大影响以及其中的政治契机,与此同时,新文化运动启蒙下的一部分先进知识分子开始向马克思主义和俄国靠拢,中国共产党就诞生了。这些事件与事件之间的联系就是历史逻辑。

三是理论逻辑。理论逻辑指以简约的方式对历史逻辑进行的抽象。不可否认,当我们使用"历史逻辑"这一表述时就已经暗示理论已经介入其中,但是我们同样要注意"抽象""逻辑"等用语表示历史有其本身的联系。很多时候,我们会混淆历史逻辑和理论逻辑,然而,在头脑中,我们必须有一种清醒:理论只是对历史的认知,理论不是历史本身。尽管马克思主义追求历史和逻辑的统一,但恩格斯讲得很清楚,这种统一之后的逻辑与历史本身也是有差别的。所以,理论逻辑不等于历史本身。① 例如,经济基础决定上层建筑,这是马克思主义的一个基本判断,但不等于说在每一个历史事件中,经济基础都在决定上层建筑,很多时候政治是起反作用的,这种反作用往往具有决定性。再例如,马克思认为实现社会主义必须以生产力高度发达为前提,只有西欧几个发达国家共同搞工人阶级革命,才能建成社会主义。但列宁恰恰是反其道而行之,在落后的俄国通过发挥先锋队作用,打破了帝国主义链条上的薄弱一环,落后俄国的十月革命反而成功了,而西欧的革命却没有成功,但是革命成功的俄国还是要回到发展生产力的轨道上,否则不足以巩固和发展革命建构的上层建筑。这就说明历史和理论之间是有差异的,二者不能等同起来,它们的统一也不是"严丝合缝"的。既然历史没有按照理论预示的方向发展,那我们就要去解释为什么会如此,然后去发展理论。如果理论与历史完全统一,那理

---

① 恩格斯说:逻辑是把握历史的"唯一方式",思维的发展"不过是历史进程在抽象的、理论上前后一贯的形式上的反映",但是"这个反映是经过修正的",当然这种修正是"按照现实的历史过程本身的规律修正的。"参见《马克思恩格斯选集》(第二卷),人民出版社,1995 年,第 43 页。

论就“死掉了”,就没有发展了。

三、马克思主义政治学的知识构成

马克思主义政治学是一个系统的知识体系,但是在21世纪的中国,在当下,我们讲授马克思主义政治学课程,其核心内容就是要讲好中华人民共和国。要讲好中华人民共和国,就必须解释以下几个基础性问题:人民共和国如何建构的(它从哪里来)?人民共和国的制度形态、政治过程和运作机制是什么(它是怎样的)?人民共和国的价值基础和理想目标是什么(它将向哪里去)?围绕着上述问题的研究及其不断取得的进展,将能够为我们提供关于人民共和国的政治知识。

根据中国政治学界前辈的研究和我自己对这些研究的理解,可以将这些研究内容概括为“一二三四五”组成的知识体系。具体来说,就是一个中心、两大支柱、三者有机统一、四种基本政治制度和四项基本政治权利、五环政治过程。

(一)一个中心就是以人民为中心

我们要理解马克思主义政治学,分析当代中国政治,“人民”概念是最重要的基础性知识。坦率地讲,研究当代中国政治,如果我们讲不清“人民”这个概念,那后面的很多论述都是很难成立的。但是,很多人之所以会讲不清“人民”这个概念,我认为基本原因是没有对中国政治中的“人民”与西方政治中的“人民”作区分,没有从中国共产党领导革命和建设的历史经验,没有从当代中国政治的经验过程去理解“人民”。对于如何理解“人民”概念,毛泽东的著作讲得比较多,尤其是新中国成立前后,围绕怎么给新中国定国号、为什么将新中国定名为“中华人民共和国”,毛泽东都有精辟的论述。这些论述集中反映了他们那代革命者在认识“以人民为中心”时的历史经验。[①]

人民主权是现代政治的根基，然而在当代欧美国家的政治中，人民几乎只是一个象征，所以在西方现代政治学中，“人民”就被解释成一个抽象整体。从事世界史和政治史研究的学者，为我们理解这个问题提供了基础。我读过李剑鸣的一篇专门讲美国人民的论文，在文中李老师回应了一个问题，美国也是以人民名义建国的，为什么西方要搞间接选举，而且在很长一段时间内都要限制大众的政治参与。长期流行的解释是技术受限。现代国家地域广、人口多，当时的技术条件不支持搞大众民主。诚然，这是不可忽视的原因，却不是历史的全部。法国也好，美国也好，都经历过大众参与的革命，精英一方面看到了人民的力量，另一方面也恐惧人民的力量；一方面要借助人民的名义来论证现代政治的合法性，另一方面在革命之后又不想让人民参与到政治过程中，担忧人民的参与会带来不利的影响。[②] 所以，通过代议制度限制大众对政治的参与，削弱民众在政治中的影响，并非全是技术限制所致，更为重要的在于这是一种精巧的制度设计导致的后果。这就是说，将人民局限在抽象整体的状态，本身就是一种政治。这一点其实在《联邦党人文集》中就已经有很好的说明了。无怪乎，法国、美国在革命之后就放弃了组织人民从而维持人民作为一种实体存在的努力，代议制、政党竞争、利益集团等政治机制都在分化人民而非组织人民，人民自然在实体上只能处于“部分”甚至“碎片化”的状态。西方政治学将“人民”视为一个抽象整体，实际上就是学术工作对

① 毛泽东关于这个问题的经典论述可以查阅他在1935年12月中共中央政治局瓦窑堡会议之后的报告《论反对日本帝国主义的策略》[参见《毛泽东选集》(第一卷)，人民出版社，1991年]；在1948年9月中共中央政治局会议上的报告[参见《毛泽东文集》(第五卷)，人民出版社，1996年]；以及为庆祝中国共产党成立二十八周年而写的《论人民民主专政》[参见《毛泽东选集》(第四卷)，人民出版社，1991年]。

② 李剑鸣：《“人民”的定义与美国早期的国家构建》，《历史研究》2009年第1期。

这种政治状态的反映。

在中国政治中，“人民”则是一个实体。人民不是自然形成的实体，而是由中国共产党组织起来、由党和广大民众结合在一起所形成的实体。中国共产党首先发展成为规模庞大的先锋队，然后借助统一战线建立了以共产党为中心的庞大的组织网络，从而把人民组织起来。在半殖民地半封建的旧中国，要想取得革命的胜利，不把老百姓组织起来是不可能的；只有依靠民众的力量，才能推翻三座大山，建立人民共和国。由此可见，中国政治中的“人民”和西方政治中的“人民”虽然用的是同一个概念，但是历史和经验事实则高度差异。中国政治中的“人民”就是以中国共产党为领导核心、依靠党的组织网络把民众组织起来从而同广大民众结合起来所形成的整体性质的政治力量。质论之，人民是政治过程塑造出来的。中国共产党最根本的政治使命就是把广大民众组织起来，在领导革命和治国理政中面临的最根本挑战就在于能否把人民塑造出来。

“人民”形成之后也不是一成不变的。新中国成立以来 70 多年，人民内部发生了非常大的变化。人民主要由两个要素构成，一是党本身，二是广大民众。我们过去讲四大阶级，经过 70 年，中国的阶级结构不是简单化，而是复杂化了，党群关系也在发生变化。我有一个初步判断，人民内部的支撑结构发生了变化，最早是党与阶级的关系，为了把阶级联盟塑造成人民，在抗战时期我们发展出了比较成熟的群众路线，于是就叠加了党群关系。作为人民内部的一种支撑结构，党与群众关系的内涵就是要通过走群众路线，借助政治整合过程，将最广大民众的力量汇聚起来，进而形成人民。改革开放以来，在人民内部又发展出了党与公民之间的关系，过去我们只讲国家与公民的关系，这是我们熟悉的，但对于中国来说，党与公民的关系是个新议题，我们还没有深入地研究。

“人民”是中国政治的基础问题，学界对这个基础问题的探讨并不深入或者说没有深入展开。我认为造成这种研究现状的主要原因就是，一些研究者局限于从西方观念、历史经验来理解“人民”，而不考虑中国共产党领导革命、建设、治国理政的历史经验。中国的政治、国家政权和政治制度，都是以“人民”为基础构建的，这就跟我们熟悉的西方现代政治学有很大的隔阂，如果完全用西方的政治知识体系，就无法解释中国的政治、国家政权和政治制度。当然，这不是说我们直到现在才意识到这个问题，我们的前辈也有这样的感受。据我的一位老师回忆，在留校任教后想写一本关于当代中国政治的著作，当时头脑中也满是西方政治学的理论，解释不通中国，就只能硬解释。后来西方的学者也发现用自己的那套知识体系解释不了中国，就采用变通式解释，于是在西方的理论上“打补丁”。这种局面恰恰证明，我们要根据中国的历史经验，形成自主性的理论来解释中国的实践。

总之，首先要把“人民”概念讲清楚，讲清楚中国现代政治中的“人民”和西方现代政治中的“人民”之间的差别，通透地理解中国人民所要集中表达的内涵以及背后的政治经验。只有如此，我们才能理解中国的制度设计和政治过程。目前，这方面的研究虽然为数不多，但已经出现了不错的成果，王绍光的研究比较具有代表性，研读他的研究，我们能够发现，结构上、制度中的人民是如何出现在政治过程中并发挥作用的，中国共产党是如何通过一个又一个具体的政治过程塑造人民的。①

（二）支撑人民共和国的两大支柱

支撑人民共和国的两大支柱分别是中国共产党和人民代表大会。在一些西方学者看来，人民代表大会只是国家权力结构中的

① 参见王绍光：《人民至上：“人民”、“为人民”、“人民共和国”》，《中央社会主义学院学报》2021 年第 2 期；亦可参见王绍光：《中国式共识型决策：“开门”与“磨合”》，中国人民大学出版社，2013 年。

“橡皮图章”,这是他们不懂人民共和国的典型表现。在人民共和国的最初发展阶段,人民代表大会的作用没有充分发挥;但是现在,无论对于国家还是对于中国共产党的领导和执政,人民代表大会越来越重要。中国共产党要依法执政、依宪执政、民主执政,都必须通过人民代表大会。人民代表大会是国家权力机关,人民代表大会制度是人民共和国的政体,没有人民代表大会这个支柱是不可想象的。同时,中国共产党是人民共和国的领导核心,所以人民代表大会和中国共产党构成了两大支柱。

我们在这里发现了当代中国政治的一个非常重要的问题,一方面中国共产党是最高领导力量,另一方面人大是国家权力机关,那么在政治过程中,党如何领导国家权力机关?也就是说,两大支柱之间的关系如何处理。这是必须要解释清楚的问题。更进一步说,中国共产党全国代表大会和中央委员会是最高领导机关,全国人大是最高国家权力机关,这两个“最高”如何衔接?如果在课堂上我们不能够根据中国共产党治国理政的经验把这个问题讲清楚,那就说明我们对于当代中国政治的实践逻辑和理论逻辑的把握出现了混淆或者说脱节。

两个“最高”如何有效衔接的问题已经得到了解决。当然,首先是在政治实践中解决了,然后在理论上也解决了。简单地说,最高领导机关通过进入最高国家权力机关来领导最高国家权力机关。党不是在最高国家权力机关之外对它发号施令,而是通过法定程序进入最高国家权力机关来运作最高国家权力。关于中国共产党领导的具体运作方式,陈明明老师在他参与主编的《当代中国政府与政治》一书中做了很好的归纳,分析了中国共产党实现领导的具体机制。就党领导人大而言:一是在人大代表的构成上,大约有 2/3 的代表是中国共产党党员,从而实现党员与人大代表的同构;二是在人大常委会中设立党组;三是一种非常关键的机制设计,就是在人大开会期间,各级党委成立专门的领导小组进入人大从而运作人大。

以中国共产党如何领导全国人大为例，在全国人大每年开会期间，中共中央会专门成立一个领导小组，具体负责领导全国人大的议程和运作，中共中央政治局成员基本上都会是这个领导小组的成员。这个领导小组主要的工作机制有三个，一是大会主席团，二是各个代表团党委负责人组成的联席会议，三是各个代表团成立的临时党支部。① 这就形成了一个以中共中央领导小组为发动机、以全国人民代表大会会期期间组建的各种党的机构为构成要素的系统的组织网络。从政治实践和现有的研究看，在中央层级，党如何领导人大已经形成了成熟定型的制度。

（三）三者有机统一

党的领导、人民当家作主、依法治国是有机统一的。在中国的政治过程中必须兼顾三者，党的领导、人民当家作主、依法治国共同构成了有机统一的社会主义政治，或者说，当代中国政治就是有机统一政治。有机统一政治意味着在中国共产党领导的国家治理中有三种基本的治理资源，分别是党、人民的参与和法治，这三种治理资源要相互协同。所以，我们认为既然是不同主体、不同治理资源的协同，那么有机统一政治其实是一种“治理性质”的政治，这种政治的立足点和出发点就是创造美好生活，推动人的自由和全面发展。② 进一步讲，有机统一政治反映了中国共产党对于良治善政的创造和追求，这也使我们国家的治理过程与欧美国家的治理过程区分开来。

---

① 关于中共中央如何在全国人大开会期间从内部领导全国人大的问题，参见何俊志：《作为一种政府形式的中国人大制度》，上海人民出版社，2013 年。

② 关于党的领导、人民当家作主、依法治国有机统一以及当代中国政治是有机统一的社会主义政治的论述，参见拙文《有机统一政治：中国特色社会主义制度成熟定型的内核》，《学术月刊》2020 年第 2 期。

当然,更切实的问题在于回答如何做到三者有机统一? 根据中国共产党治国理政的经验,目前的研究成果发现实现三者有机统一的根基在于人民,只有回到以人民为中心,依靠作为整体性质的政治力量的人民,才能找到三者有机统一的立足点。而实现三者有机统一的具体路径有三个:一是由国体提供基础,二是由政体提供结构性支撑,三是由具体治理体制的运转提供保障。党的十九大报告指出,人民代表大会制度是实现三者有机统一的根本制度设计,由此可见,政体是三者有机统一能够成立和发展的关键。有机统一政治尚待继续发展完善,目前有赖于在治国理政的实践过程中继续发展、持续积累。所以,我们讲三者有机统一,并不是说它已经非常完善了,而是指它的结构性面貌已经成型,当代中国既要将其作为中国特色社会主义现代政治的成熟形态来追求,又要将其作为支撑治国理政的核心资源来使用。

(四) 四种基本政治制度和四项基本政治权利

人民共和国已经形成了成型的政治制度体系,其中人民代表大会制度、中国共产党领导的多党合作与政治协商制度、民族区域自治制度和基层民主自治制度是四种基本政治制度,人民代表大会制度同时又是根本政治制度,中国共产党的领导贯穿在四种基本政治制度之中,使其成为一个彼此协调、有效运转的制度体系。

四项基本政治权利是指公民享有的知情权、参与权、表达权和监督权。四种基本政治制度,我们在当代中国政治制度的相关课程学习中已经很熟悉了;但是,对于公民的四项基本政治权利,教学和研究中的重视程度还有待加强。所谓加强就是指,要将公民的四项基本政治权利,提高到当代中国政治发展和建设人民民主的战略性基础的高度来认识。我认为,关于公民四项基本政治权利的表述,中国共产党十六大政治报告中讲得很清楚,十七大政治报告中得以定型，并一直延续下来。①

中央对于发展人民民主的最新战略规划是发展全过程人民民主，这就更加突出了四项基本政治权利的战略地位。发展全过程民主的基础、实践中的抓手、具体的运作机制，都与公民的四项基本政治权利密切相关。第一，知情是前提，党务、政务要公开，要让老百姓知情。第二是参与，参与主要有两种方式，一是选举，二是协商，选举是基础性环节，协商是关键性环节。第三是表达，老百姓要有可以去讲理的地方，同时老百姓的意愿要让党听到，只有如此，才能沟通上下，化民意为民心，以民心引导民意。② 第四是监督，之所以要有监督，是因为现代政治都是"代表政治"，尽管人民民主是复合民主，既有直接民主又有间接民主，但是当下以及将来很长时间里主要还是实行间接民主。这种情况下，人民群众的监督权就非常重要。在四项基本政治权利中，实质意义最大的就是监督权，发展全过程民主，提高人民民主的质量，推进社会主义民主的发展，归根结底就是要把人民群众的四项基本政治权利保障好，而监督权又有着特别重要的作用。

---

① 在中国共产党的十六大政治报告中，江泽民在论及深化干部人事制度改革时讲道："扩大党员和群众对于干部选拔任用的知情权、参与权、选择权和监督权。"[参见《江泽民文选》(第三卷)，人民出版社，2006 年，第 557 页。]而在中国共产党的十七大政治报告中，中共中央对此表述有了发展，将"选择权"改成了"表达权"，指出"保障人民的知情权、参与权、表达权、监督权"，同时将这一表述的位置放在论述"扩大人民民主，保证人民当家作主"的部分里。[参见《胡锦涛文选》(第二卷)，人民出版社，2016 年，第 635 页。]十七大政治报告的新表述中有两点值得说明：第一，"选择权"类似于选举权，而选举权是参与权的组成部分，在当代中国政治中，选举与协商共同构成了参与权的基本内容；而"表达权"则是一种独立的权利，需要单独存在；所以，将"选择权"归并到"参与权"中，新增"表达权"，体现了一种发展。第二，政治报告中论述四项基本政治权利的位置更显重要，不是将其放在某个具体的政治领域，而是放在人民民主这个根本议题上，体现出保障四项基本政治权利是涵盖社会主义政治全部领域的。

② 民意是对私人利益的反映，民意的基本内容是公民的个人利益，所以在性质上民意是私人的，在范围上民意是有限的，在层次上民意是个别和地方的，在时间上民意是暂时的。民心与民意是相对的，它是对公共利益的反映，民心的基本内容就是公共利益或者说人民利益，因此在性质上民心是公共的，在范围上民心是全国的，在层次上民心是整体的，在时间上民心是长远的。

(五)五环政治过程

五环政治过程就是指民主选举、民主协商、民主决策、民主管理、民主监督。其实,关于当代中国政治过程由多个环节组成的表述很早就有了,最新变化是明确当代中国政治过程包括五个环节,而且五个环节是彼此衔接的,需要将当代中国政治看作是一个完整过程,即全过程人民民主。在五环政治过程中,需要重点讨论民主选举和民主协商的关系。我们知道,中国共产党现在特别重视发展协商民主,协商民主是中国共产党在领导革命创建人民共和国的历史过程中形成并发挥了巨大政治效能的政治机制,今天其已经成为社会主义民主的独特优势。认清楚这一点,大家对于协商和选举的关系便不会出现模糊性认识,不会以为强调协商就是不重视选举。选举和协商对于人民民主来说都是不可或缺的,不是说有了协商就可以忽视选举,实际上两者不可互相取代。中国共产党的表述也是非常清楚的,选举和协商是发展人民民主的两种基本形式,协商非常重要,它更加契合我们这个时代发展人民民主的思路,满足了在新时代提高人民民主质量的需要;与此同时,选举也是非常重要的。

选举是现代政治的基础,选举其实是承认每一个公民都具有独立自主的政治判断,人民群众行使选举权意味着国家组织政治生活的微观基础发生了变化。① 只有人民群众都拥有选举权,才有现代政治。我们的人民共和国是现代国家,我们的政治是现代政治,根本的基础就是最广大的人民群众获得了选举权、实现了政

① 法国学者皮埃尔·罗桑瓦龙对普选权进行过历史考察,他指出人与人之间的平等是政治世俗化世界的“圣事”,因为普选权是一种“建设性的权利”,甚至可以说,以普选权为标志的平等的政治使人成为了人,“政治平等标志着最终进入由个人组成的世界”。参见[法]皮埃尔·罗桑瓦龙:《公民的加冕礼》,吕一民译,上海人民出版社,2005 年,第4—5 页。

治解放、取得了政治主体资格。人民共和国对于选举权的确认在宪法上规定得非常彻底:一方面,在权利资格上,公民不分文化程度、民族、宗教信仰,只要年满 18 岁,都享有平等的选举权;另一方面,在权利行使上,人民代表大会的代表构成贯彻了人人平等、地区平等、民族平等的原则。1953 年,中国进行了历史上的首次普选,当时大概有 3 亿人参与了投票,如此大规模的选举在世界民主政治发展史上也是首次。时至今日,中国的选举制度日益完善,参选的规模更加庞大,人民民主的基础更为牢固。总结而言,选举是中国现代政治的基石,而协商在推进中国民主发展中的作用更加显著,这两者是不可偏废的。

四、马克思主义政治学的创新理论

在我们进行了关于当代中国政治的知识讲解之后,还应该有一些理论性的回应,实现从一般知识到理论的“飞跃”。根据人民共和国政治实践提供的经验、具体知识,我们可以进一步探索三个方面的理论。

(一)中国政治发展的理论

中国政治发展不是像福山在《历史的终结》里讲的那样,是以欧美国家的政治体制为归宿的过程;中国历经几千年之所以还是中国,根本原因在于,中国能够坚持利用普遍性资源来发展自己的特殊性,在坚持自己的特殊性时拓展普遍性。中国在发展的过程中吸收了很多普遍性资源,但中国不是机械地照搬,而是加以改造,加以创新,形成自己不同于西方的独特性。中国政治发展道路的核心就是以人民为中心建构不同于西方民族国家的社会主义现代国家,实行以党的领导、人民当家作主、依法治国三者有机统一为内核的政治制度体系。

中华人民共和国宪法明确规定,中国是统一的多民族国家。但是,在过去一段时间,学界尤其是政治学界的很多同仁都习惯用民族国家来定位人民共和国。前不久,习近平总书记在中央政治局集体学习中的重要讲话里对这个问题做了回应:中国不是西方现代政治学所界定的民族国家。中国自古以来就是一个统一的多民族国家,我们如果把前面分析过的关于人民共和国的知识进行系统化整合,形成理论,那么就可以用大一统国家来定位中国。大一统国家是一个和民族国家对称的概念,至少自西周开始,中国在三千年时间里始终是大一统国家,中国共产党领导革命建立的人民共和国则是现代大一统国家。现代大一统国家和现代民族国家都是现代国家的一种类型,相对于现代民族国家而言,现代大一统国家是现代国家的一种新类型。

西方有一种预设,1840 年以后中国处在那么不利的环境中,不出意外的话,中国的命运应该跟其他古老、庞大的帝国一样,结局就是分崩离析,分裂成很多个西方意义上的民族国家,从而走上西方国家曾经走过的道路。然而,中国并没有走这样的道路。其中当然有许多很复杂的问题值得探讨:中国到底是怎样在一个非常不利于自己的地缘政治格局和时代背景下,成功走出了一条不同于西欧民族国家的道路?为什么能成功?当时的历史条件和面临的结构性约束是什么?当时行动者的战略目标和动机又是什么?这些问题其实都还没有得到很好的解答。目前只有部分历史学者做了很多细致入微却又比较碎片化的研究,这类研究一方面对于我们了解历史经验的细节很有帮助,另一方面则在理论上意义不是很大。解答这些问题,政治学是责无旁贷的。如果我们能够形成一个不同于民族国家而基于中国本土的现代国家理论,那么中国政治学就有了很好的基础;如果对于这个问题都不能回答,无法提供新的理论,那中国政治学存在的意义就令人质疑。

（二）中国现代政治文明的理论

相对于欧美国家而言,社会主义中国体现了一种新型的现代政治文明。新型就在于人民与政治之间的关系发生了重构,这一重构的集中体现就是前面提到的人民共和。古典共和,一是强调作为少数人的公民在政治中的优越性(公民在古希腊罗马时期是指少数人而不是大多数人);二是强调公民的积极政治参与;三是强调公民的德性,德性是公民参与政治的基础;四是强调共同体的利益即公共利益。将古典共和发展为现代共和的集大成者是美国,美国的政治文明之所以重要,之所以能产生这么大的影响,就是因为它创建了一套真正不同于建国时人们所熟悉的古典共和政治的现代共和政治。首先是美国作为一个幅员辽阔的大国落实了选举权即政治参与资格,其次是美国把公民的直接政治参与纳入代议制轨道,从而创造了代议共和制,所以美国的政治体制有它的独创性。

同样,人民共和国在政治文明上也形成了独创性,中国的现代共和是人民共和。所谓“人民共和”,毛泽东在《论人民民主专政》中对此有着精当的解释,其中的要义就是,在中国共产党同孙中山先生领导的国民党合作召开的国民党一大通过的《宣言》中,确立了一个政治方案,这就是政权“只许为一般平民所共有、不许为资产阶级所私有的国家制度”,在此基础上再加上中国共产党的领导,就是人民共和国的制度。① 这番话如果用政治学的话语来表述就是,人民共和是绝大多数人的共和而不是少数人(不管其基于何种理由)的共和,绝大多数人在中国共产党的领导下才团结起来成为了一个整体性质的政治力量即人民。人民共和强调绝大多数

---

① 《毛泽东选集》(第四卷),人民出版社,1991 年,第 1478 页。

人都有政治主体资格，共和国为构成人民的绝大多数人所共有、共治、共享；同时人民共和也强调少数先进分子在政治上发挥更加重要的作用，也就是要把大多数人的政治主体资格和少数先进分子的领导作用结合起来。人民共和拒绝由出身和财富所决定的精英分子在政治上的优越地位，转而突出有觉悟的先进分子组成的中国共产党的领导作用。

因此，人民共和就以这种方式实现了对美国所创造的现代共和的超越，和对现代共和政治的又一次创造性发展。人民共和就是中国创造的政治文明。这些问题其实我们的前辈们都意识到了，但是学术研究方面还没有进行系统的理论解释。比如什么是人民共和原理？革命成功之后的制度设计者们当时就已经把这个问题提出来了，这是当代中国政治的一个至关重要的问题，但是学术界没有回答好这个问题。我的初步认识是，人民共和就是把组织起来的少数先进分子的领导作用和普罗大众的政治主体地位有机结合起来，在政治制度的支持下，围绕着创造美好生活、推进人的自由和全面发展，而共同行使政治权力的政治文明形态。人民共和是中国政治发展的产物，集中概括了中国政治发展道路的内涵，同时人民共和也规定了中国政治发展的前进方向并为它提供资源支持。

（三）中国政治创造能力的理论

中国经历过半殖民地的状态，长期以来处在落后于欧美国家的不利地位，这对于我们的知识创造确实有不利影响。同时，我们的很多政治话语直接引进自日本翻译的西方政治话语，日本虽然没有经过殖民地化，但是“脱亚入欧”的历史选择使其内在地经历了或多或少的殖民地化的影响。这种历史经历体现在学术研究上的典型结果就是东方人被不同程度地“套进”了西方政治话语的“牢笼”。东方人，当然毋庸讳言，包括一些现代中国人，或多或少都对自己国家的政治创造能力表现出不自信,一些人甚至更为偏激地认为,中国无论是什么方面出了问题都是体制的问题。造成这种状况的一个重要根源,其实就是一些中国人对自己的政治创造能力缺乏了解。

如果我们能多读一些中国历史(其实主要是政治史),就不难发现中国真的是一个极富政治创造能力的国家。大家熟知的三省六部制、科举制这些就不说了,把时间拉得更远一点看,我们的祖先在迈入文明前后或者说在文明的预备阶段,就展现出非常厉害的政治创造能力。著名的考古学家张光直写过一本讲中国青铜器的书(《中国的青铜时代》),通过考古研究他发现一个很有意思的现象,中国在生产工具上并没有经历一个青铜时代,中国的青铜文明其实非常辉煌,但是出土的青铜器都是礼器,很少有青铜农具。而青铜礼器都是为政治服务的,是政治生活中至关重要的构成要素。西方进入文明时代是生产工具发生变化的结果,但中国的青铜器都是礼器,生产工具没有明显的进步,却同样进入了文明时代。

据此,张光直先生认为,中国进入文明时代不是靠生产技术的进步,而是靠政治创新。如何把当时地域上已经很广泛、不同的小邦国和部落联合起来,形成一个广域的王权国家,靠的就是政治创新。中国古代的禅让制就是当时的一种政治创新,古人要把很多部落联合起来形成一个广域的王权国家,那谁来当王呢?摆不平,所以就有了禅让。为了维持政治上已经初步形成的整合状态,就要找一个更加抽象的权威,这就是天,而政治活动的核心内容就是要沟通天人,所以就要祭天,青铜器就在这个过程中扮演着非常重要的作用。① 青铜器是权力的象征,也是统治的密码,青铜器的工艺水平之所以非常高,是其服务于政治统治的功能使然,是服

① 张光直:《中国的青铜时代》,三联书店,2013年,第482—497页。

务于维持国家的需要。以青铜器为媒介进行天人沟通,从而重新组织广大地域的民众,就是在当时历史条件下所能取得的最重要的政治创造,它是中国古人的政治创造能力的集中体现,而中国就是凭借这种政治创造力在生产工具没有发生大变革的基础上仍然能够步入文明时代。

中国古人的政治创造能力在后续的历史发展中源源不断地被激发出来,西周依靠宗法分封制建立了大一统国家,秦朝则依靠郡县制、官僚制重建了大一统国家,汉鉴于秦二世而亡的教训,通过吸收儒家意识形态和发明察举制,成功地建构了一个皇权与在政治上有影响力的群体(知识精英)的持续联盟;后来察举制僵化了,中国古人又创造出了科举制,经过唐朝的逐步积累,至宋代发挥出巨大的政治效能。没有政治创造能力,三千年的大一统国家是没法维持下来的,当然农业经济的繁荣也很重要,但更多的可能是靠政治上的变革。

到了近现代,中国人在巨大的压力下再次爆发出强大的政治创造力,创建了作为新型现代国家的人民共和国和作为新型现代政治文明的人民共和。如果认识了中国的政治创造能力,那么就不难理解,从西周至今的三千年里,中国变化之大、之深,超乎我们的想象。但是,当我们不读历史、拒绝认识中国的政治创造能力时,就会想当然地以为中国在现代政治上没有政治创造,更遑论根据中国的政治创造去提出话语、提供知识、创造理论了。

综上所述,中国共产党和人民共和国都是中国政治创造能力的产物和集中体现,是迈入现代化历史进程的中国的政治创造能力的“集约化”使用。因此,不要低估中国政治,而是要理解它、解释它,也不要低估中国人的政治创造能力,要从时间长河中发现它,在我们的时代发展它。

Material, Knowledge and Theory: On the Teaching Method of Marxist Politics

Shikai Wang

Abstract: Marxist politics is the cornerstone of the knowledge system of Chinese political science, which play an important role in the teaching and research of political science in contemporary Chinese universities. In the new era of Chinese socialism, the basis of the teaching of Marxist politics is possess and absorb the material thoroughly, the critical content of the course of Marxist politics are "one center", "two pillars", the organic unity integrate with three key factors, four basic political systems and four basic political rights, and five political links. Further more, the theory of Chinese political development, the theory of Chinese modern political civilization and the theory of Chinese political creative ability, that embody the innovative theory of Marxist politics.

Keywords: Marxist politics; knowledge; theory; China

中国政治

从第一至第七届中央委员构成透视革命斗争时期中共中央的制度化

张　光　梁梓然*

［内容提要］ 中共中央组织的制度化是中国共产党制度化的核心。本文借用波尔比斯对美国国会组织边界的经验研究范式，将第一至第七届中共中央委员信息数据化，以研究革命斗争时期中共中央的制度化。以 1935 年的遵义会议为界，中共中央从幼年期转向制度化的成熟期。遵义会议前，中央委员进入退出频繁，中共中央组织边界尚不够清晰和稳定。遵义会议之后，第六届中共中央委员会长期稳定，直至被高度制度化的第七届中央委员会所接替。本文详细讨论了这一转变的过程、原因和意义。

［关键词］ 中国共产党；中央委员会；制度化；组织；革命斗争时期

自 1921 年成立，中国共产党通过 28 年的革命斗争创建了中华人民共和国，而后作为执政党领导国家 70 余年，带领人民把中国从一个贫穷落后的国家建设成为达到中上收入水平的繁荣富强的社会主义国家。立党百年，中共长期不间断执政，在世界政党史和政治史上堪称奇迹。为什么中共做到了这一切？她的高度制度化无疑是一个关键因素。百年之间，中国共产党从只有 57 名党员的小党成长为分工明确、运行有序、规模庞大的大党，这是马克思

* 张光，厦门大学公共事务学院教授，梁梓然，台湾政治大学政治学系博士生。

主义中国化的过程,也是中共制度化的过程。

中共的制度化是如何实现的?本文通过对中共中央委员会(以下除直接引文外均简称为中共中央)的制度化研究,来回答这个问题。中共十九大修订通过的最新《中国共产党章程》指出,"党的最高领导机关,是党的全国代表大会和它所产生的中央委员会"。这是中共自建党以来一再重申且不容挑战的一条根本原则。中共中央领导的有效实施,必须立足于它的制度化的基础之上。如美国政治学者波尔斯比所言:"我们都同意,一个政治体系要能生存,能成功地代表人民权威地配置资源、解决问题和冲突的话,那么,它必须是制度化的。这也就是说,适用于一定政治目的行为的组织必须被创设并维持。否则,政治体系就很可能是不稳定的,脆弱的,无法完成满足其所代表的群体的需求并保护他们的利益的任务。"①理解中共中央的制度化,是解开中国共产党成功秘密的一把钥匙。

本文探讨中华人民共和国成立前七届中共中央委员会的制度化进程。这个话题值得研究的原因有三。第一,建国前的中共及其最高领导机构,经历了一个从无到有、从弱小到壮大的革命党的28年的奋斗史。因此,这段时期的中共中央可作为一个志在获得全国政权且成功实现该目的的革命党领导组织加以研究。第二,不同于夺取全国政权前并未建立自己的军队和根据地的苏共(布尔什维克),②中共在土地革命战争、抗日战争和解放战争中,在根据地政权建设、军队建设和统一战线建设等多条战线作战,最终取得抗日战争和解放战争的胜利,取得全国政权,完成了从革命党向执政党的过渡。只有处于决策核心的中共中央的制度化,才可能有中共的制度化。一个低制度化的革命党,是不可能统一全党意志,动员民众,取得全国胜利的。第三,中华人民共和国成立前作为革命党领导组织的中

---

① Polsby, Nelson. W., "The Institutionalization of the US House of Representatives", *The American Political Science Review*, Vol. 62, No. 1, 1968, p. 144.

② 联共中央特设委员会:《联共(布)党史简明教程》,人民出版社,1975年。

共中央的制度化因素，成为建国后作为执政党的中共基因的一部分，1949 年以来中共领导国家的胜利与挫折，与这些基因息息相关。

制度化是几乎所有的近现代社会科学学派——从马克思主义政治经济学到新制度主义，从社会学、政治学、经济学到人类学——都关心的核心议题。① 在技术层面，制度化是一个中性的概念，可定义为“从不稳定的、松散构造的或狭窄特殊性的行为转向有序的、稳定的和内在一致的社会模式”。② 根据亨廷顿的定义，一个组织的制度化是指其“组织化的程度与遵从的程序获得重要性与稳定性的过程”，相应地，制度化程度可从适应性、复杂性、自主性和凝聚力四个维度进行评估。③ 当然，制度化绝非行为主义的操作化定义所能完全覆盖的。如赛兹尼克所言，制度化“或许最重要的”侧面是超越当下任务的技术性要求的价值注入。④ 组织成员拥有为组织存续发展所需的共同价值观，是一个组织制度化的必要条件。从实践角度看，制度之所以重要，是因为它使组织的行为成为可预期、可信赖的东西，从而显著降低了交易成本。⑤ 当然，制度化也并非没有薄弱环节，它也可能给组织带来保守僵化的可能。在制度化的同时，能保持一定的变易弹性，是有效组织的共有特征。

本文将借用并改进波尔斯比关于美国国会众议院组织边界的经验研究范式，⑥来探讨中共中央的制度化。他认为，一个制度化

---

① Polsby, Nelson. W., “The Institutionalization of the US House of Representatives”, *The American Political Science Review*, Vol. 62, No. 1, 1968.

② Broom, Leonard. & Selznick Philip, Sociology: *A Text with Adapted Readings*, Row, Peterson & company, 1955, p. 238.

③ Huntington, Samue. P., “Political Development and Political Decay”, *World Politics*, Vol. 17, No. 3, 1965.

④ Selznick, Philip., “Institutionalism ‘old’ and ‘new’”, *Administrative Science Quarterly*, Vol. 41, No. 2, 1996.

⑤ [美]道格拉斯·诺斯：《制度、制度变迁与经济绩效》，刘守英译，上海三联书店，1994 年，第 4—5 页。

⑥ Polsby, Nelson. W., “The Institutionalization of the US House of Representatives”, *The American Political Science Review*, Vol. 62, No. 1, 1968.

的组织应具有相对明确的边界,使之区别于周遭环境。从成员构成角度观察一个政治组织是否达到制度化水平可看两点。

一是成员参与组织的渠道和难易程度或门槛。对于一个未制度化的组织,进入和退出容易且频繁。而达到一定制度化水平的组织,通常会要求其成员拥有至少在某些方面的共同的经验、利益和价值观,例如,即便制度化水平有限的商会,其成员一般均有共同的商业利害,进入需要有一定的资格(如参会企业注册资本或收入规模需达到一定要求);制度化更低的戏曲票友会,其成员至少都爱好戏曲,昆曲会成员通常都喜欢吟唱昆曲,并愿意为之付出时间。

二是组织领袖、领导产生和晋升的来源和方式。制度化水平低的组织的领袖往往来自组织外部,即便来自组织内部,也常常无需多少历练,便可跃升至高层。制度化水平高的组织的领袖,一般来自组织内部,并具备一定的组织成员经历。政治组织尤其如此:在规模宏大、层级繁多、结构复杂的政治性组织中,最高领导层多来自组织的创造者,或经过晋升阶梯层层历练的资深成员。不同类型的政党的制度化程度不尽相同。西方国家中为适应大众选举而形成的“全民式”政党就属于典型的低制度化组织。在这些政党中,除了党的全职工作人员之外,几无入党退党之说,只要是政治理念和政策上的认同者,特别是在选举中投票支持该政党者,即可自称为该党人士,组织的边界模糊、易变。不过,西方选举制度下的政党领袖,一般都通过较高的制度化过程产生。

中国共产党是按照马列主义原则建立起来的党,具有为绝大多数其他政党不可比拟的高制度化水平。党的历次通过、确定的党章,均对党员发展和退出设置了严格的政治标准和组织程序。中共中央作为党的常设最高领导机构,属于高制度化组织的典型。但是,这一切决不意味着,中共中央从一开始就具备高度的制度化水平。中华人民共和国成立前的中共中央经历了一段曲折发展的制度化历程:从 1921 年党的第一届中央委员会到 1927 年中共五大产生的第五届中央委员会的阶段，属于制度化程度较低的建党初期。中共中央的制度化是在第六届中央委员会运行期间(1928—1945)完成的，其中1935年初召开的遵义会议，构成了党从幼年期转向成熟期的转折点。通过对这两个阶段的中共中央制度化进程进行研究，可以清晰地看到作为革命党的中共这块“钢铁”是如何炼成的。

以下首先介绍本文的研究方法和数据，并对1921—1949年各年在任中央委员的规模、平均年龄和党龄略加分析，然后依次研究建党初期和成熟期的中共中央的制度化，最后总结全文。

一、方法与数据

中华人民共和国成立前中共总共举行了七次全国代表大会(见表1)，产生了七届中央委员会。① 第一届至第五届中央委员会，跨越1921年7月(一大召开)至1928年7月7个年度，覆盖了建党和第一次大革命及其失败诸事件，属于建党初期或幼年期的中央委员会。六大产生的第六届中央委员会，延续至1945年6月七大召开为止，是中共任期最长的一届中央委员会。正是在这一届中央委员会期间，中共经历了她的成人礼，走向成熟，并在七大选出中央委员会时，实现了作为革命党所应具有的高度的制度化。

① 党的第一次全国代表大会产生了由陈独秀、李达、张国焘3人组成的中央局，党史专家王健英认为，一大选出了“临时中央执行委员会”，之后成立了“中央局”。这个观点得到了普遍的认同。党的一大到四大选举产生了中央执行委员会及其领导机构中央局。党的五大和六大均选举产生了中央委员会及其政治局和常委。一大的中央局成员，二、三、四大的中央执行委员会委员和五、六、七大选举产生的中央委员会委员，以及六届中央委员会增补选产生的中央委员，构成了本文的观察和分析样本。参见唐伟杰：《从一大到十六大中共中央领导机构的历史演变》，中国共产党新闻网，http://www.chinanews.com/gn/news/2007/10-31/1064252.shtml，2007年10月31日。

表1　中华人民共和国成立前中共七次全国代表大会召开时间、地点、代表人数和同年全国党员数

	一大	二大	三大	四大	五大	六大	七大
时间	1921.7	1922.7	1923.6	1925.1	1927.4	1928.6	1945.4
地点	上海	上海	广州	上海	武汉	莫斯科	延安
代表人数(个)	13	12	30+	20	82	142	755
全国党员总数(个)	50+	195	420	994	57 967	40 000	1 200 000

中华人民共和国成立前总共有171个人当选为正式或候补中共中央委员。我们依据中共中央组织部和党史研究室编的《中国共产党历届中央委员大辞典(1921—2003)》(以下简称《大辞典》)[①]等权威资料,构造了一个含171个观察样本的数据库。对于每一个观察样本,我们搜集了如下信息:委员届别,出生年和去世年,入党年,每次进入和退出各届中央委员会的年月,退出原因(换届、牺牲就义、叛变投敌或政治观点发生变化等),入党时本人的职业身份(如大学生、教师、工人等),当选时在中共及其政权、军队中担任的主要职务职位。在分析过程中,我们对正式委员和候补委员不做区分,但关注中央委员会的领导层(总书记、政治局及其常委委员等)的变动。

中共中央委员除了通过党的代表大会选举产生外,在一届中央委员会期间,还可以通过中央委员会全会、政治局会议增选产生。这种情况,在第六届中央委员会期间出现最多。另外,在一届中央委员会期间,在任委员还可因为病逝、被捕或作战牺牲、脱党、叛变投敌及受党纪处分而退出。因此,在任中央委员因年而异。对于在战争环境下生存和发展的革命党中共而言,其在任中央委员规模年度变化是值得仔细研究和讨论的。

① 中共中央组织部、中共中央党史研究室编:《中国共产党历届中央委员大辞典(1921—2003)》,中共党史出版社,2004年。

在计算年度在任中央委员人数时，有以下几点需要特别说明：其一，在中共中央换届年，年度规模取新的一届委员会成员数，以免重复计算。其二，对委员在任时间跨年度问题，一位委员只要在某年的某月在任，即计入当年规模。例如，王克全在1930年9月召开的六届三中全会被补选为中央候补委员，1931年1月即被开除出党，计为1930年和1931年在任中央委员。其三，对在一届中央中有多次进出记录的委员，我们如实记录。例如，李维汉于1930年9月在扩大的六届三中全会上被补选为中央委员和政治局候补委员，1931年1月退出中央，1934年1月六届五中全会上被增选为候补中央委员，1935年1月被增补为中央委员，直至1945年换届。因此，李维汉在第六届中央的在任年为：1930年、1931年和1934—1944年。其四，杨福涛和陈潭秋牺牲后，因消息隔绝，他俩仍分别在1928年7月和1945年6月党的六大和七大上当选为第六届和第七届中央委员。我们在计算年度规模时，对这两个案例做了当选年计入、此后各年不再计入的处理。

我们设置更迭率这一指标来测量各届中共中央委员会成员的变动幅度。计算公式是：N届中央委员会更迭率=（在N+1届中委中未选任的N届中委人数/N届中委人数）×100%。① 各届中委成员规模不但计入产生该届中委的党代会选出的中央委员，而且还包括党代会之后增选产生的委员。

中央委员的年度规模和各届中央的更迭率等指标，为我们研究中共中央的制度化提供了量化的尺度。委员进入和退出频繁，届与届之间更迭率高，表明制度化水平较低。反过来，同一批人长期占据多届中央委员会席位，更迭率很低，往往是制度僵硬甚至中央委员整体老龄化的表现。不过，在中华人民共和国成立前，作为

① 张光、黄一凡、汤金旭：《中共、苏共中央委员会代际更替比较研究》，载陈明明主编：《战争、组织与理性化——复旦政治学评论》（第十五辑），上海人民出版社，2015年。

新生、年轻、在敌我斗争环境中生存和发展的革命党,中共及其中央委员会基本不存在组织僵硬和老化的问题。

图 1 显示了 1921 年至 1949 年各年度在任中央委员的人员规模、平均年龄和党龄的变动情况。从 1921 年至 1926 年,在职中央委员从 3 人增至 15 人。此后,一直到 1935 年之前,在职委员规模大起大落,分别在 1927 年和 1931 年达到 47 人和 52 人的峰值,在其间的 1929 年和其后的 1933 年减至 31 人和 25 人的低谷,画出了一条 M 型的曲线。在遵义会议召开的 1935 年,在职委员回升至 34 人,此后,规模曲线平滑起来,在 1938 年略有增加后缓慢降至 1944 年的 29 人,直到 1945 年召开的七大选出由 77 人组成的第七届中央委员会。这些数据表明,在 1935 年之前,中共中央成员的进入和退出频繁,波动不已;之后趋于稳定,虽有少数因作战或被捕牺牲(如项英和陈潭秋)、投敌(如张国焘、何畏)而退出的例外,在任第六届中央委员在七大换届之前保持了高度的稳定。

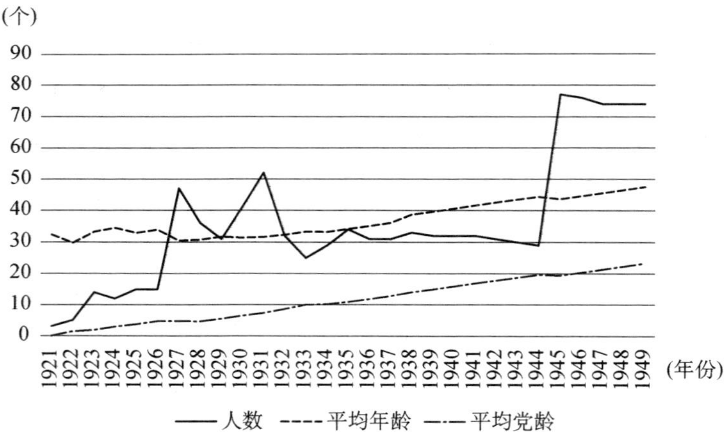

图 1　按年计中共中央委员会成员规模、平均年龄和党龄(1921—1949)

资料来源:中共中央委员会编:《中国共产党历届中央委员大辞典(1921—2003)》,中共党史出版社,2004 年。后文中图表数据均引自该大辞典,不再注明资料来源。

1935 年初召开的遵义会议成为了中共中央委员会组织边界从易变模糊转向稳定清晰的转折点。

图 1 同样反映了中共中央组织边界从易变到稳定、从模糊到清晰的过程。平均年龄和党龄两条曲线按照大体同样的模式线性增长(两者的相关系数为 0.939)。前者从 1921—1935 年为止,在 30—34 岁之间徘徊,年平均增长为 0.13 岁,意味着在这段时间,中共中央委员人选进出变动频繁,且后来进入者相对年轻。从 1935—1944 年,平均年龄从 34.15 岁逐年增至 44.31 岁,年均增长 0.98 岁;这就是说,在这期间,基本上是同一批人持续担任中央委员。七大当选的中央委员的平均年龄为 43.6 岁,与它取代的第六届在任委员年龄相近。

党龄分布情况大体相似。1931 年、1935 年、1944 年、1945 年在任中央委员平均党龄依次为 7 年、11 年、20 年和 19 年,入党的平均年份依次为 1924 年、1924 年、1925 年和 1927 年。这就是说,中华人民共和国成立前的中共中央委员,大多数是在大革命时期加入中共的。1944 年在任的第六届中央委员和第七届中央委员的党龄表明,他们都是经过长期历练的成熟的革命者。在任中央委员平均年龄和党龄的变迁,体现了中共作为革命党从幼年走向成熟的成长历程。

二、建党初期的第一至第五届中央委员会(1921—1928.7)

(一) 历史背景

中共建党初期的五届中央委员会覆盖了从 1921 年 7 月党的一大到 1928 年 7 月党的六大召开之前的 8 年。第一次大革命失败之前,中共的活动在许多地区处于合法或半合法状态。党的一大、二大和四大均在上海的公共租界召开，原因之一是党在租界的活动是半合法的。三大于 1923 年在广州举行，到大革命失败、国民党叛变革命之前，中共在广东以及部分南方省份处于完全合法的地位。五大于 1927 年 4 月 27 日至 5 月 9 日在武汉召开时，尽管蒋介石、李济深、冯玉祥等国民党势力已公开反共，但汪精卫领导的武汉国民党政府尚与中共保持合作关系。五大结束仅两个月后，武汉政府也公开反共，对中共施加“宁可错杀千人，不可使一人漏网”的白色恐怖，中共在全国各地失去了合法、半合法地位。一年后召开的中共六大不得不在苏联莫斯科召开。建党初期党所面临的外部环境变动对中共中央制度化产生了深刻的影响。

（二）建党初期制度化程度较低的表现与原因

建党初期的中共中央，与大多数新生组织一样，处于调整和适应的阶段，这集中表现在两个方面。首先，中央委员成员很少，组织的复杂程度和分工水平有限。其次，从 1921 年到 1928 年总共召开了六次全国代表大会，产生了六届中央委员会，党代会的频次密集，委员的任期较短，这固然与党需要对迅速变化的国内外形势做出反应密切相关，但也显示了建党初期制度化水平较低的特征。

更重要的是，建党初期中共中央制度化程度较低还与第一次国共合作的方式和共产国际（苏联）的影响相关。如前文所述，边界清晰是一个组织制度化的基本特征之一，若要达到较高的制度化水平，中共不仅需要划出与其他组织的界限，还需要摆脱其他组织对其决策的干预。在当时的背景下，这意味着：对内，中共要与包括国民党在内的其他政党区分开来；对外，要形成能对共产国际保持相对独立的领导集体（中共中央）。然而，建党初期的中共并不具备这样的制度化条件。

中共是在共产国际（苏联）的指导和支持下成立的，在遵义会议至延安整风确立毛泽东对全党的领导地位之前，中共的所有重大决策,包括全国党代会、中央全会的召开以及党内领导层人选的产生,均未摆脱苏共的决定性影响。① 关于第一次国共合作方式,党的二大提出的设想是有助于廓清组织边界的“党外合作”,但共产国际驻华代表马林却倡议实行“党内合作”,即共产党员、青年团员以个人身份加入国民党,把国民党改造成为各革命阶级的联盟,并迫使党接受这一倡议。

中共党员以个人身份加入国民党的方式进行国共合作,这一合作方式在一定程度上模糊了中共的组织边界。② 美国学者萧邦奇以杭州雷峰塔和《白蛇传》的白蛇娘娘的多重身份和人格,来描状具中共党员和国民党员双重身份的沈定一的党派认同冲突。③ 实际上,国共合作在两党内都造成认同不适。1924年夏天,共产党内陈独秀、毛泽东对继续执行“党内合作”政策提出了质疑,而反共倾向在国民党各派那里均可见到,唯一的例外是国民党左派。

无论是共产国际对中共决策的干预,还是与国民党的“党内合作”,都模糊了中共的组织边界。要实现自身的制度化,中共必须与国民党做出明确区分,并形成对共产国际保持相对独立的领导集体。前者在国共分裂后,中共建立自己的独立武装力量、开辟农村根据地等后逐步实现;后者则在遵义会议之后,随着毛泽东成为中共的最高领袖之后逐渐达成。④

(三)建党初期中央委员会的组织边界与成员更迭

上述事实及其发展,影响了建党初期的中共中央委员的进出和

① 王奇生:《权力机制与联络技术:莫斯科与早期中共》,《民国档案》2021年第2期。

② 唐宝林:《马林、孙中山、陈独秀与国民党的改组》,《中共党史资料》2008年第4期。

③ [美]萧邦奇:《血路:革命中国中的沈定一(玄庐)传奇》,周武彪译,江苏人民出版社,1999年。

④ 中共中央党史研究室:《中国共产党历史:1921—1949年》(第一卷),中共党史出版社,2011年。

更迭变化。第一至第五届中央委员会的更迭率依次为 33%、20%、36%、40%和 49%(见表 2),总体呈上升趋势。第一届中央委员仅 3 人,1923 年李达因在国共合作问题上与陈独秀意见分歧而离党(脱党),未能进入党的第二届中央委员会。第二届中央委员会由 5 人组成,其中高君宇在国共合作期间,曾任孙中山先生的秘书,并陪同孙先生北上。他没有入选第三届中共中央委员会,并于 1925 年春在北京逝世。这两位中央委员的退出,都与国共合作相关。此外,曾参与建立中共早期组织、任第三届候补中共中央委员的李汉俊的经历也很说明问题。他在 1921 年 7 月参加党的一大后,在 1922 年春自动脱党,在武汉的大学短暂任教后,经其兄介绍到北平政府中任职。1923 年 6 月中共召开三大时因消息隔绝,李汉俊仍被选为候补中央委员,1924 年中共中央知晓这一情况后将其开除。

表 2　第一至第七届中共中央委员会更迭率

届别	委员总数(个)	未留任下一届人数(个)	更迭率(%)
一	3	1	33
二	5	1	20
三	14	5	36
四	15	6	40
五	47	23	49
六	81	59	74
七	77	8	10

从第三届中央委员会开始,成员规模均为 14 人或以上,因此退出原因更具有统计分布的意义。第三届中央委员会有 14 名成员,毛泽东、朱少连和徐梅坤未当选第四届中委,李汉俊和张连光被党除名,张连光在参加三大并当选中央候补委员后,携带党组织对京汉铁路工人的救济款潜逃,下落不明。第四届中委 15 个成员中,李大钊、邓培和王荷波于 1927 年在任上被奉系军阀、国民党逮

捕杀害;向警予和朱少连换届未连任,并在 1928 年被捕牺牲。第五届中委 47 名成员中,有近半数(23 名)没有进入下届中委。在这 23 人中,陈独秀、林育南等 10 人在六大换届没有当选;张太雷、陈延年、陈乔年、罗亦农和赵世炎 5 人因作战(张太雷)或被捕(其余 4 人)牺牲而退出;谭平山、彭述之等 4 人被党开除;易礼容等 3 人在任上脱党而退出,袁达时 1 人被捕叛变。

建党初期的中共中央委员的进退,可以总结为如下两点。第一,在大革命失败、国民党叛变革命之前,中共具有合法或半合法地位,因此,中央委员退出组织的原因主要是换届和脱党,没有因被捕牺牲或叛变而退出的。大革命失败前出现的三个脱党中央委员案例中,李达和李汉俊均与国共合作相关,说明第一次大革命时期中共党员以个人身份加入国民党的做法,不利于对党的认同,在一定程度上模糊了中共中央的组织边界。

第二,大革命失败后,中共在国民党以及其他军阀统治地区,包括党中央机关所在地上海的活动转入地下,众多在任中央委员因被捕而牺牲;在大革命失败后的党内追责斗争中,又有多名在任中央委员被党开除或脱党。此后,在那些因换届、党内斗争中遭处分或脱党而退出中央委员会的个人中,又多有被捕牺牲或被党中央开除出党、叛变投敌的案例。失去了合法地位后的中共中央委员会,在没有革命武装的保护、缺乏根据地依托的情况下,其活动的地下化和秘密化,非常不利于其组织的制度化。

三、走向制度化的成熟期(1928—1945)

第六届中共中央委员会是 1928 年 7 月在莫斯科召开的党的第六次全国代表大会上选举产生的。这次大会在莫斯科召开,是当时在国内处于非法地位的党不得已的选择。在中共历史上,这届中央委员会历时最长，从 1928 年到 1945 年长达 17 年，超过了第七届中央委员会的 11 年和第八届中央委员会的 13 年。正是在这 17 年间，中共完成了从低制度化的幼年期向高制度化的成熟期的过渡。1935 年 1 月召开的遵义会议构成过渡的转折点。

（一）遵义会议之前

从 1928 年 7 月党的六大选出第六届中央委员会，到 1935 年 1 月遵义会议之前，是中共中央委员进入和退出最频繁的时期（见图 2 和表 3）。从 1928 年 7 月到当年年底，在六大当选的 36 名中央委员中，有 6 个退出，占比六分之一；其中，作战和被捕牺牲 2 人，被捕叛变 1 人，被党开除 2 人，脱党 1 人。1929 年和 1930 年依次有 4 人和 1 人因被捕或作战牺牲而退出。1931 年退出达到峰值，为 16 人，其中 8 人被党开除，4 人被捕叛变，3 人被捕牺牲，1 人脱党。1932—1934 年共有 15 人退出，其中 8 人被捕叛变，4 人被捕牺牲，被党开除、脱党和病逝各 1 人。这样，从党的六大选出的第六届中央委员会到 1934 年底，共有 42 名中央委员退出。大量

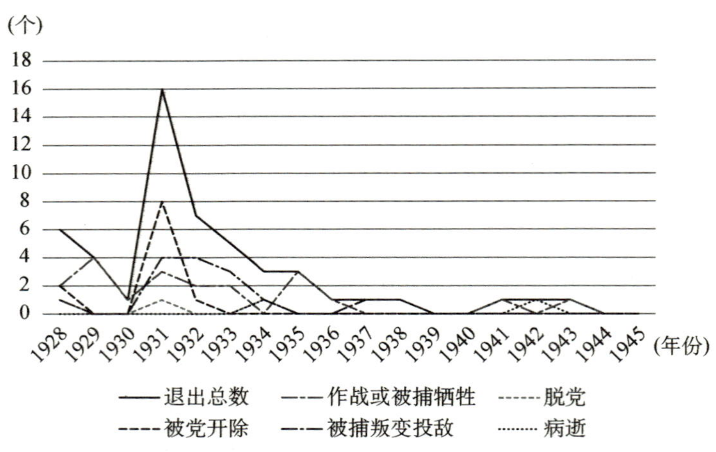

图 2　第六届中共中央委员非换届退出情况（1928—1945）

中央委员的退出,使补选新人进入中央委员会成为必须。遵义会议之前,中共通过六届三中、四中和五中全会,补选了 35 人进入中央委员会(见表 3)。

表 3　中共第六届中央委员会选举和增补委员过程一览

时期	当选和增补会议	当选和增补选内容	新当选人数(个)
1928.7	第六次全国代表大会	大会选举第六届中央委员	36
1928.11	中央政治局会议	候补增补为正式委员	
1930.9	扩大的六届三中全会	补选委员和候补委员	13
1931.1	扩大的六届四中全会	补选委员和候补委员	10
1931.9		增补委员和候补委员	3
1934.1	六届五中全会	增选委员和候补委员	9
1935.1		增补正式委员	
1935.8	沙窝中央政治局会议	增补委员和候补委员	6
1936	中央政治局会议	增补委员	
1938.11	扩大的六届六中全会	增补委员	4
合计			81

说明:候补委员增补为正式委员并非新人,不计入。另外,李维汉在 1930 年 9 月召开的扩大的六届三中全会上被补选为中央委员,任职至 1931 年 1 月。李维汉并在 1934 年 1 月的六届三中全会上被增补为候补委员,1935 年增补为委员。对于这些变动,我们计算时只计入 1 人。

导致这一时期不少中央委员因被捕牺牲、被捕叛变或被党开除而退出中共中央的原因主要有:国民党对共产党人全力抓捕和诱迫自首的两手政策,中共特别是中共中央机关的地下活动性质使她的众多中央委员始终面临被捕威胁,大革命失败后党内的追责斗争,以及共产国际干预之下相当数量的资历较浅、信仰不坚定的党员被选入中央。

大革命失败后,中共在国民党统治区丧失了合法地位,但中共中央机构仍旧在国民党统治的核心区域上海运作，这使党的众多高级干部直接受到国民党军警抓捕的威胁。国民党在加强对共产党人尤其是高级干部的抓捕的同时，在 20 世纪 30 年代初，加紧引诱被捕共产党员自首①。杨奎松的研究表明，国民党的“白色恐怖”导致一些中共城市组织的瓦解。1928—1930 年，中共个别地方党组织遭到严重破坏；1931 年起，位于上海的中共中央机构屡遭破获，不少中共高层领导人被捕，这迫使中共中央众多干部转去苏区。1931 年 9 月，留在上海的干部由共产国际指定回国不久的留苏学生博古、张闻天等组成临时党中央。但从 1931 年底到 1933 年夏，仍旧有众多中央干部被捕。1933 年，在上海无法立足的中共中央机构迁入中央苏区。②

大革命失败后，中共高层内部发生的党内斗争，在共产国际的干预下，愈演愈烈，导致相当多的中央委员因各种原因离开中央委员会。大量中央委员退出，需要补选填充。在共产国际吸纳工人出身的干部进入中央的片面要求下，一些缺乏革命资历、信仰不够坚定的工人出身的干部被推选入中央委员会甚至党的最高层领导职位。这些工人出身的中央委员叛变退出的概率明显高于其他委员。例如，工人出身的向忠发在担任第五届中央委员一年后，旋即在六大被推上政治局总书记的位置。③ 向和另一名工人出身的中共中央政治局候补委员顾顺章在 1931 年被捕后迅速叛变，导致大批中共高级干部暴露被捕。在遵义会议之前因被捕叛变退出中共中央的 13 人中，有 11 人为工人出身。而在这个时期退出中央的 42 名委员中，有 30 名是工人出身。这 30 人中，除了 11 名被捕叛变外，还有 9 人因参与分裂党的活动等被党开除，有 8 人被捕牺

---

① 羊夏：《变节者说：1931 年开启的历史》，《粤海风》2013 年第 1 期。

② 杨奎松：《国民党的“联共”与“反共”》，社会科学文献出版社，2008 年。

③ 关于向忠发担任总书记，参见杨奎松：《向忠发是怎样一个总书记？》，《近代史研究》1994 年第 1 期。

牲，2 人脱党。

共产国际对中共中央领导人选的操控，还导致王明、秦邦宪等党的工作资历较浅者，从莫斯科空降至中共中央领导层。王明、秦邦宪在 1931 年 1 月召开的党的六届四中全会上，在共产国际代表米夫的支持下，进入中央政治局，很快又补入中央政治局常委会。同年 6 月总书记向忠发叛变后，王明又被米夫指定为党的临时总书记。同年 9 月，党中央机关遭破坏，王明随米夫去苏联任中共驻共产国际代表。王明去苏联前指定中共中央由博古负责。这一系列组织操作导致党犯了第三次“左”倾错误。在六届四中全会上，罗章龙等 30 余名中央委员反对王明等在米夫支持下当权，另立第二中央和第二地方党组织（如江苏省委），招致其受到党中央的开除处分。①

总之，从大革命失败到遵义会议前，尽管与国民党的“党内合作”带来的组织边界不确定性已经消除，但由于中共中央机关在上海的地下活动性质，包括党的最高层在内的中央委员的人身安全，时时刻刻受到国民党军警的威胁；与此同时，中共当时缺乏独立于苏共与共产国际的决策能力，中央委员的选举和补选在很大程度上由后者决定。这些情况导致这个时期中共中央委员的进入和退出极其频繁，中共中央的组织边界变动不居。

（二）转折点遵义会议

自大革命失败之后，毛泽东和他的战友们走上了枪杆子里面出政权、建立工农红军、开辟根据地、农村包围城市的道路。根据地建设保证党的组织可以走出地下，成为在一方土地上掌握政权的合法的执政党。这就为党的组织的制度化建设提供了根本的保证。然而，尽管 1931 年 1 月中华苏维埃共和国临时中央政府在瑞

① 张永：《六届四中全会与罗章龙另立中央》，《近代史研究》2017 年第 1 期。

金成立，毛泽东任主席，但他并没有因此掌握中共中央的领导权。[①] 在1933年1月临时中央迁入中央根据地之前，党中央机构始终在上海。而临时党中央迁入中央根据地后做的一件事，是剥夺了毛泽东对中央苏区的政治领导权和对红军的军事指挥权。直到中央红军长征三个月后召开的遵义会议上，毛泽东首次实质性地进入中共中央的最高决策层，并自此始终位于中共中央的领导核心。毛泽东及其代表的正确的政治和军事路线，为作为革命党的中共中央组织的制度化，奠定了政治和组织基础。

遵义会议及其后中共的发展，重塑了中共中央领导机构。遵义会议之前的第六届中共中央机构繁多并多有重叠，包括中央政治局及其主席（向忠发，1928.7—1931.6），由秦邦宪等9人组成的临时中央政治局（1931.9—1934.1），中央政治局常务委员会（含临时常务委员会）及其主席（向忠发，1928.7—1931.6）、秘书长（周恩来，1928.7—1928.11）和代理秘书长李维汉（1928.11），中央委员会总书记（向忠发，1928.7—1931.6），中央委员会总负责人（秦邦宪，1931.9—1935.1），以秦邦宪为排名第一书记的中央书记处（1934.1—1945.6），中央军事委员会（1929.1—1930.2）及其主席（杨殷，1927.1—1927.8；周恩来，1929.8—1930.2）。中央领导机构及其领导人如此之多，变动如此之繁，为中共历史上绝无仅有，同样也显示第六届中央委员会组织边界的流动。

遵义会议之后，中共中央领导机构经过五人团的过渡，最终归结于中央政治局及其总负责人张闻天（1937.7—1943.3）和主席毛泽东（1943.3—1945.6），中央书记处及其主席毛泽东（1943.3—1956.6），中央革命军事委员会及其主席毛泽东（1937.8—1945.8），形成了一个权力既高度集中（以适应战争年代的要求），又有明确

① 关于毛泽东出任苏维埃中央政府主席的经过，参见杨奎松：《向忠发是怎样一个总书记？》，《近代史研究》1994年第1期。

的分工合作的中共中央领导体系。

遵义会议奠定的制度化基础,使第六届中央委员会稳定下来。遵义会议之后,尽管长征和抗战的政治和军事形势仍然严峻,但一个依托革命根据地和工农武装的革命党中央,在为中国革命和抗日战争提供坚强有力并富有韧性的领导的同时,也为自己的存在和运行维持了公开的而非地下的环境;第六届中央委员在遵义会议之前发生的因牺牲、脱党、党内处分开除和叛变而导致人数大量减少的现象成为了过去。从 1935 年到 1945 年七大召开之前,不再出现因意见分歧而被开除的中央委员,因叛变而退出的案例也仅有两个(何畏和张国焘分别于 1937 年和 1938 年叛逃)。而在牺牲退出方面,在 1935 年瞿秋白、方志敏等 3 例之后,仅发生过 2 例;还有 2 例为病逝或意外身亡而退出。在进入方面,遵义会议上李维汉被增补为中央委员,1935 年 8 月沙窝政治局会议上徐向前等 6 人被增补为委员或候补委员,1938 年六中全会增补林伯渠、吴玉章等 4 人为中央委员,第六届中央委员的增补到此告一段落。这批增补的中央委员大多是资深的党和军队的领导者,年龄和党龄相对较长。遵义会议之后经过长征考验而幸存的延安时期的第六届中共中央委员,可谓大浪淘沙、百炼成钢的结果。他们在土地革命战争和抗日战争期间,担任了重要的党、军、政领导职务,是久经考验的革命家。除了少数例外(如凯丰和杨尚昆),他们都进入了第七届中央委员会。但是,在担任过第六届中央委员的 81 人中,有 59 人没有进入第七届中央委员会,更迭率达 74%。

中共第七届中央委员会的规模和构成,近乎完美地体现了一个经历了土地革命战争和抗日战争考验而成熟的革命党所应具备的领导体系。77 名第七届中央委员无一例外当选之时均在党、政、军中担任重要领导职务。他们当中有 55 人是首次进入中央委员会,其余的 22 人中,在第一至第六届中央委员会中担任过三届委员的仅毛泽东一人,担任过第五届和第六届两届中央委员的有周恩来、刘少奇、任弼时、李立三和陈潭秋 5 人，其余的 16 人均只担任过第六届中央委员。77 名委员平均年龄 43.6 岁，平均党龄 19.4 岁，其中最年长的是 68 岁的徐特立，最年轻的是 32 岁的习仲勋，而后者也有 17 年的党龄。四十出头，正值人生的壮年；20 年党龄，相当于当时他们服务的党的生存历程的五分之四。一个成立才 24 年的年轻的党，拥有了一个由一群平均年龄四十出头，平均党龄接近 20 年，忠诚于党的事业，政治价值观一致，在土地革命战争、抗日战争的各条战线担任重要的领导岗位的同志构成的中央领导集体。第七届中共中央主席毛泽东，年龄 52 岁，拥有与党的年龄一样长的党龄。他在土地革命战争和抗日战争时期所展现的挽狂澜于既倒的魄力，以及在军事、政治和文化多方面的卓越的领导力，使他成为无可争议的党的最高领袖。七届一中全会选举产生的中共中央书记处五大书记，毛泽东、朱德、刘少奇、周恩来和任弼时平均年龄 49.2 岁，平均党龄 23.6 年。相比其他第七届中央委员，他们更年长，资历更深厚，政绩更大，威望更高。在由七大选举产生的 77 名第七届中央委员中，仅有 8 人未能留任 1956 年召开的党的八大产生的第八届中央委员会，更迭率仅 10%。

四、结论

百年之间，中国共产党从仅有 57 名党员的小党成长为带领 14 亿中国人民走向民族复兴的现代化执政党，这是马克思主义中国化的过程，也是党的制度化的过程。本文聚焦于中华人民共和国成立前中共中央组织的制度化问题，获得了如下主要发现。

第一，以 1935 年 1 月召开的遵义会议为界，中华人民共和国成立前的中共中央委员会制度化进程可划分为两个时期：前期为中共中央组织制度化的幼年期，后期为制度化的成熟期。历时最长的第六届中央委员会，见证了中共中央从幼年到成熟的制度化进程。

第二，党的幼年期制度化水平较低，表现为中共中央委员会成员进入和退出频繁，更迭率较高，组织边界比较模糊。究其原因，除了幼年时期的不成熟外，还源于当时中共受制于苏共和共产国际，国共“党内合作”政策弱化了中共组织的边界，大革命失败后国民党对中共的残酷镇压，以及当时部分当选中央委员对党的事业缺乏真正的认同。

第三，大革命失败后，毛泽东等中共领导人开创的工农红军武装和革命根据地，不但为中国革命开辟了一条“农村包围城市”的正确道路，而且也为中共中央组织的制度化提供了必要的空间环境。1933 年临时党中央迁入中央苏区，虽然毛泽东对苏区的政治领导权和对红军的军事领导权一度被剥夺，但这也标志着在革命战争期间中共中央机关设置于大城市的做法成为历史。在长征途中召开的遵义会议，首次实质性地把毛泽东推上了中共中央的最高领导岗位。遵义会议之后，同一批久经考验的党、政、军高级领导干部持续担任中共中央委员及政治局委员，中共中央的组织边界日趋清晰。1945 年党的七大产生的第七届中央委员会是一个高度制度化的革命党的中央领导组织。

从本文的发现中，我们可以就中国共产党的制度化做出如下几个具有普遍意义的推论。第一，中华人民共和国成立前中共中央的制度化经验表明，革命党领导机构的制度化，在长期处于不合法、地下活动的状态下，是不可能实现的。党依靠自己的武装力量开辟根据地，并在根据地内建立合法政权，乃是革命党制度化的必要条件。第二，与西方大众选举环境下活动的政党不同，中共无论是在建国前作为革命党，还是在建国后作为执政党，它的中央委员会作为党及其政权的核心领导机构，承担的主要任务是领导革命(建国前)和领导国家的建设和发展(建国后)。这意味着，中共中央委员资格具有很高的门槛，一般需要从在党及其领导下的政府、军队等组织中担任高级领导职务的同志中选任。全国党员的代表性功能，则主要由党的全国代表大会及其代表来体现。第三，建国前作为革命党领导核心的中共中央的制度化历史充分显示了杰出革命家和政治家的重要性。唯有通过党在第一次大革命及其失败后的斗争，在严酷的土地革命战争和抗日战争中，大浪淘沙、千锤百炼，产生的以毛泽东为首的党中央领导集体，最终在党的七大上实现了作为革命党所应具有的高度的制度化。

The Institutionalization of the CPC Central Committee during the Revolution: A Study Based on the Composition of the First to Seventh Central Committee

Guang Zhang　Ziran Liang

Abstract: The institutionalization of the Central Committee of the Communist Party of China is the core of the institutionalization of the CPC. We apply the analytical framework of Polsby on the institutionalization of the United States Congress to the case of the CPC by building up a dataset of all members of the first to seventh CPC Central Committee. It is found that the Zunyi conference in 1935 was the turning point. Before Zunyi conference when the party was still in its youthhood, members of the Central Committee entered and exited frequently and the organizational boundaries were not clear. After Zunyi Conference, the CPC Central Committee remained stable for a long time until it was replaced by the highly institutionalized Seventh Central Committee. These processes as well as their causes and significances are examined in detail.

Keywords: the Communist Party of China; the Central Committee; institutionalization; organization; revolutionary era

文化路径的制度机制：农村非正式制度如何影响村民对基层官员的信任

游　宇　赵景慧*

[内容提要]　随着中国现代化进程的不断深入，乡村社会的治理环境也在发生变化，如何利用非正式制度优化乡村治理成为愈发重要的议题。本文利用中国家庭追踪调查（CFPS2014）数据对非正式制度、公共物品供给与农村居民对官员的信任进行了理论验证，发现：首先，非正式制度对公共物品供给有显著的积极影响；其次，公共物品供给水平的提升，可以提高村民对当地官员的信任程度；最后，在非正式制度对官员信任的影响过程中，公共物品供给是重要的中介因素。上述发现的理论意义在于，影响公众政治信任的文化路径也可以通过制度机制起作用；政策启示在于，基层政府应当在理性设计与严格实施正式制度的同时，重视乡村宗族等非正式制度的组织力量，努力发挥非正式制度在乡村治理中的重要作用。

[关键词]　非正式制度；农村公共物品；对基层官员的信任；乡村治理

* 游宇，厦门大学公共事务学院副教授；赵景慧，重庆大学公共管理学院硕士生。

一、导论

如何提升乡村治理绩效已经成为政府和公众关注的重要议题。在城市化的发展过程中，农村社会的治理体系与相关制度也随之变化，国家政权和法律并不能提供完整的农村社会秩序。① 原有的社会秩序瓦解，基层政府和制度化的社会管理方式在一定程度上被削弱，这引发了一系列社会问题。② 这些冲击使得部分村民通过非正式制度来寻求社会互助，乡村治理存在的问题客观上为宗族或宗教等农村非正式制度的兴起和恢复提供了社会空间和环境。而且，现有研究更多关注的是正式制度对公共物品供给的效用及其影响。在此背景下，探究非正式制度如何影响乡村治理及其政治影响，具有重要的理论与现实意义。

本文主要关注的是乡村治理对于基层政治信任的影响。当前对于基层政治信任（比如地方政府信任或地方官员信任）影响因素的研究，主要包括特定民众（比如城市居民）对地方政府信任的分析，③特定事件对公众对地方政府信任的影响，④以及公众对中央与地方政府信任的差异，⑤但却鲜有从乡村非正式制度视角入手，

① 贺雪峰：《乡村治理的社会基础：转型期乡村社会性质研究》，中国社会科学出版社，2003 年。

② 何兰萍、陈通：《农村社会控制弱化与农村非正式组织的兴起》，《理论与改革》2005 年第 5 期。

③ Zhong, Y., "Do Chinese People Trust Their Local Government, and Why? An Empirical Study of Political Trust in Urban China", *Problems of Post-Communism*, Vol.61, No.3, 2014.

④ Han, Z., Hu, X., & Nigg, J., "How Does Disaster Relief Works Affect the Trust in Local Government? A Study of the Wenchuan Earthquake", *Risk, Hazards & Crisis in Public Policy*, Vol.2, No.4, 2011.

⑤ Wu, C., & Wilkes, R., "Local-National Political Trust Patterns: Why China Is an Exception", *International Political Science Review*, Vol.39, No.4, 2017.

分析乡村治理与村民对基层官员信任的影响。

乡村治理的主要难题在于如何整合国家、社会与市场各方主体的力量,并按需提供高质量的各类公共物品,从而提高政府的治理绩效。① 反过来,如果这些公共物品的供给规模和质量没有满足相应群体的预期或要求,那基层政府或自治主体的声誉和信任则会受到削弱,从而引发治理危机。基于此,本文试图探讨的核心问题是,农村社会的非正式制度是如何塑造了该地区的公共物品供给质量,而后者又是如何影响当地村民对基层官员的政治信任的。

公共物品供给是乡村治理中的关键内容。在政府自上而下的公共物品供给不足或供给渠道受阻时,乡村社会的非正式制度则很可能作为一种资源分配方式,为公共物品的供给和分配提供实现渠道。② 作为乡村治理中的重要主体,农民在非正式制度下,通过公共物品供给表达和实现自身利益诉求时,其政治心理尤其是对基层官员的信任程度也会受到影响。③ 因此,"农村非正式制度—公共物品供给—村民对基层官员的信任"这一逻辑链条,将影响公众政治信任的两大理论——文化路径(the culturalist approach)与制度路径(the institutional approach)串联起来,即在非正式制度的作用下,农村居民通过参与公共物品的供给,从而影响其对基层官员的信任。

上述研究无疑具有重要的理论和实践意义。就前者而言,本文的研究在一定程度上丰富了关于公众官员信任影响因素的理论

① Michelson, E., "Public Goods and State-society Relations: An Impact Study of China's Rural Stimulus", In Yang, D. L. ed., *The Global Recession and China's Political Economy*, Palgrave Macmillan, 2012.

② Xu, Y., & Yao, Y., "Informal Institutions, Collective Action, and Public Investment in Rural China", *American Political Science Review*, Vol. 109, No. 2, 2014.

③ Wang, Z., "Before the Emergence of Critical Citizens: Economic Development and Political Trust in China", *International Review of Sociology*, Vol. 15, No. 1, 2005.

内涵。换言之,我们试图通过对非正式制度、公共物品供给和官员信任三者之间的实证研究,为农村居民对基层官员信任的来源拓展理论视角和经验依据。就本文的现实意义而言,揭示非正式制度在农村公共治理中所起到的作用,可以丰富相关的政策工具箱。比如,在社会转型时期通过引导和规范非正式制度以实现有效的社会治理,以及推进农村基层民主的建设;再如,根据非正式制度和官员信任的关系,本文尝试为增强农村居民对地方和基层官员的信任感提出参考建议,促进农村社会和谐与稳定。

在实证层面,本文主要试图通过对 2014 年中国家庭追踪调查(CFPS2014)的数据进行分析,回答上述问题:其一,了解农村非正式制度与公共物品供给的关系;其二,分析公共物品供给是否会对农村居民对基层官员的信任程度产生影响;其三,考察公共物品供给在非正式制度对官员信任的影响过程中是否存在中介作用。

在文章结构上,除导论外,本文第二部分为文献综述与研究假设:主要梳理非正式制度、公共物品供给和官员信任的相关理论研究,明确非正式制度等相关概念的定义及其测量指标,为本文提供理论依据;并根据现有研究梳理三者之间的关系,据此提出本文的研究假设。第三部分为研究设计:包括数据的来源和处理、变量的界定和具体衡量指标的说明,以及对各变量进行描述性分析。第四部分为模型及实证结果,阐述本文的统计模型,并对实证结果进行分析,最后部分为结论与政策建议。

二、文献综述与研究假设

(一)农村社会的非正式制度与公共物品供给

社会的运行和经济的发展离不开必要的公共物品供给。而公共物品的非竞争性和非排他性,使得个体难有动机自愿提供公共物品。因此,公共部门如何统筹和协调个体的不同偏好与需求,组织集体行动以提供公共物品,成为学界研究的重要问题。中国现有的大部分相关研究探讨正式制度对农村公共物品供给的作用,涉及提供公共物品时所设计的一系列规范,主要包括基层政府自上而下的决策和管理机制、筹资机制等。① 部分学者在总结农村公共物品的供给制度时,认为正式制度的缺失和不合理一度使农村的公共物品供给陷入窘境。② 这一情况在实施农村税费改革后更为突出,主要表现在:基层政府的财政能力不足,对农村公共物品的供给产生了一定的负面影响。③ 基于此,诸多学者逐渐转向探讨非正式制度与公共物品供给的关系。

在诺斯(也有译为诺思的)的论述中,非正式制度相对于正式制度而言,其未经过人们的理性设计,而在社会交往过程中自发形成,并成为人们无意识接受的一系列交往准则。④ 换言之,非正式制度是国家以外的社会团体所制定和执行的规则和规范。⑤ 中国的农村社会无疑存在着大量非正式制度,例如各种道德观念、风俗习惯、宗族活动及宗教信仰等,而且这些非正式制度往往根植于特定的乡村文化背景,与正式的规章制度相互作用,共同制约着村民的行为,影响着乡村社会的意识形态和日常生活实践。⑥

---

① 高鉴国、高功敬:《中国农村公共品的社区供给:制度变迁与结构互动》,《社会科学》2008 年第 3 期。

② 林万龙:《乡村社区公共产品的制度外筹资:历史、现状及改革》,《中国农村经济》2002 年第 7 期;陈潭、刘建义:《集体行动、利益博弈与村庄公共物品供给——岳村公共物品供给困境及其实践逻辑》,《公共管理学报》2010 年第 3 期。

③ 周黎安、陈烨:《中国农村税费改革的政策效果:基于双重差分模型的估计》,《经济研究》2005 年第 8 期;贺雪峰、罗兴佐:《农村公共品供给:税费改革前后的比较与评述》,《天津行政学院学报》2008 年第 5 期。

④ [美]道格拉斯 · C. 诺思:《制度、制度变迁与经济绩效》,杭行译,上海人民出版社,2014 年。

⑤ Helmke, G., & Levitsky, S., "Informal Institutions and Comparative Politics: A Research Agenda", *Perspectives on Politics*, Vol.2, No.4, 2004.

⑥ 王冬梅、李小云:《变化与稳定:非正式制度中的性别呈现——以河北 H 村仪礼为例》,《妇女研究论丛》2010 年第 1 期。

现有关于非正式制度的总体研究思路是从其主要来源——农村社会中的非正式组织——来寻找答案,并聚焦宗族网络和宗教团体。比如,许多学者从宗族网络的视角出发,将宗族视为非正式组织的重要表现,①或者直接将宗族网络或者宗族衍生出的其他习俗和惯例当作非正式规范。② 再如,部分学者从宗教视角出发,将宗教组织归入非正式制度,③或将宗教活动及其文化传统等视为非正式制度。④

总之,在农村社会中,作为重要的非正式制度载体,宗族和宗教团体可以对生活在其中的村民产生潜移默化的影响。现有研究表明,在正式制度难以有效发挥其作用时,非正式制度有利于克服集体行动遇到的困难、降低公共物品供给成本,从而提高社会治理绩效。

总体而言,农村公共物品供给会面临集体行动和政府问责两个问题,而合理和完善的非正式制度则有益于解决这两大难题:一方面,非正式制度通过社会资本、声誉激励等有效机制,协调社会

① Tsai, L. L., "Cadres, Temple and Lineage Institutions, and Governance in Rural China", *The China Journal*, Vol. 48, 2002; Peng, Y., "Kinship Networks and Entrepreneurs in China's Transitional Economy", *American Journal of Sociology*, Vol. 109, No. 5, 2004;孙秀林:《华南的村治与宗族——一个功能主义的分析路径》,《社会学研究》2011 年第 1 期。

② 彭玉生:《当正式制度与非正式规范发生冲突:计划生育与宗族网络》,《社会》2009 年第 1 期;温莹莹:《非正式制度与村庄公共物品供给——T 村个案研究》,《社会学研究》2013 年第 1 期。

③ Tsai, L. L., "Solidary Groups, Informal Accountability, and Local Public Goods Provision in Rural China", *American Political Science Review*, Vol. 101, No. 2, 2007. Barro, R. J., & McCleary, R. M., "Religion and Economic Growth across Countries", *American Sociological Review*, Vol. 68, No. 5, 2003;阮荣平、刘力:《中国农村非正式社会保障供给研究——基于宗教社会保障功能的分析》,《管理世界》2011 年第 4 期。

④ Guiso, L., Sapienza, P., & Zingales L., "People's Opium? Religion and Economic Attitudes", *Cepr Discussion Papers*, Vol. 50, No. 1, 2002; Owen, A. L., & Videras, J. R., "Culture and Public Goods: The Case of Religion and the Voluntary Provision of Environmental Quality", *Journal of Environmental Economics & Management*, Vol. 54, No. 2, 2007.

组织成员或村民集体行动,从而实现村庄公共物品的自我供给;另一方面,非正式制度利用其在村庄范围内的影响力,发挥道德权威,向基层政府实行非正式问责,使其提高对供给公共物品的主动性。①

机制一:社会组织或村民的自主供给

村民不仅是农村公共物品供给的消费主体,也可以成为供给主体。在正式制度的组织作用衰微的情况下,农村的社会资本往往通过宗族网络等强有力的组织载体,促进村民之间的合作,同时为村民提供参与公共物品供给的渠道。

农村社会是一个人情与熟人社会,村庄内的社会资本对公共物品供给具有基础的作用,社会信任、非正式规范和关系网络会提升村民自愿参与公共物品供给的意愿从而降低集体行动的成本。② 比如,温莹莹通过个案研究发现,由历史和宗族因素形成的非正式制度会促进村庄特有的宗族性活动,增加村民在修建村路上的捐资。③ 除宗族外,宗教本身也是一种社会资本或组织资源,为信徒提供"选择性激励",鼓动其进行利益表达,参与公共物品供给,其也对公共物品的供给产生一定的作用。④

而且,相关研究也表明,群体中的声誉机制可使公共物品供给

① Xu, Y., & Yao, Y., "Informal Institutions, Collective Action, and Public Investment in Rural China", *American Political Science Review*, Vol.109, No.2, 2014.

② 蔡起华、朱玉春:《社会信任、关系网络与农户参与农村公共产品供给》,《中国农村经济》2015 年第 7 期;周生春、汪杰贵:《乡村社会资本与农村公共服务农民自主供给效率——基于集体行动视角的研究》,《浙江大学学报》(人文社会科学版)2012 年第 3 期。

③ 温莹莹:《非正式制度与村庄公共物品供给——T 村个案研究》,《社会学研究》2013 年第 1 期。

④ Owen, A. L., & Videras, J. R., "Culture and Public Goods: The Case of Religion and the Voluntary Provision of Environmental Quality", *Journal of Environmental Economics & Management*, Vol.54, No.2, 2007.

维持在相当高的水平。[①] 基于对自身声誉损益的考虑，村民不会轻易选择“搭便车”或其他机会主义行为，而是会自愿进行公共物品的有效供给。[②] 罗小锋 2015 年对于中国乡村的实地调查也发现，村落自组织在村庄张贴捐资名单、建功德碑等行为，可以有效地激励村民积极参与公共物品供给。[③] 换言之，这种声誉机制在成熟的宗族和宗教组织中可以产生更大的作用。

机制二：对村干部的非正式问责

与村庄选举等正式问责机制不同，非正式问责（informal accountability）机制是指通过村民在宗族组织中更为有效地监督村干部，从而促使公共组织提供更好的公共物品和服务。其主要原因在于，非正式制度根源于具有深厚历史或文化底蕴的宗族或宗教组织，在农村社会具有深远的影响力。Tsai 的实证研究发现，中国的村干部在一定程度上受到村庄内非正式组织的监督和约束，[④]因此，在非正式制度强大或连带团队（solidary group）丰富的村庄（即寺庙、宗族等民间组织更多或更完备的村庄），其公共物品的供给水平明显更高。

较成熟的非正式制度往往意味着，乡村干部与村民关系更为

---

① Milinski, M., Semmann, D., Bakker, T. C., et al., “Cooperation through Indirect Reciprocity: Image Scoring or Standing Strategy?”, *Proceedings Biological Sciences*, Vol. 268, No. 1484, 2001.

② Bolton, G. E., Katok, E., & Ockenfels, A., “Cooperation among Strangers with Limited Information about Reputation”, *Journal of Public Economics*, Vol. 89, No. 8, 2005; Nowak, M. A., “Five Rules for the Evolution of Cooperation”, *Science*, Vol. 314, No. 5805, 2006；符加林、崔浩、黄晓红：《农村社区公共物品的农户自愿供给——基于声誉理论的分析》，《经济经纬》2007 年第 4 期。

③ 罗小锋：《在政府与市场之外——村民利用自组织自发供给公共物品的实践探讨》，《江南大学学报》（人文社会科学版）2015 年第 2 期。

④ Tsai, L. L., “Solidary Groups, Informal Accountability, and Local Public Goods Provision in Rural China”, *American Political Science Review*, Vol. 101, No. 2, 2007.

密切,或者其与宗族组织和其他社会网络具有"嵌入性的关系"。① 在此"制度"设置下,村干部往往倾向于满足村民的需求。其原因在于:一方面,村干部具备在村庄内进行社会动员的能力,通过利用其在宗族中的优势地位说服组织成员支持其决策,从而使行政权力得以充分发挥;另一方面,这种嵌入性关系也会进一步增强村民或组织内成员对村干部的非正式问责。徐轶青和姚洋的研究进一步发现,如果村干部来自村内最大姓氏的宗族,那么他们往往会利用其在宗族的社会权力进行资源的动员和分配,而所属的宗族也往往会支持并监督其施政行为。② 由此,宗族产生的非正式权威和由选举产生的正式权威之间相互作用,形成"社会性嵌入"与"权威耦合",从而促进了公共物品的有效供给。③ 此外,在非正式制度的监督和制约下,村干部也可能主动利用自身的政治资源积极提供公共物品,其意图则在于提升其在村内的道德地位。反过来,其道德地位的提高也有利于他们在村庄推行政府的政策,成为实现各种政治、经济和社会目标的宝贵资源。④

总之,非正式制度无论是通过村民的集体行动还是对基层政府实行非正式问责,都会对公共物品的供给产生正向影响,由此可得本文的假设。

假设 1:在非正式制度更为完善的村庄,其公共物品的供给则

---

① Jennings, M. K., "Political Participation in the Chinese Countryside", *American Political Science Review*, Vol.91, No.2, 1997.

② Xu, Y., & Yao, Y., "Informal Institutions, Collective Action, and Public Investment in Rural China", *American Political Science Review*, Vol.109, No.2, 2014.

③ 郭云南、姚洋、Jeremy Foltz:《正式与非正式权威、问责与平滑消费:来自中国村庄的经验数据》,《管理世界》2012 年第 1 期; Chen, J., & Huhe, N., "Informal Accountability, Socially Embedded Officials, and Public Goods Provision in Rural China: The Role of Lineage Groups", *Journal of Chinese Political Science*, Vol.18, No.2, 2013.

④ Tsai, L. L., "Accountability without Democracy: Solidary Groups and Public Good Provision in Rural China", *Perspectives on Politics*, Vol.6, No.4, 2008.

更好。

（二）农村的公共物品供给与村民对基层官员的信任

无论是在农村还是在城市，中国政府都在努力提高关键公共物品（比如医疗、教育与脱贫等）供给的质量、可获得性和可负担性。① 然而，正如蔡晓莉（Tsai）指出，地方提供的公共产品差异很大，考察乡村的连带团体是理解哪些地方享有更好公共产品的关键。地方官员可能在保持良好声誉或一定制度约束下，提供好的公共产品。但这种供给是否可以转化为对基层政府的普遍支持仍然值得进一步讨论。②

总体来说，民众的政治信任往往可以以制度理论与文化理论来进行说明。制度理论认为，政治信任是政府和公众在互动过程中，公众对政治制度和政府绩效的理性评价或认同；③而文化理论的解释主要包括人际信任的延伸④、社会资本的传递⑤以及传统民族文化的影响⑥等。

就特定性信任（比如对政府、政策或官员等的信任）而言，中国

---

① Newland, S. A., "Which Public? Whose Goods? What We Know (and What We Don't) about Public Goods in Rural China", *The China Quarterly*, Vol.228, 2016.

② Tsai, L. L., "Accountability without Democracy: Solidary Groups and Public Good Provision in Rural China", *Perspectives on Politics*, Vol.6, No.4, 2008.

③ Mishler, W., & Rose, R., "What Are the Origins of Political Trust?: Testing Institutional and Cultural Theories in Post-Communist Societies", *Comparative Political Studies*, Vol.34, No.1, 2001.

④ Newton, K., "Trust, Social Capital, Civil Society, and Democracy", *International Political Science Review*, Vol.22, No.2, 2001.

⑤ Putnam, R.D., "Tuning In, Tuning Out: The Strange Disappearance of Social Capital in America", *Political Science and Politics*, Vol.28, No.4, 1995.

⑥ Inglehart, R. "Postmodernization Erodes Respect for Authority, but Increases Support for Democracy", in Norris, P. ed., *Critical Citizens: Global Support for Democratic Governance*, Oxford University Press, 1999, pp.236 - 256.

公众更多地表现为以制度绩效为导向的特征。① 作为最重要且明显的制度绩效来源,公共物品的供给与公众对官员的信任息息相关。不仅如此,与欧美等发达国家类似,良好的治理水平很可能与政体支持也密不可分。狄忠蒲等的研究表明,更好的公共物品供给水平会带来更高的"弥散性"支持(diffuse support),即政体支持。② 村民对官员的信任虽然属于特定性的政治信任(specific political trust),但相对于欧美等后工业化国家,中国的"弥散性"支持与特定性支持保持着高度的正相关。③

我们也预期,更好的农村公共物品供给也将赢得村民更高的对基层官员的信任。一方面,公共卫生、教育、扶贫以及基础设施等公共物品在很大程度上提高了乡村居民的生活质量,那些提供更多公共物品的官员会得到民众更多的支持;另一方面,在某种程度上,更好的治理也增加了政治稳定的可能性,无论是中央还是地方政府,均能从中受益。

除了公共物品绩效外,政治绩效与经济绩效也是解释政府信任时的重要的制度因素。④ 政治绩效主要包括公众的政治参与、政治透明度、公民权利等几个方面,而经济绩效包括国家的宏观经济状况和个人的收入水平。在以往的研究中,学者们普遍将国民经济的持续高速发展以及由此带来的民众基本生活水平的改善视作影响政治信任的关键因素。但在中国的经济增长成就得到公众的普遍认可后,越来越多的学者认识到,公众对政

---

① Wang, Z., & You, Y., "The Arrival of Critical Citizens: Decline of Political Trust and Shifting Public Priorities in China", *International Review of Sociology*, Vol. 26, No. 1, 2016.

② Dickson, B. J., Landry, P. F., Shen, M., & Yan, J., "Public Goods and Regime Support in Urban China", *The China Quarterly*, Vol. 228, 2016.

③ 游宇、王正绪:《互动与修正的政治信任——关于当代中国政治信任来源的中观理论》,《经济社会体制比较》2014 年第 2 期。

④ 卢春龙、张华:《中国农民政治信任的来源:文化、制度与结构》,《湖南师范大学社会科学学报》2017 年第 3 期。

治参与和信息透明等制度绩效的评估也会在很大程度上影响公众的政治信任。①

不过,随着经济增长放缓,提供高质量的公共物品不仅有助于解决单靠经济增长无法满足的社会需求,②而且还可以作为提高治理水平的关键环节,带来更广泛的利益和更持久的政治支持,成为影响公民政治信任的重要因素。③ 基层政府作为地方社会和经济事务的管理者,地方公共物品的提供者,其施政绩效在很大程度上塑造了公众对官员的信任。村民基于现有的公共物品对基层政府作出合理评价,公共物品供给水平越高,村民对政府在村庄治理中所起作用的评价也就越积极,其对官员的信任程度也就越高。

综上,结合假设 1,我们提出本文的第二条假设以及推论。

假设 2:更好的农村公共物品供给水平会带来更高的官员信任度。

推论:公共物品供给在非正式制度对官员信任的影响过程中存在中介效应。

三、研究设计

(一)数据来源

为了客观分析非正式制度、公共物品供给与官员信任之间的关系,这里采取基于全国性大样本调查数据的定量研究方法,

---

① Wang, Z., "Before the Emergence of Critical Citizens: Economic Development and Political Trust in China", *International Review of Sociology*, Vol. 15, No. 1, 2005.

② Saich, T., *Providing Public Goods in Transitional China*, Palgrave Macmillan, 2008.

③ 孟天广、杨明:《转型期中国县级政府的客观治理绩效与政治信任——从"经济增长合法性"到"公共产品合法性"》,《经济社会体制比较》2012 年第 4 期。

研究数据来自2014年中国家庭追踪调查，其覆盖25个省级行政单位，对全国16 000户家庭中的全部成员进行调查。该调查问卷类型包括个体、家庭和社区三个层次的变量，可以反映中国社会、经济、人口、教育和健康的变迁。以下利用了CFPS2014中非正式制度、公共物品供给和农村居民对基层官员的信任程度等信息。

对数据的处理过程如下：首先将2014年的成人数据与村庄数据根据村庄编码进行匹配，然后删除城市样本和社区性质为居委会的社区样本，仅保留“村居类型”为村委会的样本，继而去掉变量缺失严重的样本和被调查人数少于10的村庄样本。此外，为了简化数据结构，更好地契合回归模型，在将部分变量纳入模型之前，此处对其进行了重新编码和赋值处理（各变量的具体操作见表1）。原始数据中有30 717个样本，经处理后最终得到15 038个样本。

（二）变量设置

本文的因变量是官员信任，即公民对政府官员的信任程度。结合数据的实际情况，本文选取问卷中“对当地县/县级市/区政府官员的信任程度（0—10分）”这一问题测量对官员的信任程度。之所以选择对县级政府官员的信任度，[①]主要是因为：一方面，农村地区公共物品的主要供给者便是该村所在的县级政府；另一方面，中央政府对基层地方政府的转移支付，也是通过省级、地级、县乡级政府层层传递的，县级政府也是农村地区公共物品的主要传递者。[②]

---

① CFPS问卷只询问了受访者对于县级政府官员的信任度，并未询问任何有关其他层级官员的信任情况。

② 游宇、张光、庄玉乙：《次国家财政结构与地方治理：一项实证研究》，《公共行政评论》2016年第5期。

本文的核心解释变量是非正式制度和公共物品供给。现有关于非正式制度的研究都将宗族和宗教作为非正式制度的有力载体。本文也将村庄内是否存在宗族和宗教作为测量非正式制度的关键指标,并将祠堂、村庙和教堂视为村庄内存在宗族和宗教的重要标志,并将其选为测量非正式制度的关键指标。具体问题是:"您村内是否存在以下设施?"若村庄内存在祠堂、村庙和教堂这三种设施中的任意一种,则非正式制度的变量取值为1;若以上三种设施都不存在,非正式制度的取值为0。

现有文献关于公共物品供给的衡量标准不一,本文结合数据的实际情况,选取了与村民生活习惯相关且十分重要的六个领域,分别是自来水、电、天然气、通信、小学、低保,将其加总构成一个指标变量,用以反映村庄内公共物品的供给水平。虽然这些并不能代表公共物品的所有方面,但是这几个领域结合起来可以反映中国不同地区的村民主要的关注点。

在对控制变量进行选择时,考虑到政治信任影响因素的层次性,即个体对官员的信任要受到个体的认知结构和个人所在地域性因素的双重影响。[①] 因此控制变量兼顾个体层次和村庄层次,个体层次的控制变量包括性别、年龄等人口学变量,工作类型、人际信任、幸福感、政府绩效感知等主观变量;村庄层次的控制变量包括自然村个数、距县城距离等地理变量,以及村人均收入、村财政规模等经济变量。具体问题及测量见表1,描述性统计见表2。

① 吕书鹏、朱正威:《政府信任区域差异研究——基于对 China Survey 2008 数据的双层线性回归分析》,《公共行政评论》2015年第2期。

表 1　变量及其操作化

变量	问题		测量
因变量	官员信任	您对当地干部的信任程度如何?	0—10 分
个体特征	性别		女=0;男=1
	年龄		
	使用网络	您是否上网?	不使用互联网=0;使用互联网=1
	工作性质	您从事的工作是农业工作还是非农工作?	农业工作=0;非农业工作=1
	个人收入	个人年收入多少(元)?	对数化
	幸福感	您觉得自己有多幸福?	0—10 分
	人际信任	一般来说,您认为大多数人是可以信任的吗?	不同意大多数人是可信任的=0;同意大多数人是可信任的=1
	绩效感知	您对去年本县/县级市/区政府工作的总体评价是什么?	比以前更糟了=1;没有成绩=2;没有多大成绩=3;有一定成绩=4;有很大成绩=5
村庄特征	非正式制度	您村内是否存在以下设施?	不存在祠堂、村庙和教堂=0;存在祠堂、村庙或教堂=1
	公共物品供给	您所在村是否存在以下设施?	将村水、电、天然气、通信、小学、低保相加构成一个指标
		是否新增以下基础设施?	
		是否执行低保政策?	
	自然村数	您所在村现在的行政区划内有几个自然村?	单位:个
	距县城距离	您村委会距本县县城多远?	单位:里(取对数)
	60 岁及以上比例	您所在村常住人口中 60 岁及以上的人口有多少?	60 岁及以上人数/该村的常住人口

（续表）

<table>
<tr><th>变量</th><th colspan="2">问题</th><th>测量</th></tr>
<tr><td rowspan="7">村庄特征</td><td>村人均收入</td><td>去年,您所在村的年人均纯收入是多少元?</td><td>对数化</td></tr>
<tr><td>村财政规模</td><td>去年,您所在村村财政总收入为多少万元?</td><td>单位换为“元”并人均对数化</td></tr>
<tr><td rowspan="3">村公共投资</td><td>去年,财政总支出中,用于公共服务的有多少万元?</td><td rowspan="3">将三项投资加总;单位换为“元”并人均对数化</td></tr>
<tr><td>用于教育投资多少万元?</td></tr>
<tr><td>用于生产投资(农业水利等)的有多少万元?</td></tr>
<tr><td>村公共收费</td><td>您所在村财政总收入中来自村民缴纳的有多少万元?</td><td rowspan="2">单位换为“元”并人均对数化</td></tr>
<tr><td>村集体收入</td><td>您所在村财政总收入中来自村集体经济收入的有多少万元?</td></tr>
</table>

表 2　变量的描述性统计

变量	观测值	均值	标准差	最小值	最大值
官员信任	15 038	5.340	2.676	0	10
性别	15 038	0.497	0.500	0	1
年龄	15 038	47.018	16.085	18	99
是否上网	15 037	0.199	0.400	0	1
工作性质	12 576	0.314	0.464	0	1
个人收入对数	15 025	3.175	4.085	0	12.999
幸福感	15 023	7.352	2.280	0	10
人际信任	14 979	0.530	0.500	0	1
绩效感知	14 317	3.398	0.941	1	5
非正式制度	294	0.534	0.500	0	1
自然村个数	294	5.034	4.873	1	28

(续表)

变量	观测值	均值	标准差	最小值	最大值
距县城距离	294	53.129	42.087	0	280
60岁及以上老年人占比	281	19.431	10.911	2.143	66.667
村人均收入对数(元)	279	8.237	0.828	5.017	10.714
村人均财政规模对数(元)	272	2.916	2.702	0	12.025
村人均公共投资对数(元)	217	2.998	2.470	0	12.535
村人均公共收费对数(元)	292	0.252	1.038	0	7.824
村人均集体收入对数(元)	178	1.319	2.102	0	8.775
公共物品供给	294	2.037	0.999	0	6

四、研究模型、实证结果与解释

为验证前文的假设,厘清非正式制度、公共物品供给与农村居民的官员信任这三者之间的关系,本文尝试进行以下的实证分析:首先,在村庄层次的数据中采用普通最小二乘模型(OLS)考察非正式制度与公共物品供给之间的关系;其次,在村庄与成人进行匹配后的完整数据中采用多层线性模型(HLM)考察公共物品供给与官员信任之间的关系;最后,采用因果中介模型(CMA)探究公共物品供给在非正式制度对官员信任的影响过程中的中介效应。

(一)非正式制度与公共物品供给

本小节在考察非正式制度与公共物品供给之间的关系时,在村庄层次上采用普通最小二乘模型(OLS)进行分析。如表3所示,在纳入村庄控制变量之后,模型3中非正式制度这一解释变量的系数符号和显著性均与模型1的结果一致,对公共物品供给的解释力度也没有发生明显变化,且远高于其他变量对公共物品供给的影响。本文的假设 1 得以验证，说明村庄内非正式制度的存在会显著提升公共物品的供给水平。

表 3　农村非正式制度与公共物品供给

变量	模型 1	模型 2	模型 3	模型 4
非正式制度	0.371*** (0.115)	0.317*** (0.119)	0.215** (0.126)	0.243** (0.121)
自然村个数		0.035*** (0.012)	0.025** (0.012)	0.030** (0.015)
距县城距离		0.003** (0.001)	0.004*** (0.001)	0.003 (0.002)
60 岁及以上老年人占比		-0.011** (0.005)	-0.008 (0.006)	-0.008 (0.007)
村人均财政规模			-0.066** (0.025)	-0.043* (0.023)
村人均公共投资			0.050* (0.027)	0.015* (0.010)
村人均公共收费			0.134** (0.055)	0.138* (0.073)
村人均集体收入				-0.041 (0.034)
控制省份固定效应	否	否	否	是
常数项	1.839*** (0.084)	1.742*** (0.158)	1.757*** (0.198)	1.625*** (0.265)
观测值	294	281	211	167
调整后 R 方	0.031	0.078	0.106	0.305

说明：(1)括号内为稳健标准误；(2) * $p<0.1$，** $p<0.05$，*** $p<0.01$；(3)模型 3 与模型 4 的 VIF(方差膨胀因子)均小于 10，并不存在多重共线性问题。

如上所述，保有非正式制度的村庄，一方面可以发挥其作用，通过非正式问责机制制约和监督基层政府的权力运行，有效防范村干部贪腐等道德风险行为，提高公共物品的质量和政府的服务效率；另一方面，宗族和宗教的存在也增强了村干部提供公共物品的主动性和积极性，原因在于村干部希望利用自己的政治资源和权力，提高其在组织成员甚至全部村民当中的道德地位，为自己赢得更高的政治支持。此外，若村干部与宗族网络存在嵌入性的关系，那么村干部在与村民的密切联系和互动过程中，可将村民的真实需求纳入决策的流程，统筹不同村民的意见和偏好，使村民对资源的分配问题达成一致，以此提供更高质量的公共物品和服务。

在地理和人口的控制变量中，自然村个数、距县城距离都与公共物品供给呈正相关。自然村个数越多，在一定程度上代表村庄规模越大，政府的公共服务机制较为完善，村民也就相应可以获得更好的公共物品供给。村庄距县城距离越远，就越需要在村庄内部提供完善的公共物品，减少村民不必要的进城次数，以降低村民的生活成本。

具体看经济控制变量对公共物品供给的影响。

首先，村集体的财政收入与公共物品供给之间是显著的负相关。这一结果看似"突兀"，但依据已有文献来看并不意外，更高的经济收入水平的确不必然可以提供更好的公共物品。蔡晓莉的研究发现，处于相同经济发展水平的村庄，在村庄公共物品的供给上也会存在较大差异。① 她认为村庄公共物品供给的关键并不全然是村庄的财政收入，而是是否存在有效的问责机制来将村庄的财政收入转化为公共物品支出。同样，庄玉乙和张光的研究也发现地方政府的财政收入与其公共物品支出的比例并不成正比。② 当地资源丰富的基层政府对自身行政管理的支出要明显高于对教育、医疗等民生福利的财政支出。同理，集体经济薄弱的村庄，其

① Tsai, L. L., "Accountability without Democracy: Solidary Groups and Public Good Provision in Rural China", *Perspectives on Politics*, Vol.6, No.4, 2008.

② 庄玉乙、张光：《资源丰裕、租金依赖与公共物品提供——对山西省分县数据的经验研究》，《社会学研究》2015 年第 5 期。

公共物品的供给不一定匮乏。村庄内非正式制度的存在,可以通过促进村民的合作,为公共物品提供有力保障。

其次,公共投资对村庄的公共物品供给有正向影响,这一结果符合理论预期,在公共物品和服务上的资金投入越多,村基础设施等方面的公共物品自然也就越完善。

最后,公共收费属于村民自愿向村集体缴纳的费用,其用途大多是为公共基础设施投资的村提留、统筹费等税费。虽然大部分的村财政收入依赖上级政府的转移支付,但公共收费可以缩短公共物品的供给时间,使在村庄内提供公共物品时不会表现得太被动。因此,公共收费的金额越高,村干部就有更多的物质资源和回旋空间来提供公共物品和服务。

(二)农村公共物品供给与村民对官员的信任

本小节主要考察官员信任的来源,特别是村庄内公共物品供给产生的影响。在考察公共物品供给与官员信任之间的关系时,我们将村庄与成人数据进行匹配,采用多层线性模型进行分析,将影响官员信任的村庄和个体因素进行区分。以村公共物品的供给作为解释变量,在村庄层次上加入个体特征变量,可以兼顾个体层面和环境双层变量的影响,使得对官员信任的考察更为系统和全面。该模型的回归结果如下(见表 4)。

表 4 农村公共物品供给与基本的官员信任:多层线性模型

变量	模型 1	模型 2	模型 3	模型 4	模型 5
个体层次					
性别		-0.198*** (0.046)	-0.198*** (0.046)	-0.183*** (0.047)	-0.176*** (0.048)
年龄		0.018*** (0.002)	0.018*** (0.002)	0.017*** (0.002)	0.017*** (0.002)

（续表）

变量	模型 1	模型 2	模型 3	模型 4	模型 5
是否上网		−0.418*** (0.072)	−0.417*** (0.072)	−0.424*** (0.075)	−0.428*** (0.076)
工作性质		−0.292*** (0.067)	−0.289*** (0.067)	−0.289*** (0.070)	−0.280*** (0.071)
个人收入对数		0.012* (0.006)	0.012* (0.006)	0.01 (0.007)	0.012 (0.007)
幸福感		0.206*** (0.01)	0.206*** (0.010)	0.209*** (0.011)	0.207*** (0.011)
人际信任		0.504*** (0.046)	0.504*** (0.046)	0.514*** (0.048)	0.508*** (0.048)
绩效感知		0.661*** (0.025)	0.660*** (0.025)	0.668*** (0.026)	0.670*** (0.026)
村庄层次					
公共物品供给			0.080* (0.045)	0.099** (0.047)	0.087* (0.047)
村财政规模				0.017 (0.016)	0.030* (0.017)
村人均收入					−0.154*** (0.057)
常数项	5.377*** (0.048)	0.724*** (0.152)	0.554*** (0.179)	0.462** (0.191)	1.701*** (0.489)
F 值(Wald 统计量)		1 909.97***	1 914.17***	1 817.99***	1 776.89***
组内相关(ICC)	0.074	0.068	0.067	0.061	0.058
方差削减比例		8.1%	9.6%	18.6%	23.5%
样本数	15 038	11 967	11 967	11 173	10 961
二层样本数	294	294	294	272	264

说明：(1)括号内为稳健标准误；(2) * $p<0.1$，** $p<0.05$，*** $p<0.01$；(3)方差削减比例均是以控制模型为基准计算。

表 4 报告了个体层次变量和村庄层次的变量共同影响农村居民对官员信任的多层线性模型。模型 1 是多层线性模型中的虚无模型(null model),是对模型中随机效应的检验。该模型在设计中既没有添加个体层次(一层),也没有设置村庄层次(二层)的变量,目的是通过获得组内相关系数(该系数代表二层方差占总方差的比例),检验因变量官员信任是否具有分层结构。模型 1 中的 ICC 为 0.074,表明大约 7%的官员信任方差是村庄的差异造成的,村民对官员的信任存在潜在的结构性影响因素,因此进行多层次分析以理解个体的官员信任是有必要的。

模型 2 主要考察个体层面的变量对官员信任的解释力,尤其是对政府绩效的主观感知的解释力。模型的回归结果与既有文献一致,男性、年龄较大、从事农业工作的居民对基层政府的官员表现出更高的信任。① 模型 3 至模型 5 在个体层次的基础上加入村庄层次的变量,主要考察公共物品供给对村官员信任的平均解释力。

首先,居住在同一村庄内的个体享有大致类似的公共物品供给,因此公共物品供给会影响该村的平均的官员信任水平,在村级层面引入公共物品供给、村财政规模、村人均收入变量,发现这三个绩效指标显著地影响着村民对官员的信任,且个体层次变量对官员信任的影响关系也没有明显变化。

其次,与预期一致,公共物品供给水平作为政府客观治理绩效的关键指标,对于提升村民对官员的信任有显著影响,本文的假设 2 得以验证。该发现与狄忠蒲等人的研究发现一致,即更好的

① Hetherington, M. J., *Why Trust Matters: Declining Political Trust and the Demise of American Liberalism*, Princeton University Press, 2005;胡荣、胡康、温莹莹:《社会资本、政府绩效与城市居民对政府的信任》,《社会学研究》2011 年第 1 期。

公共物品供给水平会带来更高的政治支持。① 这很可能与三方面的机制紧密相关。第一，公共物品供给与民生福利相关，基层政府向村民提供更广泛、高水平的公共物品和服务，改善当地的生活和发展环境，公民也就会更满意政府的施政行为，从而给予政府官员更积极的评价。第二，也有学者认为可以从相对剥夺感（Relation Deprivation）的相关理论出发解释这一现象，认为地方的公共物品供给水平越高，公众的相对剥夺感就越低。② 在社会公平感得到提升后，公众对政府绩效的满意度提高，对官员的信任也就随之增加。第三，公共物品供给有助于提升社会稳定，也有助于提升公众的安全感与幸福感。③

最后，值得关注的是公共物品供给对官员信任的解释力度大于村财政规模，这与孟天广和杨明的研究结论相似：他们认为这对政府只通过经济增长，而忽视民生福利来维持政治合法性的施政策略提出了挑战。④

此外，在村层次的控制变量中，村财政规模越大，表明村委会或基层政府会更有能力提供更好的公共物品和服务，提高村庄的治理质量，进而提升村民对官员的信任。但村人均收入这一指标与官员信任呈显著的负向影响，在收入水平得到提升的情况下，村民对当地政府的政治支持和信任反而会下降。个人经济状况和物质条件的改善并没有提高村民对政府经济绩效的感知，而是产生了对官员信任的副作用。随着收入的增加和生活水平的提高，村

---

① Dickson, B. J., Landry, P. F., Shen, M., & Yan, J., "Public Goods and Regime Support in Urban China", *The China Quarterly*, Vol. 228, 2016.

② Stoneman, P., *This Thing Called Trust: Civic Society in Britain*, Palgrave Macmillan, 2008.

③ Newland, S. A., "Which Public? Whose Goods? What We Know (and What We Don't) about Public Goods in Rural China", *The China Quarterly*, Vol. 228, 2016.

④ 孟天广、杨明：《转型期中国县级政府的客观治理绩效与政治信任——从"经济增长合法性"到"公共产品合法性"》，《经济社会体制比较》2012 年第 4 期。

民有了更多的机会去接受教育和接触新兴媒体,村民的权利意识和批判精神会有所增强,对当地政府官员的信任度往往下降。

(三) 公共物品供给的中介作用

本小节探究公共物品供给在非正式制度对官员信任的影响过程中的中介效应,采用了因果中介分析(Causal Mediation Analysis)模型。该模型对早期结构方程模型的缺陷进行修补。① 该估计方式分别由两步 OLS 模型组成:其中第一步以中介变量公共物品供给为结果变量,考察公共物品供给的影响因素,以及公共物品供给在非正式制度影响官员信任的过程中的中介效应;第二步以官员信任作为结果变量,将处理变量非正式制度、中介变量公共物品供给和其他自变量都纳入 OLS 模型中。具体回归结果如表 5 所示。

表 5 非正式制度与基层官员信任:因果中介分析

变量	模型 1		模型 2	
	公共物品供给 (中介变量)	基层官员信任 (结果变量)	公共物品供给 (中介变量)	基层官员信任 (结果变量)
非正式制度	0.236*** (0.018)	0.103** (0.052)	0.236*** (0.019)	0.146*** (0.054)
		0.139*** (0.029)		0.159*** (0.030)
自然村个数	0.027*** (0.002)		0.025*** (0.002)	
距县城距离	0.002*** (0.000)		0.002*** (0.001)	

① Imai, K., Keele, L., & Tingley, D., "A General Approach to Causal Mediation Analysis", *Psychological Methods*, Vol. 15, No. 4, 2010.

(续表)

变量	模型 1		模型 2	
	公共物品供给(中介变量)	基层官员信任(结果变量)	公共物品供给(中介变量)	基层官员信任(结果变量)
村人均公共收费	0.099*** (0.007)		0.082*** (0.026)	
村人均公共投资	0.063*** (0.004)		0.054*** (0.004)	
村人均财政规模	-0.059*** (0.003)	0.050*** (0.010)	-0.053*** (0.004)	0.040*** (0.010)
村人均收入		-0.098*** (0.030)		-0.153*** (0.031)
性别				-0.154*** (0.055)
年龄				0.014*** (0.002)
是否上网				-0.499*** (0.084)
工作性质				-0.382*** (0.077)
个人收入对数				0.005 (0.007)
幸福感				0.201*** (0.012)
人际信任				0.524*** (0.053)
绩效感知				0.716*** (0.029)
常数项	1.648*** (0.024)	5.676*** (0.259)	1.667*** (0.026)	1.531*** (0.304)
观测值	10 830	10 830	8 680	8 680

（续表）

变量	模型 1		模型 2	
	公共物品供给（中介变量）	基层官员信任（结果变量）	公共物品供给（中介变量）	基层官员信任（结果变量）
平均中介效应	0.032		0.038	
直接效应	0.104		0.143	
总效应	0.137		0.181	
中介效应率	23.72%		20.61%	

说明：(1)括号内为标准误；(2) *** $p<0.01$；(3)由于 CMA 模型无法在多层次上设定，所有模型均为 OLS 分析。

表 5 较为完整、全面地展示了公共物品供给在非正式制度影响官员信任过程中所发挥的中介效应。两个模型的区别在于模型 2 的第二步还加入了个体层次的变量。但回归结果显示，在加入了个体层次的变量之后，非正式制度和公共物品供给对官员信任的直接效应与模型 1 中第二步的结果是一致的。

首先，模型的第一步显示，非正式制度确实对公共物品供给产生了显著影响，与表 3 的结果一致，假设 1 再次得到验证。其次，模型的第二步显示，当我们把非正式制度和公共物品供给同时纳入解释官员信任的模型中，非正式制度和公共物品供给均对官员信任产生了显著影响，且在加入非正式制度后，公共物品供给仍对官员信任产生显著影响，这一结果与表 4 中模型 5 的结果是一致的，假设 2 再次得到验证。最后，因果中介分析结果表明，非正式制度对官员信任的直接效应和间接效应都是显著的，其中大约有五分之一（23.72%或 20.61%）的贡献来自公共物品供给的中介传导机制，剩余大约五分之四是非正式制度对于官员信任的直接效应的作用。由此，本文的推论得以验证，即公共物品供给在非正式制度影响官员信任的过程中发挥了中介传导作用。

五、结论与讨论

非正式制度在乡村治理中发挥着重要作用。本文以此为理论切入点,就“农村非正式制度—公共物品供给—村民对基层官员的信任”这一理论链条进行了实证分析,并尝试将影响公众政治信任的文化与制度因素整合为统一的分析框架。本文的研究发现为后续相关研究提供了一定的借鉴意义。

首先,与之前的研究一致,我们也发现农村的非正式制度对公共物品供给存在积极影响。其机制可能有两大方面:一方面,在农村社会自发生长的非正式制度可以在村庄范围内发挥其道德权威,利用非正式问责机制为基层政府官员提供正向激励,提高其供给公共物品的积极性;另一方面,基层政府在提供公共物品时,可以利用非正式制度增强其社会动员能力,调节不同群体的需求和偏好,这在降低行政成本的同时,还可以有效提高基层治理的质量。

其次,主观的绩效感知与客观的治理绩效均对官员信任呈现显著的正向影响。在个体层面,政府治理的主观绩效感知是影响农村居民对官员信任的重要因素;而在村庄层面,经济绩效(村财政收入)和公共服务绩效(公共物品供给)则是解释村民对基层官员信任的主要因素。此外,公共服务绩效的解释力度要大于经济绩效因素。

最后,公共物品供给在非正式制度对官员信任的影响过程中发挥着重要的中介作用。如上所论,通过非正式制度的问责机制,或者利用非正式制度提高服务效率和质量,基层政府均可以因此供给更多高质量的公共物品,从而赢得农村居民对基层官员更高的认可和评价。

上述研究结论对乡村治理有诸多实践意义。首先,可以通过利用非正式制度来提高乡村治理绩效。乡村治理不仅仅是一个"顶层设计"的问题,还需要考虑非正式制度对公众行为的引导和约束。然而,非正式制度的弊端(比如增加正式制度的执行成本、降低政策的有效性)与优势可能并存,只有扬长避短才能使非正式制度成为提高乡村治理绩效的有效路径。其次,在乡村治理中建构并利用非正式制度,并不是要抛弃原有的正式制度或推行松散式管理,而是在理性设计与严格实施正式制度的同时,发挥非正式制度在乡村治理中的补充作用,以提高基层政府的治理绩效。比如,在正式组织之下,充分发挥非正式制度的组织凝聚力与监督机制,以更好地提供公共物品。最后,随着中国公众对公共物品供给规模与质量等要求的不断提高,如何通过多元化的治理模式与更为广泛的公众参与,提升公众对基层政府官员的信任,则是摆在基层政府进行乡村治理的当务之急。

当然,本文在理论构建和研究方法上也存在局限性。首先,由于非正式制度在村庄层面的变异几乎为零,本文未能基于 CFPS 面板数据的优势检验研究假设。此外,由于问卷测量的缘故,对非正式制度的测量较为狭义,公共物品的供给也仅考虑基本公共物品,由此难以顾及村庄间的异质性。这些问题有待在未来的研究中加以完善。

The Institutional Mechanism of the Cultural Path: How Do the Rural Informal Institutions Affect Public Trust in Local Officials

Yu You　Jinghui Zhao

Abstract: The governance system of rural China is changing with the deepening of the modernization process. The issue that how to link informal institutions with bettering rural governance has become increasingly important. To test our hypotheses, this paper uses the data of Chinese Family Panel Studies (CFPS2014) to do empirical analysis. We found that: (1) the informal institution has a significant positive impact on the supply of public goods; (2) the improvement of public goods supply can enhance the villagers' trust in local officials; (3) the supply of public goods is an important mediating factor in the process of the influence of informal institutions on trust in officials. The theoretical significance of the above findings lies in the fact that the cultural path affecting public political trust can also play a role through institutional mechanism. Moreover, we suggest the grass-roots government should attach importance to the organizational strength of informal institutions when designing and strictly implementing formal institutions.

Keywords: informal institutions; rural public goods; trust in local officials; rural governance

退役安置改革与退役军人事务机构的职能运作研究

王军洋*

[内容提要] 退役军人事务机构的成立在形式上整合了原分置于民政和人社部门的退役安置职能,但在具体运作上与统筹负责军转干部和退伍士兵相关工作的既定目标仍存在一定差距。产生该问题的根源并不仅限于机构层面,尤其存在于整个退役安置工作体系,有其深刻的社会政治经济背景。退役安置作为国家制度体系的一个重要组成部分,在推动国防现代化和地方干部体系更新的同时,也面临越来越多的矛盾与张力。一方面,计划式安置与社会经济的日益市场化和专业化之间不相适应,央地之间在安置成本分担上存在矛盾,加之长期以来形成的权宜的安置政策、分立的管理体制与原籍安置的原则,这些都基础性地规定着退役安置工作的历史与结构场域;另一方面,现实层面的党政双重与归口管理的领导体制构成了退役部门运作的基本制度背景,这些历史与现实、结构与政策方面的内容都深层次地制约着新设退役部门的职能履行。本着从整个退役安置工作体系来理解和改进退役军人事务机构的设想,基于国防义务均衡负担的原则,从长远看,应研拟整合性更强的退役军人权

* 王军洋,山东大学政治学与公共管理学院副教授;本文系2017年度国家社会科学基金青年项目“社会治安管理体制的运作机制及其演进逻辑研究”(项目编号:17CZZ018)的阶段性成果。

益保障框架与方向，考虑整合类型多元的退役身份，以保证退役政策的连续性和公正性。近期看，可以调整中央-军队-地方三者之间的关系，使福利保障体系多元化，切实为地方纾解安置压力。

[关键词] 退役安置；央地关系；地方压力；归口管理；福利保障

在2017年10月召开的党的十九大上，习近平主席首次提出整合退役军人相关职能以“组建退役军人管理保障机构”的战略设想，该设想在次年3月中共中央印发的《深化党和国家机构改革方案》中得以实现，“将民政部的退役军人优抚安置职责，人力资源和社会保障部的军官转业安置职责，以及中央军委政治工作部、后勤保障部有关职责整合，组建退役军人事务部”。2018年4月16日，该部在京正式挂牌办公。随后，该部不仅逐步建立了内部机构设置，其推动的《退役军人保障法》也于2020年6月18日在第十三届全国人大常委会上获得通过。与此同时，2018年底陆续公布的民政部和人社部“三定”方案显示，两部门原有的优抚安置和军转安置职能被相继取消，连同相关机构转隶退役军人事务部，①在退役军人事务部对外公布的职能配置和内设机构规定中，也明确了全面“负责军队转业干部、复员干部、离休退休干部、退役士兵和无军籍退休退职职工的移交安置工作和自主择业、就业退役军人服

① 《中共中央办公厅、国务院办公厅关于印发〈民政部职能配置、内设机构和人员编制规定〉的通知》，http://www.gov.cn/zhengce/2019-01/25/content_5361053.htm，2018年12月31日；《人力资源和社会保障部职能配置、内设机构和人员编制规定》，中国政府网，http://www.mohrss.gov.cn/SYrlzyhshbzb/dongtaixinwen/shizhengyaowen/201901/t20190128_309849.html，2019年1月25日；退役军人事务部人事司：《加强党的集中统一领导 建立健全退役军人管理保障体制》，《中国机构改革与管理》2019年第7期。

务管理工作”的职能。[①] 地方各个层级的退役军人事务机构也陆续挂牌完毕,正式对外开展工作。

目前对退役人员的研究相对较少,仅有的部分研究成果多数聚焦在退役人员的福利与就业保障问题上,[②]其余少数主要讨论退役安置机构及其演变,[③]而较少讨论整个退役安置体系,尤其是其中核心的职位安置制度的运转及其所内含的制度性张力,更缺乏对新组建的退役军人事务机构运作效果的讨论。为深入理解退役军人事务机构的运作及其工作开展所面临的障碍,本文认为应该超越退役部门的机构设置本身,从更为宏大的整个退役安置体制出发,整合而非分立地看待军队干部的转业安置和退役士兵的优抚安置问题,[④]通过系统剖析新中国成立以来退役安置工作的历史性演变、社会政治经济背景及其运作逻辑,来认识当下安置工作中的一些不足及其制度性根源,进而理解退役军人事务机构的组建与运转面临的障碍。为此,本文以新中国成立以来中央颁发的退役安置文件、主管部门领导讲话和指示为基础,结合对部分组织,以及人社、民政、退役部门工作人员和相关退役人员的访谈,系

---

① 《退役军人事务部职能配置和内设机构规定》,退役军人事务部网站,http://www.mva.gov.cn/jigou/jgzn/gzzz/202012/t20201201_43461.html,最后浏览日期:2022 年 9 月 15 日。

② 王增文:《中国退役军人工作体系的决策逻辑与机制重塑》,《江淮论坛》2021 年第 5 期;韩君玲、王一宏:《新时代我国退役军人保障法制的重构》,《社会保障研究》2021 年第 1 期;薛刚凌、吴又幼:《退役军人管理体制改革研究》,《法学杂志》2012 年第 7 期;李卫海、王金虎:《新时代退役军人权益保障制度的完善思考》,《法学杂志》2021 年第 7 期;朱亚鹏、喻君瑶:《体制优势、资源整合与退役军人医疗保障:优抚医院改革创新的逻辑与实践》,《公共治理研究》2021 年第 5 期。

③ 岳宗福:《中国退役军人管理保障体制变革的理路与前瞻》,《行政管理改革》2020 年第 3 期;李玉倩、陈万明:《当前我国退役军人管理保障机构的设置研究》,《中国行政管理》2018 年第 8 期;王众:《新中国退役军人就业安置制度的创建与初步运行(1949～1957)》,《济南大学学报》(社会科学版)2021 年第 3 期。

④ 何宪:《中国军官转业安置制度改革研究》,《中国井冈山干部学院学报》2018 年第 3 期;罗平飞:《当代中国军人退役安置制度研究》,中国社会出版社,2014 年;罗平飞:《军人退役安置制度的国际比较》,《政治学研究》2006 年第 1 期。

统讨论退役军人事务机构运作的结构与制度背景，以期从历史根源、制度架构和运作基础等多方面加深理解退役机构的组建与运作。

本文共分为五个部分：第一部分简介中国退役安置体制的创立、演进与作用；第二部分梳理演变至今的退役安置工作在市场化背景下所面临的三对基础性矛盾；第三部分专注于当下的退役安置体制本身，着力分析该体制三个支撑性运作机制；第四部分聚焦退役军人事务机构，分析背后决定该机构运作的“党政二元＋归口管理”架构；第五部分尝试在前述内容的基础上，提出一些参考性改进建议。

一、退役安置制度的功能与运作

退役安置制度（含转业军官与退伍士兵）在中国有着悠久的历史，最早可以追溯到新中国成立前的革命年代。早在1946年4月国共和谈之际，中共中央就发布了《关于复员工作的指示》，在对一般士兵根据服役年限发放补助金遣返原籍以外，将连级以上干部转业到经济和政府部门工作。[①] 之后随着全国的陆续解放，“占领八九个省，占领几十个大城市所需要的工作干部，数量极大”，毛主席为此在1949年2月8日发出“把军队变为工作队”的指示，“一切工作干部，主要地依靠军队本身来解决”。[②] 随后，大批军队干

---

① 《中共中央关于复员工作的指示》（1946年4月28日），人民网，http://cpc.people.com.cn/GB/64184/64186/66648/4491274.html，最后浏览日期：2017年10月28日。

② 《把军队变为工作队》（1949年2月8日），载《毛泽东选集》（第四卷），人民出版社，1991年。

部就地转业组建或加入了新解放区的地方政府机关。[①] 1951 年底至 1952 年初，随着国内战争的结束和朝鲜战局的稳定，解放军启动了裁军步伐，期间提出了“转业建设”概念，“根据保留基干和减少现役人员的原则……从解放军中抽出一批人员投入工农业生产……以达到加强国防力量，增加国家财富和巩固人民民主专政之目的”，[②]朝鲜战争结束后，解放军进一步精简，其中仅排级以上干部就有十六万到十八万转业到地方政府经济部门参加经济建设工作。[③] 此后不仅在裁军时期，在非裁军时期也沿用了该制度，通过安排一定比例的成员退役来保证军队干部的流动和更新。随着 1955 年首部《中国人民解放军军官服役条例》设定了各级军阶的上限服役年龄，转业安置制度逐步常态化和制度化。

军官转业后的具体分配方式也经历了从就地转业和集中统一分配到原籍安置的转变。20 世纪 50 年代早期，为了服务于新建政权的实际需要，驻军就地转业的方式较为普遍。但随着各地政权逐步建立完善，加之就地转业中“各地接受干部的任务与实际需要不相适应，对有技术的干部和需要回原籍的干部，未能做到适当照顾”等原因，中央在随后又补充了根据各系统和各地区实际需要来实行“中央统一计划”[④]的方法。一般每年三月底以前，各军区和军种将当年待转业的干部情况报总政治部；中央各部门、各省区和直辖市将所需转业干部的数量、质量和安排去向等情况报内务

---

① 高峥：《接管杭州：城市改造与干部蝉变（1949—1954）》，香港中文大学出版社，2019 年。

② 《人民革命军事委员会、政务院关于人民解放军 1952 年回乡转业建设人员处理办法的决定》，载国务院军转安置工作小组办公室编：《军队干部转业复员工作文件汇编》，劳动人事出版社，1983 年，第 88—90 页。

③ 《中共中央、中央军委关于接收和处理军队转业干部问题的指示》（1952 年 8 月 17 日），载中组部编：《中国共产党组织史资料》（第九卷-下），中共党史出版社，2000 年，第 130 页。

④ 《国务院关于中国人民解放军退出现役干部就业的指示》（1955 年 8 月 31 日），《国务院公报》1955 年第 16 期。

部。最后由内务部和总政治部结合双方情况制定并下达分配计划。[①] 在此过程中，中央一方面会根据不同时期各个系统的建设需要，转业不同规模的干部到专业领域工作，如在 1952 年分配大量转业干部到“地方财政经济各部门参加经济建设工作”，[②] 1955 年转业“大批干部到农业合作社、粮食和商业部门”，[③] 1956 年转业干部到“地质、石油、第二机械”部门，[④]80 年代初期转业干部“充实到政法战线和教育战线”等；[⑤]另一方面也整建制转业干部组建新的生产建设单位，如 1952 年整建制转业大批人员组建隶属于政务院财委系统的铁路、水利、建筑和石油等工程和屯垦单位，1953 年整建制转业军人组建新疆生产建设兵团，1960 年调拨 3 万余人组建大庆石油开发单位，1968 年又组建黑龙江生产建设兵团等，[⑥]以及 80 年代整建制转业工程兵、基建工程兵和铁道兵组建各地水利、建设和铁道部单位等。[⑦]

---

① 《中国人民解放军退出现役干部转业地方工作暂行办法》(1965 年 09 月 23 日)，北京法院网站，http://fgcx.bjcourt.gov.cn:4601/law?fn=chl087s128.txt&dbt=chl，最后浏览日期:2022 年 9 月 19 日。

② 《中共中央、中央军委关于接收和处理军队转业干部问题的指示》(1952 年 8 月 17 日)，载中组部编:《中国共产党组织史资料》(第九卷-下)，中共党史出版社，2000 年，第 130—131 页。

③ 《国务院关于中国人民解放军退出现役干部就业的指示》(1955 年 8 月 31 日)，《国务院公报》1955 年第 16 期。

④ 《国务院关于一九五六年中国人民解放军退出现役干部转业工作的通知》(1956 年 7 月 27 日)，北京法院网，http://fgcx.bjcourt.gov.cn:4601/law?fn=chl343s041.txt&truetag=2&titles=&contents=&dbt=chl，最后浏览日期:2023 年 1 月 11 日。

⑤ 《中共中央关于妥善安排军队退出现役干部的通知》(1980 年 9 月 24 日)，国务院军转安置工作小组办公室编:《军队干部转业复员工作文件汇编》，劳动人事出版社，1983 年，第 1054 页;《国务院 中央军委批转〈关于全国军队转业干部安置工作会议情况的报告〉和〈关于做好今明两年军队转业干部安置工作的意见〉的通知》(1981 年 6 月 22 日)，国务院军转干部安置工作小组办公室编:《军队干部转业复员工作文件汇编》，劳动人事出版社，1983 年，第 1111 页。

⑥ 曹智、张汨汨:《关系国家发展和军队建设的大事——党中央关心军转安置工作纪实》(2009 年 6 月 4 日)，人民网，http://cpc.people.com.cn/GB/64093/67507/9409308.html，最后浏览日期:2017 年 10 月 29 日。

⑦ 张景发:《军转虑思录》，长征出版社，2005 年，第 360—370 页。

经过长期大规模的转业安置,各个区域和各个系统在 20 世纪七八十年代前后均普遍出现了人员饱和富余的情况。鉴于该情况给集中统一安置带来挑战,中央开始试行原籍安置以将主要安置责任转移给地方政府的做法。1975 年,中央开始要求"连、排职干部一般转业回原籍……到厂矿、企事业等基层单位当职工或地、县、人民公社当干部",①1980 年不再限定级别,"建议分配转业干部时,要照顾到干部的原籍和实际困难",②而在 1983 年的安置文件中便已明确"转业干部原则上由本人原籍或入伍时所在的省、自治区、直辖市安置",③正式确定对转业干部的原籍安置原则。在具体实施手段上,由中央根据军队和地方经济建设的实际需要,统筹制定历年的总体军转计划,而后由军方将该计划具体分解到各个军区、军种和军队单位,进而由后者确定转业者。同时,中央将确定好的军转干部情况汇总后,依据军转干部的原籍地制定去向计划,并下达给各地方政府,由后者负责安置具体的单位与职务。

新中国成立以来,国家通过该项制度共计安置转业干部 439.6 万余名,使军队成为培养地方干部的重要基地,不仅"改善了地方干部队伍结构,加强了领导班子建设",④也促进了军队干部的更新,在推动军队现代化方面发挥了重要作用。但与此同时,作为"战争时期军政一体化延续"的退役安置制度,是"国家对干部

---

① 《国务院、中央军委关于军队干部退出现役暂行办法》(1975 年 8 月 13 日),法律法规网,http://www.elinklaw.com/zsglmobile/lawView.aspx? id = 18099, 最后浏览日期:2022 年 9 月 18 日。

② 《中共中央关于妥善安排军队退出现役干部的通知》(1980 年 9 月 24 日),国务院军转安置工作小组办公室编:《军队干部转业复员工作文件汇编》,劳动人事出版社,1983 年,第 1054 页。

③ 《国务院 中央军委关于批转关于做好一九八三年军队转业干部安置工作的意见的通知》(1983 年 10 月 29 日),《中国劳动》1984 年 S1 期。

④ 尹蔚民:《认真贯彻落实全国军转表彰大会精神 努力开创军队转业干部安置工作新局面》,《人民日报》,2009 年 6 月 5 日。

实行统一管理的结果”,[①]有着与生俱来的计划经济时代烙印。随着社会经济改革的不断推进,尤其是改革开放后地方工作的日益规范化和专业化,这些时代烙印的负面影响及其反映的基础性矛盾也逐渐显现出来。

二、计划与市场、央地和军地之间:退役安置工作中的三对结构性矛盾

改革开放以来,退役安置工作的张力体现在职位安置上,不仅享有安置权利的转业士官群体难以安置,地方对具有国家干部身份的转业军官的安置也越来越力不从心。究其原因,主要在于退役安置的计划经济属性与日益市场化和专业化的社会经济之间的不协调,同时具体的安置工作又受到央地和军地等关系的多重制约。

(一)退役安置的计划思维与日益专业化和市场化的社会经济之间的矛盾

在计划经济时代,军队和政企事业单位类似,都只是国家统一管理下的一个工作领域,国家按照干部管理权限和实际用工需要,将一部分军队干部转业到地方,本质上只是将国家的一部分干部从一个地方转移到另一个地方而已。但改革开放的推进给既有的计划式安置带来了巨大挑战。一方面,编制管理工作日益规范化。20世纪80年代以来,在行政机构日益庞大、行政管理开支已占国家财政总支出的37%的高位情况下,[②]为控制政府规模,中央开始

---

① 何宪:《中国军官转业安置制度改革研究》,《中国井冈山干部学院学报》2018年第3期。

② 同上。

启动机构精简与行政改革工作。1983年3月，中共中央组织部和劳动人事部发文要求严格控制机构数量与规格、领导班子人数与副职配备，“任何单位都不得随意增加或变相增加编制”。①1986年1月，中共中央发布《关于严格按照党的原则选拔任用干部的通知》，重申“今后凡要求增设机构，提高机构规格，都必须按照业务归口……由上级党委或政府审批……任何领导干部个人都无权批准增设机构，提高机构级别，增加领导干部职数”；次年颁布的《中共中央、国务院关于制止机构、编制和干部队伍膨胀的通知》（中发[1987]12号文件）更进一步对控制机构编制，干部队伍和领导干部职数的盲目膨胀提出了明确的要求，并决定从1987年10月开始，包括定职能、定机构、定编制的“三定”改革在中央机构中实施并向地方推广。② 此后数十年中，中央与地方各级不间断地发布类似改革文件，将编制管理日益严格化与规范化，地方政府通过随意增加编制或者副职配备的手段安置转业干部的方法难以为继。客观上致使已运行数十年的传统的转业安置开始在操作中遭遇制度梗阻。

另一方面，行政、司法部门等地方工作日益专业化。随着社会的不断进步，各个部门对专业知识的要求越来越高，以历史上安置转业干部的主要领域——政法系统为例，“到90年代中期，越来越多的经过正规学校教育的毕业生被分配进了法院后，军转干部进法院就开始受到非议”，进入新世纪以后，对司法从业者的法律背景的要求不断提高，“从进入新世纪至今的15年多的时间里……

① 《中共中央组织部、劳动人事部关于严格控制机构膨胀的通知》（1983年9月29日），《国务院公报》，1983年第22期。

② 郭卫民、刘为民：《“三定”的功能与完善途径》，《中国行政管理》2011年第11期。

(一些)基层法院就再无军转干部进来”。[①] 1995年2月国家制定《法官法》,并在其中明确设定法官需要有法律学位或者法律从业经验的限定条件,[②]此后军转干部安置到法院担任法官的传统途径更是逐步退出历史舞台。不仅在法院系统,在公安机关也出现类似现象,执法工作的专业化要求促使警务系统对一些转业干部的业务能力、法律素质和履职意愿等方面的不足提出了意见,认为“(军转干部)法律知识储备不够、法律思维没有形成、运用法律办案的能力短时间内建立不起来……与执法规范化建设的要求相去甚远”,认为“军转干部在不久的将来也应该严格限制进入公安系统”。[③] 越来越趋向专业化的地方工作也大大窄化了军转干部的转业选择。

再者,国企改制促使曾经能够吸纳转业安置总数三分之一以上的国企渠道基本丧失,[④]大大压缩了转业安置的职位空间,加之同时推进的人事和企业用工制度市场化改革,也对计划式的安置工作带来挑战。[⑤] 安置需求与安置能力之间越来越大的落差反映了计划式的退役安置体系与日益专业化和市场化的社会经济之间的深层矛盾,对于这一问题,自20世纪末,江泽民、胡锦涛等国家领导人曾指示,“现行的军队转业干部安置制度和办法,基本上是

---

① 贺卫方:《复转军人进法院》,《南方周末》,1998年1月2日;左文明:《别了,军转法官》(2015年7月20日),中国法院网,https://www.chinacourt.org/article/detail/2015/07/id/1669442.shtml,最后浏览日期:2023年1月11日。

② 《中华人民共和国法官法》(1995年2月28日),法律图书馆,http://www.law-lib.com/law/law_view.asp?id=96326,最后浏览日期:2022年10月10日。

③ 夏立款、杜航:《军转干部型民警在公安执法规范化建设中的问题及对策研究——以大连市公安局为例》,《湖南警察学院学报》2017年第5期。

④ 何宪:《中国军官转业安置制度改革研究》,《中国井冈山干部学院学报》2018年第3期。

⑤ 罗平飞:《简析当代中国军人退役安置制度面临的矛盾》,《理论前沿》2005年第24期;孙绍骋:《制度创新是解决退役士兵安置难问题的根本途径》,《理论前沿》2002年第9期;罗济:《我国退役士兵安置制度面临的矛盾及其对策》,《社会主义研究》2008年第6期。

过去计划经济体制下建立和发展起来的……随着改革开放和社会主义市场经济的发展……现行的安置办法越来越不相适应”。[①] 这一矛盾是整个退役安置改革面临的基本背景，也在深层次上决定着退役军人事务机构所能发挥的职能空间。

（二）中央与地方在退役安置工作分担上的不同想法

央地关系是影响许多中央政策执行效果的重要因素，在退役安置政策领域也是如此。在退役安置过程中，中央发挥统筹指挥作用，而地方政府负责具体的职位安排工作，该格局客观上给各级地方带来了较大压力，一方面，各级地方政府不得不每年拨出相当数量的党政部门或企事业单位职位以供安置；另一方面，退役安置人员所需的住房、培训和相应的医疗养老保障等费用为地方政府带来了财政负担。为此，一些地方政府对此项工作一直心存芥蒂，“有些地方的同志可能这样想，地方干部很多，职工很多，为什么还分这么多军队干部给我们？”[②]地方上的一些意见反映了中央和地方在退役安置工作分担上的不同想法。

首先，在职位安排方面。20 世纪 80 年代以后，机构改革和国企改制致使地方支配的职位不断减少，但同时推进的大规模裁军导致对职位安置的需求增长迅速，仅在 1985—1987 年间，中央就将多达 46 万的军队干部转业到地方，加之安置过程中参照军官在役级别的原则，导致地方机构和人员的规模进一步膨胀。[③] 据《解放军报》报道，湖南某市编制为 40 个局级单位，员额编制为

① 曹智、武卫政、翟启运：《胡锦涛在全国军队转业干部安置工作会议上强调千方百计安排好使用好军转干部》，《人民日报》，2000 年 5 月 10 日。

② 《胡耀邦同志在第二次全国军队转业干部安置工作会议上的讲话》(1978 年 3 月 16 日)，国务院军转干部安置工作小组办公室编：《军队干部转业复员工作文件汇编》，劳动人事出版社，1983 年，第 894 页。

③ 罗平飞：《简析当代中国军人退役安置制度面临的矛盾》，《理论前沿》2005 年第 24 期。

1 294 人，在转业安置工作的影响下，不到两年便膨胀到了66个局级单位，员额编制达到2 425人，人员超编90%，而且其中科级、局级领导干部1 413人，占全部人员的58.3%，地方政府也曾广设副职以容纳更多人员，致使该市出现了一个机关有十几个甚至数十个副职的现象。① 在山东省，1975—2007年，全省共接收相当于县处级的团职转业军官33 502名，平均每年1 457名。安置与退出的不成比例使许多地方部门存在较高比例的转业干部，以宁波市为例，市级机关77个部门在2007年实有人员6 700余名，其中转业干部占比达到25.5%，而市级机关副处以上职务共2 600名，转业干部占比达33.5%，在市级机关局处级领导职务1 800余名干部中，转业干部占比也达到了29.8%，另外800余名处级非领导职务干部中，转业干部更是占了41.8%。大量转业干部的安置"挤占了大量地方编制……地方干部成长空间压缩……影响了地方干部的工作积极性"。②

其次，在财政负担方面。财政负担主要分为住房和社会福利两类，以住房为例，早在1976年时，中央开始将住房供给责任转向地方，"这个问题(住房)，主要还是依靠各省、市、自治区通过挖掘地方潜力来解决"，③但一些省市对此表达了异议，"国家计委认为，建房经费与材料应由省市解决；省市则认为军队是国家的军队，应由国家安排"。④ 随着转业干部数量的持续猛增，中央反复强调确立以地方为主体的住房供给方针，要求"以地方为主，发扬

---

① 张向持等：《军队干部转业安置工作透视》，《解放军报》1988年3月17日。

② 孙国茂、胡岳明、叶松昌：《"2004—2006军转安置工作调查"之一 宁波市军转安置的调查与思考》，《中国人才》2007年第10期。

③ 《赵振清同志在全国军转干部安置工作会议上的讲话》(1981年5月16日)，国务院军转干部安置工作小组办公室编：《军队干部转业复员工作文件汇编》，劳动人事出版社，1983年，第1089页。

④ 《中共中央关于妥善安排军队退出现役干部的通知》(1980年9月24日)，国务院军队转业干部安置工作小组办公室编：《军队干部转业复员工作文件汇编》，劳动人事出版社，1983年，第1057页。

自力更生精神,采取多种办法解决",[①]按照 1991 年每套 50 平方米标准,仅住房一项,地方和接收单位就需为每位转业干部付出数万的成本。[②] 20 世纪末住房市场化改革后,即便中央指示地方采取"挤、腾、租、借、让"等方法解决转业住房问题,但在实际运作中"(因为成本问题)已到了山穷水尽的地步"。[③] 除住房以外,转业人员在待安置期间的生活费也由地方接收单位补助,其他还有诸如与安置相关的自谋职业费、行政事业费、社会保险、培训费和自主择业转业干部的住房补贴均由地方负担。总而言之,"中央只是负担了小头,而地方政府却负担了大头",[④]致使一些地方形成"军队干部转业到地方是个'累赘',是个'负担'"的想法。[⑤] 这表现出一些地方的利己式思维,但产生的原因则与中央与地方在安置负担分配上的矛盾有关。

(三)在退役安置工作分担上的军地关系矛盾

退役安置制度是连通军队与地方的重要制度通道,其将退出现役的部分人员转业到地方党政机关和国企事业单位的做法,在很大程度上赋予了退役安置乃至服兵役以某种职业发展和社会地位进阶的含义。但对于这一含义,军地双方却表现出了不尽相同的理解。从军队角度而言,青年参军的一个重要目的便是在退役

---

① 《焦善民同志在全国军队转业干部安置工作会议上的讲话》(1982 年 7 月 15 日),国务院军队转业干部安置工作小组办公室编:《军队干部转业复员工作文件汇编》,劳动人事出版社,1983 年,第 1151 页。

② 陈辉:《戎马关上解甲时——军队转业干部安置工作面面观》,《瞭望》1991 年第 47 期。

③ 刘京州:《对军转安置制度改革的几点思考》,《中国人才》2005 年第 11 期。

④ 张孟滨:《走活军转安置制度改革之路》,《中国人才》2005 年第 8 期。

⑤ 《总政治部主任余秋里在全国军队转业干部安置工作会议上的讲话》(1984 年 8 月 10 日),国务院军转干部安置工作小组办公室编:《军队转业干部安置工作文件汇编》,科普出版社,1990 年,第 283 页;杨辉、黄书伴:《军转干部是不是地方的包袱?——军转安置工作得失谈》,《政工导刊》1997 年第 3 期。

后能够获得职位安置,所以军队自然希望能够保证退役安置的质量,以此来吸引更多的高素质青年参军。① 而在当下的体制下,不少转业干部希望被安置到地方党政机关,根据2014年一项对北方多省市转业干部的问卷调查,出于"工作稳定""物质待遇高"等考虑,89.15%的转业干部希望被安置到地方党政机关。② 即便是专业技术干部也不愿意继续从事专业工作,而希望到执法局和公安局等党政机构任职。③ 所以为了提高服役的积极性,军队自然希望地方能够拿出更多的党政机关的职位用以接收安置退役人员,甚至要求"出台地方用人单位必须为退伍军人预留适当岗位的规定……把退伍军人列为政府招录公务员、国有企事业单位招工的(加分或优先)对象;特殊岗位(政法等)应主要或只招退伍军人",④为防止"个别省市从局部利益出发"制定降低安置质量的"土政策",⑤还要"建立军转安置工作领导责任制,把它纳入年度目标管理,作为考核领导班子、领导干部政绩的重要内容"等。⑥ 在军转干部安置预期遭遇挫折的情况下,军队往往还会派员到地方"做工作",以提高安置质量。⑦ 在这种政策导向下,军队整体性支持计划式退役安置制度得以维续,"军队转业干部安置方

① 张浩明:《教育部:参军大学生退伍后可由地方政府安置》(2009年10月26日),新浪新闻,http://news.sina.com.cn/c/2009-10-26/160018911199.shtml,最后浏览日期:2023年1月11日。

② 贾鸿雁、赵洪波:《转业干部职业能力现状分析》,《中国人才》2014年第24期。

③ 孟伟:《济南市军转干部安置的问题与对策研究》,山东大学MPA论文,2010年,第30页。

④ 刘维、马增飞:《征兵工作面临的矛盾问题及对策思考》,《国防》2011年第5期;陈一远:《充分发挥转业退伍军人在全面建设小康社会中的作用》,《国防》2008年第11期。

⑤ 庞利民:《转业干部不愿离队为哪般》,《中国人才》2012年第3期。

⑥ 宋修明:《提高安置质量新探》,《中国人才》2007年第10期。

⑦ 冉舸、钟道伟:《影响离队报到原因及对策》,《中国人才》2005年第9期;高营等:《构筑安置绿色通道》,《中国人才》2012年第10期。

式将继续保持稳定”。[①]

对地方而言,其看法往往与军队有很大差异。一些地方认为长期大批量接收转业干部的做法,使地方各部门干部成长空间被压缩,“许多年龄大、任职年限长、表现优秀的地方部门干部因职数限制而难以晋升”,影响了地方干部的工作积极性,[②]而且在实际工作中,由于一些转业干部“缺乏专业知识和能力”,“影响了队伍建设和执法水平的提高”,[③]所以地方上一直致力于通过具体措施减轻安置压力。作为这一考虑的结果,国务院一度规定教育水平相对较高并拥有退伍后安置权利的城镇兵在招兵比例中不超过25%的限制,并发专文批评部分地区城镇退伍兵达到80%,少数县、市达到90%以上的情况,原因就在于征招的农村兵不必给予职位安置,而过于追求征招教育水平较高的城镇兵“不仅给城镇安置工作造成困难,而且严重地冲击着现行安置政策”。[④] 所以地方政府出于减轻安置压力的考虑,一方面认为计划安置与市场经济不相适应,要求降低职位安置的规模,“放宽自主择业条件是军转安置改革发展的必然趋势”,[⑤]从长远看,要“逐步减少直至取消计划安置,扩大自主择业安置范围”。[⑥] 在地方推动下,选择自主择业的军转干部比例在经历些许波动后,从2006年的13%猛增到了

---

① 李宝平、邵薇:《军队转业干部安置方式将继续保持稳定》(2018年4月2日),国防部网站,http://www.mod.gov.cn/1dzx/2018-04/02/content_4808518.htm,最后浏览日期:2023年1月11日。

② 鲁谋:《团职干部安置现状面面观》,《转业军官》2013年第10期。

③ 夏立款、杜航:《军转干部型民警在公安执法规范化建设中的问题及对策研究——以大连市公安局为例》,《湖南警察学院学报》2017年第5期。

④ 《国务院退伍军人和军队离休退休干部安置领导小组办公室转发黑龙江、甘肃两省和内蒙古自治区乌兰察布盟采取措施严格控制城镇兵比例的通知》(1988年8月8日),法邦网,http://code.fabao365.com/law_232817.html,最后浏览日期:2017年12月25日。

⑤ 周子健等:《加大军转安置改革力度的思考》,《中国人才》2004年第7期。

⑥ 黄忠玉、汪绪永:《深化军转安置制度改革的几点思考》,《转业军官》2005年第5期。

2019 年的 50%左右，在某些省份甚至达到了 90%。① 另一方面，对于需要职位安置的转业人员，地方政府会通过一些诸如降职降级安置和安置非领导职务等地方化做法来减轻安置压力。

对于上述情况，中央尽力维持二者的平衡，一方面始终强调退役安置是“政治任务”，“不是可不可以这么做，而是一定要这么做……是军队建设的需要，备战的需要”，②“所有党政机关和企事业单位都有接收安置转业干部的责任和义务，不得拒绝接收”；③但另一方面又承认安置时的“参照(服役职级)并非按照”，④默许地方在安置上的自由裁量权，并要求“转业干部要体谅地方上当前的实际困难……服从地方组织的分配”。⑤ 中央关于退役安置工作的态度，反映了该制度背后军地双方在诉求上的差异。连同央地之间和计划与市场之间，以及负责具体安置的人社与民政部门之间的矛盾，它们共同构成了整个退役安置工作，包括退役事务机构改革所面临的社会政治经济背景，以及退役军人事务机构改革面临的困难(见图 1)。

图 1　多重制度纠结中的退役安置体制

① Junyang Wang, “Behind Veterans’ Protests: Passive and Piecemeal Policy-Making in China”, *Modern China*, 2022, Vol. 48, No. 2, pp. 253-288.

② 《胡耀邦同志在第二次全国军队转业干部安置工作会议上的讲话》(1978 年 3 月 16 日)，国务院军转干部安置工作小组办公室编:《军队干部转业复员工作文件汇编》，劳动人事出版社，1983 年，第 894 页。

③ 《国务院办公厅、中央军委办公厅转发〈国务院军转安置工作小组等部门关于做好 1997 年军队转业安置工作意见的通知〉》，国务院军队转业干部安置工作小组办公室编:《军队转业干部安置工作文件汇编》，中国人事出版社，1999 年，第 494 页。

④ 《劳动人事部副部长焦善民在全国军转干部安置工作会议上的讲话》(1985 年 7 月 2 日)，国务院军转干部安置工作小组办公室编:《军队转业干部安置工作文件汇编》，科普出版社，1990 年，第 400—401 页。

⑤ 《劳动人事部副部长焦善民在全国军转干部安置工作会议上的总结讲话》(1983 年 9 月 26 日)，国务院军转干部安置工作小组办公室编:《军队转业干部安置工作文件汇编》，科普出版社，1990 年，第 234 页。

三、政策的权宜性、部门分割与原籍安置:退役安置工作中的三个运作基础

退役安置制度创制于军政高度统一和计划经济的特殊历史时期,不同时段国内外环境的变化内在规定了退役安置所具有的政策的权宜性、部门分割与原籍安置等特征与运作方式。这些运作基础不仅是退役机构改革所需承继的制度性历史遗产,规定着新设立的退役军人事务机构的运作空间与方式,同时也是需要改革的对象。

(一)政策演变上的权宜调适

由于缺乏退役安置方面的既成经验,加之不同时期战略任务的频繁变化,中央一直没有制定框架性的退役安置专项法律,具体工作长期依赖于国务院年度安置工作会议发布的文件,这一做法一定程度上保证了安置工作所具有的必要弹性。新中国成立初期,为了迅速建立地方政权,大量军官就地转业组建新解放区的政权,或者分散补充到地方政府经济、政法或者教育等领域,大量退役士兵也返回原籍担任基层政权干部。由于众所周知的原因,该做法到20世纪60年代末发生了变化,1968年12月主管退役安置工作的内务部被撤销,安置工作陷入停顿,大量待转业人员滞留军队。作为应对,中央军委办事组于1969年2月4日发布《关于干部复员待遇的通知》,规定滞留军队的军官按照“从哪里来,到哪里去”的精神,在根据军阶和军龄一次性发给复员费和安家补助费后一律复员(而非转业)回原籍参加生产,政府不再统一安置。① 该

① 国务院军转干部安置工作小组办公室编:《军队干部转业复员工作文件汇编》,劳动人事出版社,1983年,第797—798页。

文件在事实层面取消了所涉及的41万余军官的“国家干部”身份，为后来退役安置政策的修改埋下了伏笔。

1975年，恢复工作后的邓小平组建了国务院军转安置工作小组，并于同年8月发布《军队干部退出现役暂行办法》，规定“退出现役的军队干部，一般办理转业手续，由地方各部门根据工作需要和干部条件，并参照他们原来的军中职务，统一分配适当的工作”。① 该政策的实施事实上恢复了转业军官的“国家干部”身份，是对1969年复员干部政策的否定，为此引发了部分1969—1975年间复员军官的不满，他们纷纷要求国家平等对待并重新安置。② 为了解决这一问题，1980年中共中央、国务院和中央军委批转了总政治部、民政部、国家劳动总局《关于将1969年至1975年期间军队复员干部改办转业的请示报告》，修正了1969年中央军委办事组的决定，重新为1969—1975年间的复员干部改办转业，恢复了他们的干部身份。这意味着在经历复员处理转业干部的一段时间后，国家又重新恢复了转业安置的制度。

20世纪80年代以后，为缓解地方政府机构日益膨胀的严重问题，大量转业干部在保留国家干部身份的情况下被安置到了各级国有企业，一度“占整个安置总数的三分之一以上，特殊年份比例更高”。③ 但在1993年，为推动各地的市场化改革，劳动和社会保障部办公厅批转了深圳市《关于企业取消干部、工人身份界限，实行全员劳动合同制若干问题的意见》，要求企业与所有员工在平

---

① 《国务院、中央军委关于军队干部退出现役暂行办法》(1975年8月13日)，国务院军转干部安置工作小组办公室编：《军队干部转业复员工作文件汇编》，劳动人事出版社，1983年，第845页。

② 《总政副主任颜金生在全军转业干部工作会议上的讲话(节录)》(1978年3月23日)，国务院军转干部安置工作小组办公室编：《军队干部转业复员工作文件汇编》，劳动人事出版社，1983年，第899页。

③ 何宪：《中国军官转业安置制度改革研究》，《中国井冈山干部学院学报》2018年第3期。

等自愿、协商一致基础上签订劳动合同,实行全员合同制。这份文件在推动用工关系市场化的同时,也实质性地影响了此前转业到地方国企的干部的“国家干部”身份及其附属的政治和生活待遇。与此同时,作为减轻地方安置压力的另一项举措,1993 年 2 月,中央多个部门又重启了复员军官的政策,对选择自愿复员的干部发放一次性补助金来置换“国家干部”身份和安置权利,“政府不再负责分配工作,由本人自行就业”。在该政策实施了十余年后,考虑到具体安置工作的压力,国家开始再一次尝试恢复到复员而非安置的方向上。

但随着社会经济的发展和物价的上涨,一些缺乏就业能力的复员军官在生活遭遇严重困难后要求重新安置。在意识到自愿复员带来的遗留问题后,中央在 2001 年将复员与转业相结合,在《军队转业干部安置暂行办法》中设计了“自主择业”选项,以对此前的自愿复员做出矫正。对选择自主择业的群体在发放一次性补助金的情况下,保留“国家干部”身份,并由国家逐月发放退役金。2020 年颁行的《中华人民共和国退役军人保障法》虽然创立了“逐月领取退役金”的身份群体,但此仍旧是自主择业的延续。

转业安置方式上长期以来存在的政策权宜性客观上在不同时期造成了诸如复员军官、企转军官和自愿复员军官等面临的历史遗留问题,加之转业士官内部的下岗志愿兵和自谋职业者等群体,相互间在身份和待遇方面差别较大,这都成为一些退役人员产生心理不平衡的重要原因,①客观上对地方安置和当下的退役军人事务机构的改革产生了影响(见图 2)。

---

① Junyang Wang, “Behind Veterans' Protests: Passive and Piecemeal Policy-Making in China”, *Modern China*, 2022, Vol. 48, No. 2, pp. 253 - 288.

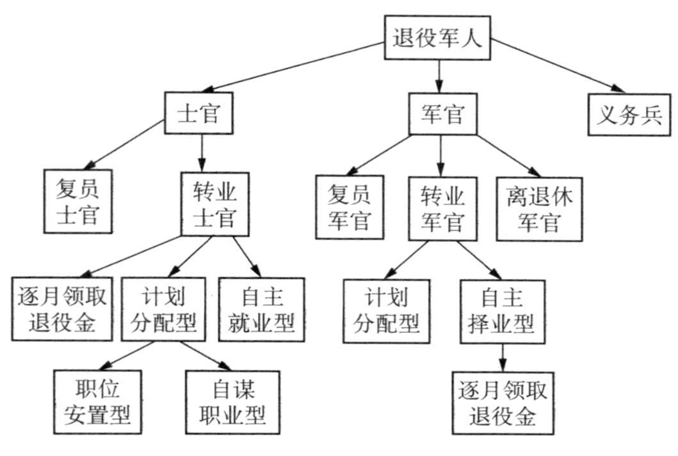

图 2　退役军人内部分类

（二）管理体制上的分立区隔

不同的退役类型不仅意味着身份与安置待遇的差别，背后的管理体制也非常不同。新中国成立前后的精简复员工作创制了军队干部和一般士兵区别对待的退役安置制度，对于“具有五年以上革命斗争经历的人员，应尽量分配到地方机关工作”，①连级以上干部不得复员，而应转业到经济和政府部门工作，②一般士兵则在发放一定补助金后遣返原籍。军官转业与士兵退伍的分类退役做法在新中国成立后得以制度化，并分别由国家人事部和内务部负责，纵然 1959 年国务院人事局并入内务部，但两个群体分别安置的做法并未改变。改革开放以后，各个部门先后得到恢复。一方面，1969 年被撤销的内务部也于 1978 年以民政部之名恢复设立，

① 《中央关于实施精兵建设的命令》（1942 年 12 月 1 日），转引自刘岩梁、雪美：《解放军历史上的三次大规模精简复员纪实》，《党史博览》2013 年第 7 期。

② 《中共中央关于复员工作的指示》（1946 年 4 月 28 日），人民网，http://cpc.people.com.cn/GB/64184/64186/66648/4491274.html，最后浏览日期：2017 年 10 月 28 日。

开始重新履行对退伍士兵的安置工作；另一方面，在 1975 年设立的国务院军转办于 1980 年 7 月与民政部所属之政府机关人事局合并为国务院人事局，完整负责转业干部的安置工作，[①]分别安置体制得以恢复并延续至今。考虑到党的归口管理和下管一级的干部管理原则，各级党委组织部也依照干部级别管理参与到安置工作之中，形成了对转业干部的“组织部 + 人社部(厅、局)之军转办”双层安置体系。

对于不具有“国家干部”身份的复员干部、转业士官(志愿兵)和义务兵而言，退役程序则是另外一套做法。在国家层面上，他们的退役由 1980 年成立的国务院退伍军人和军队退休干部安置领导小组负责，办公室设在民政部，具体事务由民政部优抚局承担。[②] 在具体安置方法上，据《退役士兵安置条例》，服役十年以下的士官与士兵一般在发放退伍费后“自主就业”，十年以上的士官享受国家安排的工作待遇，他们在转业回原籍以后，一般由县级民政部门以“全民所有制身份”分配和安置到各级地方国有企业。但由于 20 世纪 90 年代地方国企大规模改制，地方国有企业越来越少，各地不得已设计了一次性买断式的“自谋职业”来缓释安置压力。

相互分立的退役安置管理体制带来了一系列问题，比如退役身份和安置方式的错综复杂，两个体系互不衔接，造成大量安置资源内耗。新组建的退役军人事务系统从机构框架上为解决管理体制分立创造了空间(见图 3)，但从近一年来的退役军人事务机构的工作实践看，虽然该部已经较完整地接收了原属于民政部的退役士兵安置工作，但由于该部不具有干部管理职责，在转业干部的安置问题上仍高度依赖党委组织部和人社系统的支持。囿于归口

① 王秀生、张文春：《人事管理职能机构 50 年演变》，《中国公务员》2009 年第 10 期。

② 该小组及其办公室在 1999 年机构改革中被撤销，相关职能由民政部承担。

管理的制度规定,相互分立的退役安置体系在未来一个较长时期内恐会继续存在,按照中央要求形成整体统一的退役安置框架,尚需更务实的进一步的制度调整。

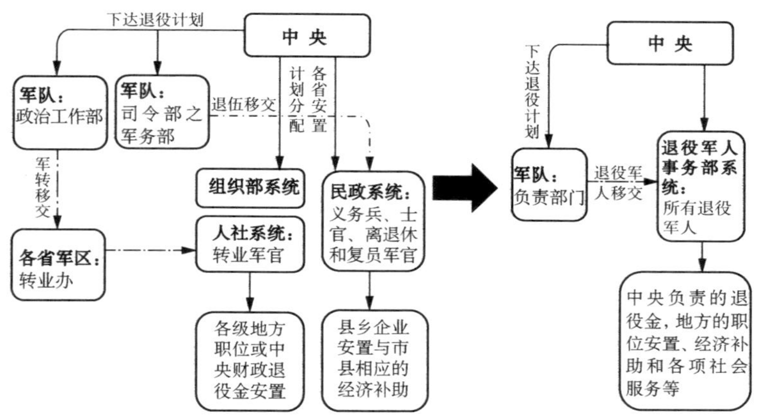

图 3　退役军人事务机构成立后的管理体制设想

(三)具体实施上的原籍安置

在新中国成立初期的裁军中,鉴于一些人员退役后无合适的去处,中央反复强调复员安置上的原籍安置原则,着力让复员军人借助既有社会关系尽快安顿下来并恢复生产,①该原则在1954年被明确写入中央文件,“家在农村的由当地政府调剂土地恢复耕种,家在城市的由当地劳动部门优先安排就业”。② 但在新中国成立初期,该做法主要适用于复员士兵,他们返回农村原籍后,由当地政府拨给土地,继续从事农业生产,而极少有被安排在当地公职

① 《中共中央转发傅秋涛、武新宇对于目前回乡转业建设人员安置工作情况的报告》(1952年11月15日),国务院军转干部安置工作小组办公室编:《军队干部转业复员工作文件汇编》,劳动人事出版社,1983年,第157页。

② 《复员建设军人安置暂行办法》(1954年10月23日),《国务院公报》1954年第1期。

部门“吃商品粮”的情况。[①] 经过数十年的实践，该原则在改革开放以后也得到了延续，并被进一步表述为“从哪里来，回哪里去”，不仅普通士兵，即使“士官复员后，（也）由征集地的县（市）人民政府按退伍义务兵的有关规定妥善安置”。[②] 原籍安置在减轻国家负担方面的积极作用得到了官方认可，“大家普遍反映，转业干部回原籍安排，顺理成章，一般都比较满意”。[③]

不同于复员士兵，新中国成立初期的军队干部“一律不复员”，而由国家分配“就地转业”。[④] 但早在1955年中央就认识到转业干部就地转业的做法存在“各地接收转业干部的任务与实际需要不相适应”的问题，遂在转业干部分配上，首次要求采用“中央统一计划与就地转业相结合的方法”。[⑤] 但随着转业干部数量的增加和地方机关的日益充盈，国家开始不再对基层军官做统一安置，也要求“一般转业回原籍，可以转到厂矿、企事业等基层单位当职工或地、县、人民公社当干部”。[⑥] 对全部转业干部适用原籍安置的原则最终在1985年开启的大裁军中得以确立，“这批转业干部原

---

① 罗平飞：《当代中国军人退役安置制度研究》，中国社会出版社，2014年，第72页。

② 《国务院退伍义务兵安置条例》（1987年12月12日），兴海县政府网，http://www.qhxh.gov.cn/html/4194/122304.html，最后浏览日期：2017年12月21日。

③ 《劳动人事部副部长焦善民在全国军队转业安置工作会议上的讲话》（1983年9月20日），载国务院军转干部安置工作小组办公室编：《军队转业干部安置工作文件汇编》，科普出版社，1990年，第218页。

④ 《人民革命军事委员会、国务院关于人民解放军1950年的复员工作的决定》（1950年6月24日），转引自董保存、聂宏杰：《新中国首次军队大整编中的复员安置工作》，国防部网站，http://www.mod.gov.cn/education/2017-01/14/content_4769987_2.htm，最后浏览日期：2017年12月26日。

⑤ 《国务院关于中国人民解放军退出现役干部就业的指示》（1955年8月31日），《国务院公报》1955年第16期。

⑥ 《国务院、中央军委关于军队干部退出现役暂行办法》（1975年8月13日），载国务院军转干部安置工作小组办公室编：《军队干部转业复员工作文件汇编》，劳动人事出版社，1983年，第845页。

则上由本人原籍或入伍时所在的省、自治区、直辖市安置”。①2001年中央颁布的纲领性文件——《军队转业干部安置暂行办法》,也确认了“军队转业干部一般由其原籍或者入伍时所在省(自治区、直辖市)安置”的原则,时至今日,但凡转业的干部,均按照身份与级别进一步确定原籍的范围,进而作适当安置。具体而言,在省级层面,由原籍省份负责接收安置;在抵达安置省份之后的层级分配上,适用下管一级的组织部门干部管理原则,即由军转干部的级别决定到地方后由哪一级行政单位来安置,继而由相应层级政府部门根据实际需要和空编状况来为每个军转干部确定职位。从安置结果看,考虑到绝大部分军转干部均为团级以下营连排级为主的状况,接收安置的主要工作最后均落到了市县及以下层级,这自然形成了对原籍地基层政府的很大压力。

四、归口管理与部门关系:退役军人事务机构运行的制度场域

不同于前述退役工作的结构性矛盾和运作基础对退役机构所施加的历史性形塑,其所处的地方制度场域决定了此次整合退役安置体系的改革尝试的效果。而在地方制度场域中,涉及党政体系中的部门关系与职能分配无疑是其中的核心内容。但经过一段时间的实践,2018年,党和国家在党政统筹视野下开启的新一轮机构改革中成立了退役军人事务机构,试图整合“民政部的退役军人优抚安置职责,人力资源和社会保障部的军官转业安置职责”,统一负责包括“军队转业干部、复员干部、退休干部、退役士兵的移

① 《国务院、中央军委批转关于全国军队转业干部安置工作两个会议情况报告的通知》(1986年10月25日),中国政府网,http://www.gov.cn/xxgk/pub/govpublic/mrlm/201202/t2012020_64805.html,最后浏览日期:2022年10月10日。

交安置工作和自主择业退役军人的服务管理、待遇保障工作”等所有退役安置工作。[①] 该设想无疑具有高度前瞻性，但是退役安置工作涉及的不同类型的退役人员身份以及背后的归口管理部门众多，这导致整合计划受到了党政结构与管理体制的掣肘。[②]

（一）高阶军转干部安置中组织部的核心角色

转业军官是国家干部的一部分，按照党的归口管理和干部下管一级的原则，对其中的较高级别的干部一般按照干部级别分别由相应的组织部门予以指令性管理。按照当下转业制度内容，相当于市厅级、在年龄范围之内的师级干部及以下均在转业的范围之内，虽然师级干部转业相对较少，但每年仍有数量不等的师级干部转业至地方安置。以 2018 年为例，在 8 万余人的转业干部总数中，选择计划安置的师级干部有 552 人，团级干部 6 418 人，团以下干部 4 万余人。[③] 对其中的师级干部而言，其归口管理层级在地方省委组织部门，一般由后者在省管机构的范围内，直接指令性安置，而不经过一般级别军转干部需要经过的考试与选岗程序。以陕西为例，在 2018 年的全省军转安置工作中，省军转安置工作领导小组组长由省委组织部部长担任，直接对转业到陕西的 26 名师级干部做岗位安置，其中 6 人被任命为不同地级市的副市长。[④] 与之相类似，团级干部转业地方后归属市级政府负责安置。

---

① 王勇：《关于国务院机构改革方案的说明》（2018 年 12 月 13 日），中国政府网，http://www.gov.cn/guowuyuan/2018-03/14/content_5273856.htm，最后浏览日期：2021 年 10 月 10 日。

② 退役安置涉及的职能众多，但其中最为核心也是最难实施的是对符合安置条件的军转干部和转业士官安置职位，所以此处主要讨论对该项职能的承接状况。

③ 《退役军人事务部关于做好 2018 年军队转业干部安置工作的通知》（2018 年 7 月 16 日），退役军人事务部网站，https://www.mva.gov.cn/fuwu/xxfw/tyaz/jzgbaz/201807/t20180729_14509.html，最后浏览日期：2022 年 9 月 9 日。

④ 许腾飞：《军分区政委跨省任市委常委、副市长》，《新京报》，2019 年 9 月 18 日。

团级干部在地方上历来也是军转安置的重点,①具体安置方法与省级类似,在实际操作过程中也是由市委组织部门主导,在明确辖区范围内相应等级的空编情况和用人需求之后,确定指令性安置计划。即便中途遇到岗位不足的情况,也是组织部出面协调解决。② 可见,在对此类较高级别军转干部的安置过程中,党委组织部门始终发挥着关键的作用,而致力于整合负责退役安置事务的退役部门却在整个过程中没有出现。究其原因,在于依据党领导下的归口管理原则,干部选拔与任命工作属于组织部门的核心职能,而新设立的退役机构更多的是一个事务性部门,并不具备安置较高层级军转干部所需要的职能,自然也难以"负责"此类工作。

(二)一般军转干部和转业士官安置过程中人社局的参与

在2018年党政机构改革之前,一般级别军转干部的安置过程一般由相应等级的人社部门(含内设的军转办和公务员局)在组织部门的支持下负责实施。人社部门从每年各机关单位所报送的计划中按照级别划分等级,通过对军转干部考试考核和竞争选岗的方法确定任职人选。但是2018年机构改革后这一格局发生变化。在此次改革中,组织部门获得了归口管理编制工作和公务员局的职权,"统一管理公务员录用调配、考核奖惩、培训和工资福利等事务",③于是"组织部获得了管所有公务员和参公单位的职权,可能

① 《国务院军队转业干部安置工作小组、中央组织部、人事部和总政治部〈关于做好团职转业干部职务安排工作的通知〉》(1990年7月10日),北大法宝,http://sclx.pkulaw.cn/fulltext_form.aspx?Gid=30193&Db=chl&EncodingName=big5,最后浏览日期:2023年1月12日。

② 王军洋、王诗源:《机构整合、职能分配与身份纠葛:政府新设大职能部门是如何开始运作的?——以L市退役军人事务局的组建与运作为例》,工作论文,2022年9月。

③ 《中共中央印发〈深化党和国家机构改革方案〉》(2018年3月2日),中国政府网,http://www.gov.cn/zhengce/2018-03/21/content_5276191.htm#1,最后浏览日期:2020年6月7日。

以后也要管事业单位。人社局原来是从小兵到处级干部都管，现在管公务员和参公的权力被划走"。① 在新架构下，此前人社局军转办负责的营连级以下普通转业干部的安置工作也被转移到了组织部门。可见，此次改革确实对人社部门的转业安置职能产生了实质性影响，但并非强化了退役部门的整合安置职能，而是将更多安置权限转移到了组织部门。

受此影响，退役部门在军转安置上所能发挥作用的空间十分有限。笔者调研发现，在当下地市级层面的转业安置工作中，一般先由各部门单位报送空缺计划，而后组织部主持编制安置计划，在涉及事业单位的情况下，由人社部门协调。在为所有军转干部确定职位后，再由退役部门"传达和发布组织部确定的计划"，并"参与组织转业干部的选岗考核考试"。② 在这样的格局与流程下，一些地方退役局的"三定"规定，直接表示其内设的安置科拟订年度转业安置计划并组织实施的范围仅限于"政府安排工作条件的退役士兵"(即转业士官)，③而且"在征求市委组织、机构编制等部门意见基础上"，退役部门才能够完成"年度安置工作"。④ 即便在安置到单位之后，具体的职务、职级及相关待遇也由组织和人社部门

---

① 王军洋、王诗源:《机构整合、职能分配与身份纠葛:政府新设大职能部门是如何开始运作的？——以L市退役军人事务局的组建与运作为例》，工作论文，2022年9月。

② 王军洋、王诗源:《机构整合、职能分配与身份纠葛:政府新设大职能部门是如何开始运作的？——以L市退役军人事务局的组建与运作为例》，工作论文，2022年9月。

③ 《舒城县退役军人局安置股职能(军转办)》(2022年3月2日)，舒城政府网，https://www.shucheng.gov.cn/public/6599281/13421021.html，最后浏览日期:2022年9月1日。

④ 《樟树市退役军人事务局职能配置、内设机构和人员编制规定》(2019年8月6日)，樟树市政府网站，http://www.zhangshu.gov.cn/kzw/003001/003001005/20190806/51eb5509-5cc9-45aa-8176-1a59bdc686bf.html，最后浏览日期:2020年6月22日;《抚州市退役军人事务局机构职能》，(2020年3月30日)，抚州市政府网站，http://www.jxfz.gov.cn/art/2020/3/30/art_75_3381576.html，最后浏览日期:2020年11月25日。

负责。[①] 不仅如此,转业士官的安置也依旧需要人社系统发挥关键作用。中央在 2016 年和 2020 年连续要求"由政府安排工作的退役士兵安置到机关、事业单位和国有企业的比例不低于 80%"之后,[②]地方政府开始以工勤编身份安置转业士官到所在地国企或者事业单位。但对此类职位的安置虽然形式上由退役部门在主持,但需要得到人社乃至组织部门的实质性支持。[③]

总而言之,退役部门在核心的转业安置职能上"作用类似于一个中介",除组织或参与考试和选岗过程以外,"日常工作主要是发钱和慰问,类似于社区",[④]或者"不停地推动、指导和帮扶退役军人就业创业"以及"接待退役人员的上访"。该履职现状显然与机构改革方案中对退役部门"负责拟定和落实计划分配军队转业干部年度计划"的定位相去甚远。这种情况的产生并非源于退役部门自身,而是由退役群体的自身属性及其对应的党政领导结构决定的。当下的退役群体虽然共同拥有"退役人员"的身份,但是否具有"国家干部"身份的基础性地位塑造了退役群体的内部分类,即拥有干部身份的军转干部和没有干部身份的士官与士兵群体。根据党的归口管理原则,干部事务由党委组织部门管辖,而另一些不具有干部身份的群体则依据相关退役安置规定由民政部门管理。整合两个群体到单一的退役部门的设想意味着需要跨越干

① 《常德市退役军人事务局对军转安置级别问题的答复》(2021 年 2 月 22 日),常德市政府网,https://www.changde.gov.cn/zmhd/szxx/cjwt/zx/content_814549,最后浏览日期:2022 年 9 月 10 日。

② 《中共中央、国务院、中央军委关于加强新形势下优抚安置工作的意见》(2016 年 10 月 10 日),兵创小站,http://bcxz81.com/231.html,最后浏览日期:2020 年 6 月 1 日;退役军人事务部:《关于进一步加强由政府安排工作退役士兵就业安置工作的意见》(2018 年 10 月 10 日),退役军人事务部网站,http://www.mva.gov.cn/gongkai/zfxxzdgkml/fgzc/gfxwj/201903/t20190321_23375.html,最后浏览日期:2020 年 6 月 1 日。

③ 王军洋、王诗源:《机构整合、职能分配与身份纠葛:政府新设大职能部门是如何开始运作的?——以 L 市退役军人事务局的组建与运作为例》,工作论文,2022 年 9 月。

④ 摘自对 L 市退役军人事务局科员 Z 的访谈,2020 年 3 月 15 日。

部身份的界限,这事实上将退役部门乃至整个退役安置工作置于两难境地,即要么赋予退役部门一定的干部管理权限,使之能够安置具有干部身份并需要以行政编或事业编身份安置到党政机关的军转干部群体,要么取消军转干部群体的"国家干部"身份,使之与不具有干部身份的退伍士兵群体作同等安置。就目前情况而言,两种可能性均不具备,故而缺乏人事编制权限的退役部门也只能在职位安置上继续依赖于组织和人社部门。改革前存在于人社部门及其归口管理部门——组织部之间的问题也就转化为了当下退役部门、人社部门与组织部三者之间的复杂关系(见图 4)。

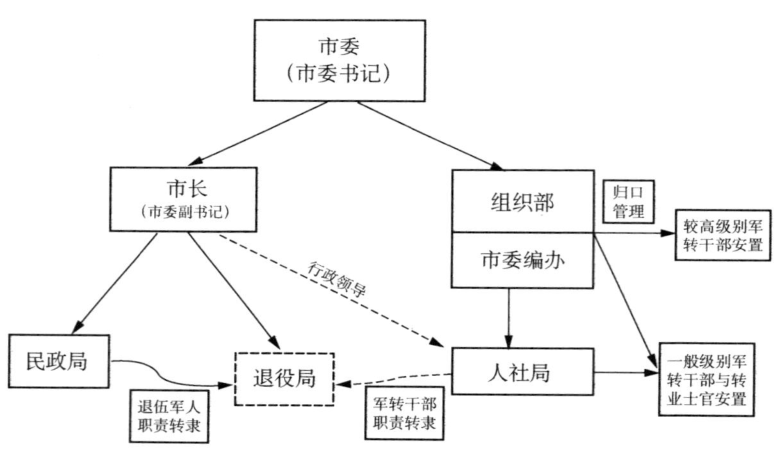

图 4 地方级退役军人事务机构的制度架构与职能分布

五、结语与若干对策讨论

退役军人事务机构的成立是落实中共十九大精神和习主席指示的重要举措,承载着整合退役安置与保障的职责,以及"解决历史遗留问题”以“开创退役军人工作新局面”①的重要期待，但其能否发挥应有的职能，除受机构设置的影响外，更多地受其背后的整个退役安置工作及其内在的多重制度性张力的影响，这也反过来要求我们从退役安置工作的宏观背景而非仅仅机构层面来检视退役部门的职能运作。经历半个多世纪的演变，退役安置工作内部蕴含的多重矛盾逐步显现，长期以来的权宜型安置政策改革在干部与士兵身份二元分野的框架下又催生了大量子类型群体，相互之间的政策基础和利益诉求各不相同，给新机构的整合设想带来了很大挑战。在计划经济条件下，退役安置工作中核心的职位安置并不是问题，军队、地方政府或企业都只是国家手中的一个工作部门或者“单位”，转业也只是将其人事关系按照通行的行政级别从一个部门调职到另一个部门而已。然而，在改革开放以后，随着经济市场化和地方工作专业化的推进，职位稀缺成为退役安置工作的核心焦点，表面上这是退役安置的计划思维与社会经济的日益市场化之间的矛盾，但背后却又受到央地和军地之间负担分配关系的制约。在安置职位和经济成本的负担上，央地之间和军地之间存在要求上的差异，大量具体安置工作转向了地方，尤其是由基层承担，而事实上越是基层，可供使用的安置资源就越有限，这一悖论成为退役安置工作面临的一个基本处境。同时，在具体的安置过程中，军官与士兵之间不可逾越的干部身份差别又决定了安置工作在人社和民政之间的部门分野，以及基于此形成的安置资源在两个群体之间的不均衡分配。退役军人事务机构的成立旨在整合相互分立的两个安置体系，但二者背后的党的归口管理体系使得这种整合在实践中难以操作，原属人社系统的编制和公务员管理职能在本轮党政机构改革中被移交给了同级组织部门，新近设立的退役部门可供使用的职能并未有明显增加，这一点成

① 梅世雄、卢晓琳、周燕红：《以习近平同志为核心的党中央关心退役军人工作纪实》(2019 年 7 月 26 日)，退役军人事务部网站，http://www.mva.gov.cn/xinwen/mtbd/201907/t20190726_31578.html，最后浏览日期：2020 年 6 月 16 日。

为退役部门难以发挥整合作用的直接成因。

基于退役安置制度的历史脉络，以及《退役军人保障法》整合各种类型退役军人的改革设想，本着改进退役安置以及退役军人事务机构职能运作的考虑，本文尝试从以下几个方面提出一些对策以供讨论。第一，长期看，要进一步研拟整合性的退役军人权益保障框架与方向，保证退役政策的连续性。当下退役安置的规定散布于国防、兵役等法律和大量中央文件中，不仅分散且局部内容不统一，这给统一退役安置政策带来了障碍。为此，可以研究整合相关法律，理清有关政策文件，在退役军人事务机构的基础上着手设计长期性和方向性的退役军人权益保障框架，涵盖退役安置原则、基本程序，以及在安置过程中中央、军队和地方分别担负的职责和退役军人自身的权利义务等内容，以为各方面的退役安置工作提供制度基础。第二，考虑整合类型多元的退役身份，确立以军龄军衔军职为基础的保障体系。当下的“退役军人”是一个总括性概念，内部存在着十分复杂的群体，客观上造成了管理成本高和资源内耗的问题。本文认为，应本着国防义务均衡负担的原则，在较长的一段时期内考虑将种类繁多的退役身份合并，打破军官、士官和士兵的界限，以“贡献与福利相匹配”为原则，确立以军龄军衔军职为基础的福利保障基础标准，借此为整合当下相互分立的退役军人管理体制，以发挥退役军人事务机构的预期职能奠定基础。第三，近期看，调整中央-军队-地方三者之间的关系，福利保障体系多元化，为地方纾解安置压力。安置需求与作为安置主体的地方在安置能力上的矛盾历来是退役安置问题的基本渊源，故而纾解地方压力便是短期内改进安置工作的重要方向。一方面，中央在《退役军人保障法》中向部分转业士兵开放“逐月领取退役金”①的政策体现

① 《中华人民共和国退役军人保障法》第 22 条（2020 年 11 月 11 日），中国人大网，http://www.npc.gov.cn/npc/c30834/202011/af113ab4af60431e923c19c40726d7ad.shtml，最后浏览日期：2022 年 6 月 4 日。

了为地方减负的政策导向，未来可以进一步放宽包括转业军官群体在内的“逐月领取退役金”群体的选择门槛条件等；另一方面，推进配套的多元化的福利保障体系，通过公职部门招录、职业培训、教育招生和创业优惠等务实政策，实现退役安置需求的社会化分流，减少地方计划安置的压力，进而减少未来围绕退役产生的诸多安置问题。

The Military Resettlement Reform and the Functioning of Veterans Affairs Agency in China

Junyang Wang

Abstract: The establishment of the Veterans Affairs Agency has formally integrated the military resettlement functions formerly divided between the civil affairs and human resources departments, but there is still a gap between the specific operation and the stated goal of coordinating the work related to military transferred cadres and common demobilized soldiers. This study found that the root of the gap is not limited to the level of the agency, but lies in the whole system of the military resettlement which has a profound socio-political and socio-ecnomic backgrounds. As an important part of the state institutional system, the military resettlement, while promoting the military modernization and the renewal of the local cadre system, is also facing more and more institutional tensions. On the one hand, the incompatibility between planned resettlement and the growing marketization and specialization of the social economy, the contradiction between the central government and the local government in sharing the cost of resettlement, together with the long-established expedient resettlement policy, and the dichotomous management system, have fundamentally defined and limited the historical and structural field of military resettlement. On the other hand, the dual leadership of party and government as well as the differential management deeply restricts the functions of the newly established Veterans Affairs Agency. Based on the idea of understanding and improving the operation of Veterans Affairs Agency in the context of the whole military resettlement system, the author suggests the state develop a more integrated framework and direction for veterans' interests, and integrate the multiple types of retirement status to ensure the continuity and fairness of resettlement policies in the long run. In the near future, the central government could build a diversified welfare resettlement system as a supplement to the planned resettlement in order to relieve the pressure on the local authorities.

Keywords: military resettlement; central-local relations; differential management; local government pressure; benefits coverage

比较政治

领土建构:现代国家建构的基础环节

陈奕锟　郭忠华*

[内容提要]　领土是现代国家生存和发展的空间基础,对国家的政治发展和长治久安具有根本性意义。本文基于对领土与国家之间关系的思考,对领土建构的概念、实践及功能进行了探索性分析。领土建构的基本概念意指现代国家对其所辖地域实施控制、影响和改造的过程。在实践表现上,领土建构呈现对外和对内两个维度:前者指的是在边界划定的基础上加强边境控制,后者则是指在区域整合的过程中开展空间治理。在政治效能上,领土建构对现代国家建构起到重要的驱动作用,这尤其体现在维系国家统一、提升国家能力以及强化国家认同三个方面。理解领土建构,有助于我们深化对现代国家建构的认识。

[关键词]　领土建构;空间;国家建构;国家能力

现代国家建构一直是世界各国政治发展的一个核心主题。在全球化、信息化和网络化的时代背景下,国家并未如各种“终结论”所预测的那样走向崩溃,反而在不少全球性事务中扮演了更为关键的角色。众多国家正处于新一轮的建构进程之中。如今,学术界对国家建构的研究已极为丰富,但主要仍从两大进路加以展开:

* 陈奕锟,中山大学政治与公共事务管理学院博士生;郭忠华,南京大学政府管理学院教授。

一是"政权建构"(state-building),二是"国族建构"(nation-building)。经典的"战争建国论"认为,现代国家是在战争与备战的压力下产生的,其内核就是建立一套集中军事、财政、行政等制度资源的政权体系;[①]布莱恩·泰勒(Brian Taylor)和罗克珊娜·博泰亚(Roxana Botea)进一步指出,战争能否驱动强国家的形成,实际取决于能否实现有效的民族整合;[②]安德烈亚斯·威默(Andreas Wimmer)认为,国家政权的建设与民族共同体的形成是相互支撑的,它们是国家建构中两个紧密相连的环节。[③] 然而,在主流的国家概念认知中,现代国家既包含作为政治统治机器的state,也包含作为民族/文化共同体的nation,这两者又必须建基于特定的领土空间,从而形成一个作为固定地理单元的country。领土之于国家建构的意义未得到应有的重视。

领土是现代国家的一个基本构成要素。现代国家都是典型的"领土型国家",其以清晰化的地理边界相互区隔,并各自对领土范围内的人口、资源及其流动活动实施全面管理。"领土性"(territoriality)的生成与发展,使得国家成为了一种集聚权力、经济、社会、文化等多项要素的空间实体。[④] 随着现代国家体系的形成与扩展,领土主权原则成为了规范国际关系的基础准则,这一点并未因为频繁的全球流动而被打破。因此,领土建构(territory-

---

① Charles Tilly (ed.), *The Formation of National States in Western Europe*, Princeton University Press, 1975; Charles Tilly, *Coercion, Capital, and European States, A.D. 990–1992*, Blackwell Publishers, 1990; Thomas Ertman, *Birth of the Leviathan: Building States and Regimes in Medieval and Early Modern Europe*, Cambridge University Press, 1997.

② Brian Taylor & Roxana Botea, "Tilly Tally: War-Making and State-Making in the Contemporary Third World", *International Studies Review*, Vol.10, No.1, 2008, pp.27–56.

③ [瑞士]安德烈亚斯·威默:《国家建构:聚合与崩溃》,叶江译,格致出版社,2019年,第1—2页。

④ Michael Mann, "The Autonomous Power of the State: Its Origins, Mechanisms and Results", *European Journal of Sociology*, Vol.25, No.2, 1984, pp.185–213; Peter J. Taylor, "The State as Container: Territoriality in the Modern World-System", *Progress in Human Geography*, Vol.18, No.2, 1994, pp.151–162.

building)是现代国家建构中一个不容忽视的基础环节。解析领土建构的概念内涵、实践表现和政治功能,有助于推进关于现代国家建构的知识积累。

一、何谓"领土建构"

在探讨领土建构之前,有必要首先明确领土的基本含义。在众多政治地理学专业教材中,领土被定义为现代国家在地球表面上所占据的特定空间。① 这种空间通常有稳定的地理位置和清晰的边界范围,它由各类自然区域组合而成,主要包括领陆、领水和领空。除了这些常见的领土形式之外,还存在"国中国"、共管区、中立区等特殊类型的领土。② 领土不是一片简单的土地空间,其与国家权力的表达和运作密切相关。③ 乔丹·布兰奇(Jordan Branch)认为,领土应被视为一种制度机制(territory as an institution),其从观念(idea)、实践(practice)和技术(technology)三个层面确立了国家主权统治的对象和范围。④ 简·潘罗斯(Jan Penrose)则认为,领土不仅是反映国家主权的政治标识,其同时具

---

① W. Gordon East & J. R. V. Prescott, *Our Fragmented World: An Introduction to Political Geography*, Macmillan Press, 1975, pp. 49 - 98; Richard Muir, *Modern Political Geography*, Macmillan Press, 1981, pp. 28 - 64; Kevin Cox, *Political Geography: Territory, State and Society*, Blackwell Publishers, 2002, pp. 243 - 274.

② 领陆是指国家所囊括的陆地及其底土,即狭义上的"领土";领水包括陆地边界以内的"内水"以及与陆地边界相接的一定宽度的"领海";领空是指领陆和领水以上有限范围的空域。有关特殊领土的详细介绍,参见王恩涌等编:《政治地理学:时空中的政治格局》,高等教育出版社,1998 年,第 73—84 页。

③ [美]卡洛琳·加拉尔等著:《政治地理学核心概念》,王爱松译,江苏教育出版社,2013 年,第 55—57 页。

④ Jordan Branch, "Territory as an Institution: Spatial Ideas, Practices and Technologies", *Territory, Politics, Governance*, Vol. 5, No. 2, 2016, pp. 1 - 13.

有国民“家园”(homeland)的文化内涵。① 因此,领土型国家的建设不仅在物质层面的政治地理空间上展开,并且涵盖了观念层面的表象空间(representational space)建构。②

概言之,领土是现代国家的空间基础,并具有多重的社会政治意义。首先,领土作为一种政治化的空间,其形成于国家权力从中心区域向外围区域的扩展性投射,并在国际体系下限制了国家主权的行使范围。因此,领土具有显著的权力/权利属性,领土权是国家权力的核心组成部分,其涵盖了对领土上人口的管辖、对领土范围内公有土地和资源的支配、对领土范围内私有土地和资源的征税与管制、对跨境流动的管理以及对领土分离与合并的仲裁等多项内容。③ 现代国家的领土及其相关权利为国际法规则所保障,这与传统国家产生了明显的分野。其次,领土还是国家制度运作以及国家与社会互动的治理场域。它不仅面临国家“自上而下”的权力形塑,也受到“自下而上”的社会影响,各地居民、企业和社会组织均会参与到领土治理之中。④ 国家在统领和动员社会的基础上,在军事、交通、水利、城建等方面开展一系列空间建设工程,并建立各式各样的经济行政特区、战略区和功能区,从而将自身的治理理念和目标贯彻到所辖领土的方方面面。最后,领土作为一国的文化空间象征,也承载着特殊的集体情感、历史记忆和政治认同,为国民共同体的建构提供了现实基础。

---

① Jan Penrose, “Nations, States and Homelands: Territory and Territoriality in Nationalist Thought”, *Nations and Nationalism*, Vol. 8, No. 3, 2002, pp. 277 - 278.

② Neil Brenner, Bob Jessop, Martin Jones, Gordon MacLeod (eds.), *State/Space: A Reader*, Blackwell Publishing, 2003.

③ A. John Simmons, “On the Territorial Rights of States”, *Philosophical Issues*, 2001, pp. 300 - 326.

④ Joe Painter, “Rethinking Territory,” *Antipode*, Vol. 42, No. 5, 2010, pp. 1090 - 1118.

回顾历史可知,上述领土概念是随着近代欧洲主权国家的诞生才逐渐产生的。1648 年的《威斯特伐利亚和约》(The Peace Treaty of Westphalia)是现代国家体系滥觞的标志,其使得各国的领土认定开始有了国际条约的保证。[①] 在两次世界大战前后,领土主权原则从欧洲向全球范围扩散,从而为国际秩序的建设提供了基本规范,"一个国家存在并被承认,就必须有一个边界分明的区域,在其中进行管辖与仲裁。这已是普遍的规则。"[②]1933 年的《蒙特维多国家权利义务公约》最早明确了现代国家应具有的四大基本要素:(1)固定的领土;(2)永久的人口;(3)有效的政府;(4)与他国交往的能力。一个政治实体如果没有领土,即使人口、政府等其他要素完备,它也不是一个真正的现代国家。1945 年 10 月生效的《联合国宪章》规定"各会员国在其国际关系上不得使用威胁或武力,或以与联合国宗旨不符之任何其他方法,侵害任何会员国或国家之领土完整或政治独立",而且"本宪章不得授权联合国干涉在本质上属于任何国家国内管辖之事件,且并不要求会员国将该项事件依本宪章提请解决"。[③] 这些规范性原则也在《国际法原则宣言》《建立国际经济新秩序宣言》和《非洲统一组织宪章》等国际性或区域性的重要文件中得到多次确认。自此,国家已不能再像过去那样肆意凭借武力开疆拓土来展现其强大和繁荣,相反,这种行为被视为对相关国家领土主权的侵犯,并且是严重破坏国际秩序的非法行为。公民投票、国际谈判、国际司法裁决等则成为少

---

① Friedrich Kratochwil, "Of Systems, Boundaries, and Territoriality: An Inquiry into the Formation of the State System", *World Politics*, Vol. 39, 1986, pp. 27 - 52; John Gerard Ruggie, "Territoriality and Beyond: Problematizing Modernity in International Relations", *International Organization*, Vol. 47, No. 1, 1993, pp. 139 - 174.

② [美]莱斯利·里普森:《政治学的重大问题:政治学导论》,刘晓等译,华夏出版社,2001 年,第 256 页。

③ 参见《联合国宪章》第一章,联合国网站,https://www.un.org/zh/about-us/un-charter/chapter-1。

数在当今国际社会中常常被使用的领土变更方式。① 这为当今世界的疆界格局和政治秩序奠定了基础。

领土建构即是现代国家对其领土空间进行控制、影响和改造的过程。② 在不少国家的发展史中,领土的范畴大多从领陆拓展至领海和领空,并逐渐衍生出毗连区、专属经济区、大陆架等复杂多样的区域。由于专属经济区存在重叠、大陆架认定方法不同、空域分层规则不清晰、勘界技术不成熟以及历史遗留问题等诸多因素的影响,不少国家的领土划分至今仍无法明确,导致国家间的领土争端进一步加剧。此外,一些发达的全球性强国则不断突破原有的地理限制,其活动范围从领陆、近海和近空等传统地域空间向远洋、深海、太空、极地和信息等新空间形态进行扩展,并由此形成了更为广阔且抽象的"战略空间"和"利益空间"。③ 这反映了这些国家的空间战略所具有的溢出性和拓展性,其将战略意志、目标和力量向"超主权"地域进行投射,积极利用其影响力来维护和扩大国家利益。但是,与此同时,现代国家的领土追求也受制于日益发展的国际秩序和国际法体系,如南北极地、国际水域、外太空等被认定为人类文明发展的共同资源,不能由特定国家施行单独的主权占有或控制。总的看,现代国家的领土建构在其发展战略议程中占据着重要的位置。一国在稳定占据一片领土之后,往往以军事、外交、政治及经济等多种手段来维系其完整性,并由外而内地对其进行相应的规划和建设。

---

① Mark W. Zacher, "The Territorial Integrity Norm: International Boundaries and the Use of Force", *International Organization*, Vol. 55, No. 2, 2001, pp. 215 - 250; Tanisha M. Fazal, *State Death: The Politics and Geography of Conquest, Occupation, and Annexation*. Princeton University Press, 2007.

② Myron Weiner, "Political Integration and Political Development", *The Annals of the American Academy of Political and Social Science*, Vol. 358, 1965, pp. 52 - 64.

③ 陈宇:《人类命运共同体视域中的国家传统疆域与新疆域》,《世界地理研究》2021 年第 5 期。

二、基于划界的控制:领土建构的外在呈现

对外划定领土边界并在此基础上实施边境控制,是领土建构中的一项核心任务。传统国家有"边陲"(frontier)而无"边界"(border)。这种边陲通常是一国脆弱地控制着的边缘区域,其处于一种模糊不定的状态,范围变化取决于相邻国家军事和政治实力的消长。① 自 1814—1815 年维也纳会议以来,英、法、德、意等欧洲国家开始在相互间全面确立领土主权原则,追求运用精确界线来划分领土,并以国际法方式处理国界划分的原则和实践问题。② 其后,随着城邦、帝国、神权政体、城市同盟、封建王国等"有疆无界"的传统国家形式走向瓦解,领土主权国家成为了划分世界空间的基本单元和构筑国际体系的行动主体。自此,国界性质得以全面重塑:此前由帝国征服和殖民争霸形成、具有"扩张性"的"生存空间"边界,逐步转变为战后以国际法原则为基础的、体现出"防御性"的"权力集装箱"边界。③ 换言之,领土边界作为分隔现代国家的政治地理界线,其区分出不同的政治、经济和制度系统,为国家存续及发展提供了自然保障。④ 国家在发生领土盈缩或合并分离等的过程中,其边界线也会出现相应的内外转换和长度增

---

① Peter Sahlins, *Boundaries: The Making of France and Spain in the Pyrenees*, University of California Press, 1991, pp. 1 - 24;[英]安东尼·吉登斯:《民族-国家与暴力》,胡宗泽等译,生活·读书·新知三联书店,1998 年,第 59—63 页。

② [英]乔·潘特、亚历克斯·杰弗里:《空间与权力:政治地理学的新风貌》,谢明珊、陈坤森译,韦伯文化国际出版有限公司,2012 年,第 29—62 页。

③ Jussi Laine, "A Historical View on the Study of Borders", in Sergei V. Sevastianov, Jussi Laine, Anton A. Kireev (eds.), *Introduction to Border Studies*. Dalnauka, 2015, pp. 14 - 32;赵萱、刘玺鸿:《当代西方批判边界研究述评》,《民族研究》2019 年第 1 期。

④ J. V. Minghi, "Boundary Studies in Political Geography", *Annals of the Association of American Geographers*, Vol. 53, No. 3, 1963, pp. 407 - 428.

减，从而影响相关的战略规划、资源配置和政治经济利益的实现。

领土边界存在不同的类型。例如，美国地理学家理查德·哈特向(Richard Hartshorne)曾提出一种三分法，将各国边界分为“原发型”(primary)、“先成型”(antecedent)和“后成型”(subsequent)三类：原发型边界意指以未开发土地作为自然隔离屏障的边界，先成型边界意指契合特定文化和民族群体的自然分布格局的边界，后发型边界则指人为根据特定标准塑造而成的边界。① 更多学者更直观地将国界区分为两类，分别是依据河流、山脉、海岸线等自然地理特征所确立的“自然边界”以及根据政治家、规划者和技术人员的意志所划定的“人工边界”。② 其中，在19世纪的殖民浪潮中，西方殖民者在其亚非殖民地上强行划定了一系列边界。这些边界很多都是简单的“几何直线”，甚少符合相关区域的自然或人文特征，导致同一部落或民族被分割在不同的国家之中，为日后的边境冲突埋下了伏笔。③ 随着主权国家的兴起以及对领土主权原则的重视，各国的边界划分几乎都经过一系列复杂的谈判协商，是综合考虑地理环境、军事防御、地缘局势、治理成本、历史文化等多种因素后的产物。国界的确立通常以相邻国家签订双边或多边条约为基础，其程序固定化为分配、划界、勘界、管理四个步骤，并以制图手段记录和保存相关信息，最终使得各方都承认相应的领土版图。④

此外，对于现代国家而言，领土边界具有两大基本功能。一方面，作为国家间的地理屏障，领土边界阻隔了可能危及本国主权和

① Richard Hartshorne, “Suggestion on the Terminology of Political Boundaries”, *Annals of the Association of American Geographers*, Vol. 26, No. 1, 1936, pp. 38 - 39.

② David Newman, “Boundaries”, in J. Agnew, G. Toal (eds.), *A Companion to Political Geography*, Blackwell Publishers, 2003, pp. 123 - 137.

③ Saadia Touval, *The Boundary Politics of Independent Africa*, Oxford University Press, 1972.

④ J. R. V. Prescott, G. Triggs, *International Frontiers and Boundaries: Law, Politics and Geography*, Martinus Nijhoff, 2008.

安全的外部因素,从而起到了对国家政治、军事、经济等核心区域的拱卫作用。另一方面,领土边界也具有接触和交流功能,可以成为跨国经济社会互动的联结点。一旦国家间流动壁垒被弱化,不同国家间的边境地区就可能改变原有的区位劣势,通过对外开放来弥合市场分割、降低交易成本、创造规模经济以及推动边境城镇化发展。各式各样的跨境交流活动促进了边界两侧社会民众的经济与文化生活融合。① 因此,国界兼具"军事/政治阻隔"与"经济/社会互动"的双重功能,它既是国家对外封闭和防御的关卡,也是国家对外开放和合作的前沿。边界划定对一国的边疆建设、国防安全、司法管辖、人口管理和国际经贸等事务都存在重要影响,并塑造着周边地区乃至全球的发展秩序。

实际上,在经济全球化与区域一体化的背景下,国家边界的形态及控制方式也不断发生变化。国际贸易和全球市场的发展、跨国公司和资本的扩张、跨国生产和管理网络的形成、移民和人员流动的增多、互联网信息技术的进步等因素削弱了传统国界的封闭性、阻隔性和筛选性,并冲击着以主权国家为主体的政治经济秩序。全球化从根本上使得现代国家垄断行使领土主权愈发困难,国家被深刻嵌入到国际性组织、制度和关系网络之中。由于国家间相互依存程度的加深,有西方学者甚至认为,单一国家的领土管辖能力受到了削弱,进而导致所谓"主权的终结"②和"无国界的世界"③的初兴。此时,各种区域合作机制强化了各国边境地区的开

---

① Anssi Paasi, "Boundaries as Social Processes: Territoriality in the World of Flows", *Geopolitics*, Vol. 3, No. 1, 1998, pp. 69 - 88; David Newman & Anssi Paasi, "Fences and Neighbours in the Postmodern World: Boundary Narratives in Political Geography", *Progress in Human Geography*, Vol. 22, No. 2, 1998, pp. 186 - 207.

② [澳]约瑟夫·A. 凯米莱里、[澳]吉米·福尔克:《主权的终结?——日趋"缩小"和"碎片化"的世界政治》,李东燕译,浙江人民出版社,2001 年。

③ [日]大前研一:《无国界的世界》,黄柏棋译,中信出版社,2007 年。

放性和交融性，使这些地区成为了经贸往来的“连通性引擎”。[①] 美国-墨西哥边境、美国-加拿大边境、欧盟内部边境是其中的先驱地。在中国，随着“一带一路”倡议的推进，边疆地区也成为了对外开放和国际合作的新桥梁。其中，新疆作为中国通往中亚、南亚、西亚乃至欧洲的陆路枢纽，是建设“丝绸之路经济带”的核心地区；西藏面向印度、尼泊尔等南亚国家，是环喜马拉雅经济合作带发展的重要支点；云南、广西则从全国交通网的末梢转变为连接太平洋与印度洋陆海通道的枢纽，是中国面向东盟、南亚各国开展经济、科技和文化交流的重要门户。

然而，全球化并未完全否定或瓦解现代国家的边界控制，国家法律和政策仍对国界的开放性发挥着关键的调控作用。[②] 这也体现出一些现代国家在“去领土化”和“再领土化”之间的徘徊。以移民问题为例，不少国家开展“边界体制”(border regime)的建设，一方面允许拥有丰厚财富或重要工作技能的他国人员跨越国界成为本国公民，另一方面则不断排斥非法移民和难民，使他们在社会经济地位和社会生活空间上不断被边缘化。[③] 比如，在西班牙等南欧国家中，虽然跨境人员流动日益频繁，但这些国家对来自北非交界区的非法移民、难民的识别和控制也日益精细化，通过建围墙、逮捕驱逐、拒绝提供公共服务等手段阻止他们涌入国境之内。[④] 此外，美国也将非法移民视为一种严重的安全和经济威胁，各级政府在美墨边境地区中的执法和管制强度在近些年间迅速提

---

① Liam O'Dowd, “The Changing Significance of European Borders”, *Regional & Federal Studies*, Vol.12, No.4, 2002, pp.13－36.

② Oscar J. Martinez, “The Dynamics of Border Interaction: New Approaches to Border Analysis”, in Clive H. Schofield (ed.), *World Boundaries Vol. 1: Global Boundaries*, Routledge, 2002, pp.1－15.

③ 赵萱：《全球流动视野下的民族国家转型——基于海外边界人类学政治路径的研究》，《中央民族大学学报》(哲学社会科学版)2018年第1期，第119—120页。

④ Liliana Suarez-Navaz, *Rebordering the Mediterranean: Boundaries and Citizenship in Southern Europe*. Berghahn Books, 2005.

高,地方上的民团武装和反移民团体则积极地发起或参与针对偷渡入境者的驱逐行动。[①] 除了移民问题之外,英国近年来的“脱欧”行动则展现了更为复杂的边界控制难题。如果英国选择在北爱尔兰地区与作为欧盟成员国的爱尔兰之间设立“硬边界”,则与保障爱尔兰岛和平共存和自由流动的《贝尔法斯特协议》(Good Friday Agreement)相违背,这可能导致北爱尔兰地区的宗教和民族问题再度激化,甚至引发暴力恐怖冲突。由此可见,领土边界关乎国家主权及地区和平与发展,边界划定与控制不仅需要先进的地理知识和勘测技术,更意味着要确立一种新的国家治理理念。

三、在整合中治理:领土建构的内部展开

在划定边界的基础上,现代国家转向对领土内部区域的整合与治理。在近代欧洲主权国家诞生之前,传统封建体系并未确立空间与国家之间的稳定关系。国王、贵族、教会、地方领主等势力竞相争夺对各个地域及其之上人民的管辖权,一国疆域由于政治权威的分化而在各级领主之间发生层层分割。随着封建庄园经济的崩溃和资本主义的发展,新兴的资产阶级为法国、西班牙及部分东欧国家的绝对君主提供了新的财源,使其摆脱了与传统贵族集团之间的政治约束关系。[②] 自此,各式各样的封建采邑、城市或自由地的自治权力收归中央政府,后者则建立起统一的领土治理体

① Josiah McC. Heyman, “Trust, Privilege, and Discretion in the Governance of the US Borderlands with Mexico”, *Canadian Journal of Law*, Vol. 24, No. 3, 2009, pp. 367 – 390; Roxanne Lynn Doty, “States of Exception on the Mexico-US Border: Security, ‘Decisions’, and Civilian Border Patrols”, *International Political Sociology*, Vol. 1, No. 2, 2007, pp. 113 – 137.

② [英]佩里·安德森:《绝对主义国家的系谱》,刘北成、龚晓庄译,上海人民出版社,2000 年。

系,为全国性空间流动消除了制度上的障碍。同时,不少国家由于领土十分广阔且内部各区在地理、文化、民族等方面存在较大差异,基于统治效率的考虑,其通常需要调整乃至重构行政区划,并实施因地制宜的治理方法。事实上,从传统国家向现代国家的转型并不是一种线性的历史演进过程。在封建体系崩溃之后,新兴的国家实体不仅有领土型国家,还出现了贸易同盟、城市共和国等非领土型的政治组织。领土国家由于拥有较强的中央行政能力,能够降低由区域分割而产生的流通成本和治理难题,故其优于其他政治组织形式。①

领土的"可视化"(visualization)处理是领土整合与治理的前提条件。② 英国政治地理学者斯图尔特·埃尔登(Stuart Elden)认为,领土既是具有经济资源意义的土地(land),也是具有军事战略意义的地形(terrain),其治理活动依托于各种专业知识和技术手段。③ 其中,现代地理测绘技术以及地理信息系统(GIS)、卫星遥感和电子地图等的发展,大大提高了领土治理的专业性和科学性。这一活动涉及对耕地、森林、草原、淡水、海洋、矿藏、能源等空间资源的识别和分析,并将这些复杂散乱的领土信息转换为标准化的文本和图像,以服务于土地规划、交通基建、水资源治理、能源网络建设、生态环境保护等公共工程,从而构筑起"现代国家的地理格

① Hendrik Spruyt, *The Sovereign State and its Competitors: An Analysis of Systems Change*, Princeton University Press, 1994.

② Stuart Elden, "Governmentality, Calculation, Territory", *Environment and Planning D: Society and Space*, Vol. 25, 2007, pp. 562 – 580; Jeremy Crampton, "Cartographic Calculations of Territory", *Progress in Human Geography*, Vol. 35, No. 1, 2011, pp. 92 – 103; R. Rose-Redwood, "With Numbers in Place: Security, Territory, and the Production of Calculable Space", *Annals of the Association of American Geographers*, Vol. 102, No. 2, 2011, pp. 295 – 319.

③ Stuart Elden, "Land, Terrain, Territory", *Progress in Human Geography*, Vol. 34, No. 6, 2010, pp. 799 – 817; Stuart Elden, *The Birth of Territory*, University of Chicago Press, 2013.

局”(the geographical template of modern state)。[①] 比如在中国,面对差异度较高、发展极不均衡的区域格局,国家通过开展“八横八纵”高速铁路网和各层级公路网的建设,加强了东部沿海地区与中西部地区之间的互联互通;同时,电信网、广电网、互联网“三网融合”发展与普及,从而在全国范围内形成一个统一的信息共享场域;还有如“西电东输”“南水北调”等电力、水利、物流的跨域资源调配工程,其推动了全国各地的经济社会协调发展。这一系列的治理举措不仅有助于国家权力向边远地区的辐射和渗透,也在政治经济中心与边缘区域之间建立起稳定的互动秩序,从而提升了社会大众对领土的感知和认同。

此外,由于多民族国家是现代国家的常态,一国的领土整合还受制于国内的民族和社会结构。在有些国家,如果特定民族在单一地域上实现“群体聚居”(group concentration)并具有较强的分离倾向,领土分裂的发生概率将大大提高。[②] 以瑞士和比利时为例,两国都是多民族国家,但其领土空间的政治整合程度却存在明显差异。瑞士拥有四大语言族群(德语、法语、意大利语、罗曼什语),但由于其形成了跨族群的公民社会网络和政治联盟,各族的国家归属感较强,因而没有产生严重的分离主义问题;相较之下,语言争端则是比利时族群冲突的主要表现,国家沿着语言分界线分裂成北部弗拉芒和南部瓦隆两大区域,弗拉芒语族群与瓦隆的法语族群在其中各自为政,两地的分离运动在争夺中央权力的过程中愈演愈烈。[③] 罗杰斯·布鲁巴克(Rogers Brubaker)进一步指出,一

---

① Bernardo A. Michael, “Making Territory Visible: The Revenue Surveys of Colonial South Asia”, *Imago Mundi*, Vol. 59, No. 1, 2007, pp. 78 - 95.

② Monica Duffy Toft, *The Geography of Ethnic Violence: Identity, Interests, and the Indivisibility of Territory*, Princeton University Press, 2003; Nils B. Weidmann, “Geography as Motivation and Opportunity: Group Concentration and Ethnic Conflict”, *Journal of Conflict Resolution*, Vol. 53, No. 4, 2009, pp. 526 - 543.

③ [瑞士]安德烈亚斯·威默:《国家建构:聚合与崩溃》,第 52—78 页。

个国家的内部统一与整合能否实现，实际上取决于国族化国家(nationalizing state)、国内少数民族(national minority)及其外部祖国(external national homeland)的三角关系。一些外国学者认为，当国族化国家与外部祖国发生冲突，与他国“同文同种”的少数民族可能会被视为威胁国家主权与安全的不稳定因素，加上来自外部的族裔意识煽动，则其容易演变为破坏领土统一的分离力量。①

领土整合无疑面临着民族问题带来的巨大挑战，主要存在以下三种情形。其一，少数民族寻求在现居地上独立建国。当聚居性的少数民族试图寻求独立并建立新的主权实体，其势必对原有国家的领土统一造成直接的破坏。例如，在欧洲巴斯克问题中，比利牛斯山脉地区作为巴斯克人的历史家园，成为了其分离势力建构“巴斯克国”的领土象征，该地区的分离运动同时威胁着法国和西班牙的领土完整。② 此外，苏格兰、加泰罗尼亚、魁北克、南苏丹、印尼亚齐等地也存在着类似的问题。其二，少数民族谋求脱离母国加入他国。在独立无望的情况下，具有分离倾向的少数民族也可能选择向以同源民族为主体的国家或地区进行“归化式”合并。此类情形多见于“跨界民族”之中，他们的聚居地处于母国的边境地区并与邻国民族存在纽带关系，因而更容易获得外部力量的支持和庇护。③ 如北爱尔兰和加拿大西部省份的分离问题便是这方面的典型。其三，主体民族排斥少数民族试图建立单一民族国家。如在20世纪90年代的南斯拉夫，某些政治人物为谋取政

---

① Rogers Brubaker, *Nationalism Reframed: Nationhood and the National Question in the New Europe*. Cambridge University Press, 1996, pp. 55 - 76.

② Jan Mansvelt Beck, *Territory and Terror: Conflicting Nationalism in the Basque Country*. N.Y. Routledge, 2005.

③ Ivanka Nedeva Atanasova, “Transborder Ethnic Minorities and Their Impact on the Security of Southeastern Europe”, *Nationalities Papers*, Vol. 32, No. 2, 2004, pp. 355 - 442；王军、黄鹏：《跨界民族的安全问题——类型、成因与限度》，《世界经济与政治》2019年第5期。

治权力和利益而鼓吹“大塞尔维亚主义”思想，无故取消少数民族的地方自治权并试图独揽中央权力。这种现象又被称为“中心分离”(central secession)，其造成严重的民族压迫和地区矛盾，最终导致多民族国家的彻底分裂。①

综上所述，领土建构意味着建立起某种一体化的空间格局，通过领土整合与治理来加强中心与边缘、中央与地方之间的有效联结。著名的政治人类学家詹姆斯·斯科特(James Scott)认为，现代国家治理所追求的统一、固定、均质化的领土空间，与多元、流动、差异化的地方社会存在明显的张力。在某些国家，尤其是在边疆地区中，地理区隔为尝试逃避国家统治的地方族群和社会群体创造了一定的生存空间，使得他们能够形成离心性的身份认同和自治秩序，这也成为领土整合必须解决的基本问题。② 不少国家面临着领土辽阔、人口复杂、民族多元、经济体量大等的“规模负荷”，其空间治理需要在确保主权统一与流动便利的同时，适当地将部分权力和治理职能下放到各个地方，并加强央地之间的关系协调和权力协作，从而实现有效的经济社会治理。③ 因此，领土建构兼具技术性和政治性，其不仅对外建立起国家统治秩序的边界，并且对内作用于国家治理体系的运作。在这一内外交互的过程中，领土建构对现代国家建设与发展产生了多重影响。

---

① Daniele Conversi, “Central Secession: Towards a New Analytical Concept? The Case of Former Yugoslavia”, *Journal of Ethnic and Migration Studies*, Vol. 26, No. 2, 2000, pp. 333 – 355.

② James Scott, *The Art of Not Being Governed: An Anarchist History of Upland Southeast Asia*, Yale University Press, 2009.

③ Jean-Claude Thoenig, “Territorial Administration and Political Control: Decentralization in France”, *Public Administration*, Vol. 83, No. 3, 2005, pp. 685 – 708; Daniel Ziblatt, *Structuring the State: The Formation of Italy and Germany and the Puzzle of Federalism*. Princeton University Press, 2006.

四、领土建构对国家建构的驱动作用

现代国家建构是一个极为复杂的研究领域，学界至今仍然在不少重要议题上无法达成一致，如什么是国家的自主性和嵌入性、何种国家制度符合“现代性”的标准等。但是，关于现代国家的核心特征，不少学者还是形成了以下一些共识：第一，现代国家是一种在地域、权力和制度等层面上具有统一性的政治实体；第二，现代国家凭借较高的国家能力来贯彻自身的意志和决定；第三，现代国家以国民对国家的认同作为合法性支撑。① 这三者之间是彼此关联的，国家统一是提升国家能力和塑造国家认同的前提，国家认同的培育需要国家能力的支撑，国家能力和国家认同则是维系国家统一的重要条件。显然，现代国家建构的展开离不开这三个方面，领土建构则在其中均发挥着重要的推动作用。

（一）领土建构与国家统一的维系

国家统一是现代国家建构的前提，领土统一则是国家统一的基础。随着现代国际体系的成型，各国致力于明确领土归属和维护领土完整，这是衡量国家能否真正独立行使主权的关键指标。同时，当面对相当广阔的领土空间时，现代国家治理往往需要克服各类规模难题，对其内部各民族、区域进行有效整合，从而避免地方社会的分崩离析。领土建构对于维系国家统一的促进作用，主要体现在以下三个方面。

首先，中央权威的统一化。领土建构依赖于统一中央权威的

---

① Michael Mann, *The Sources of Social Power (Vol. II): The Rise of Classes and Nation-States*, 1760 - 1914. Cambridge University Press, 1993；［英］克里斯多夫·皮尔逊：《论现代国家》（第三版），刘国兵译，中国社会科学出版社，2017 年。

树立，其推动了统一中央权威的建设。在现代国家成长的早期阶段，统治者致力于暴力资源和政治权力的集中化，通过建立正规化的常备军和理性化的官僚机构，从而对其领土实施统一的军事-行政控制。① 在此过程中，中央政府掌握了最高政治权威，并通过创立行政、立法、司法、外交等一系列机构来统管全国上下各项事务，以及设置多层级的地方政府来实现政令的贯彻。依靠统一的中央权威来加强领土管理，对外能够防范他国对领土主权的侵略，对内则能够压制地方势力和分离力量的割据。例如，在 17—18 世纪的法国，波旁王朝的政区规划奉行"空间统一"与"中央集权"两大理念，其逐步取缔了封建领地、自治城市、教会属地等游离性地方管辖单位，旨在建立起"首都-外省""中央-地方"的规范化格局，促进了封建性的领地权利逐渐让位于统一性的领土主权。在大革命之后，这种领土治理理念为新兴的共和政府所延续，其在重新配置各类信息、空间和权力资源的基础上，推动了中央集权型国家的形成和巩固。②

其次，国家结构框架的一体化。一国的中央政府能否全面掌握领土权，与其结构框架的一体化程度有着紧密的联系。在现代政治实体中，主要存在着单一制、联邦制和邦联(联盟)制三类结构框架。③ 在单一制国家中，中央政府拥有近乎绝对化的领土权，其根据治理需要将领土划分为不同的行政区域并建立相应的地方政府。地方政府在其管辖地域内的权力无疑都源于中央的授予。相较之下，联邦制国家则由两个或两个以上的联邦成员构成，各成员

---

① ［美］西达·斯考切波：《找回国家——当前研究的战略分析》，载［美］彼得·埃文斯、迪特里希·鲁施迈耶、西达·斯考切波：《找回国家》，方立维等译，生活·读书·新知三联书店，2009 年，第 21 页。

② 于京东：《空间的旧制度与区划的大革命——近代法国领土治理中的央地关系与结构转型》，《江苏社会科学》2020 年第 2 期。

③ Colin Flint & Peter Taylor, *Political Geography: World-Economy, Nation-State and Locality*, Pearson Education Limited, 2011, pp. 145 - 149.

通常先于联邦而存在。在联邦建立的过程中,各成员将自身拥有的领土权让予联邦政府,使得原来平行的领土单元合并为新的国家领土。事实上,联邦制国家中的地方政府仍拥有人口和资源管辖等部分领土权,但对外的领土主权无疑集中于中央政府。单一制与联邦制这两种结构形式均符合领土国家的空间一体化要求。相反,对于邦联体制或某些松散的国家联盟而言,其成员则全面保留了自身的领土主权,联合体的中央机构只拥有十分有限的治理权力。因此,这种联合体通常不被认为是一种真正的国家实体,人们也不会对其建立统一的领土认知和认同。

最后,国家行政体系的统一化。现代国家的领土建构也影响着统一行政体系的发展。其一,国家在明晰领土边界和加强区域整合的基础上,通过官僚机构对全体国民及其社会生活施行制度化和法治化管理。在此过程中,国家削弱了原来支配地方社会的传统惯例和非正式规则的作用,承担起公民识别、财税征管、福利再分配、基础设施建设等公共职能。其二,在全球化与区域一体化的背景下,国家需要创建和完善人员身份和地域的认证体系,对领土内外的人员流动进行管控,特别是限制非法入境者的活动。有研究欧洲一体化的学者指出,如今在欧洲最常显示国界的地方不再是申根区各国的地理边界线,而是在边境警察的笔记本电脑、欧洲各国驻外使馆的签证记录中,在相关机场的安检处、难民登记中心以及在"申根信息系统"(Schengen Information System)和"欧洲难民指纹数据库"的网页入口。① 这些多样化的"国界"形态,显著增强了人员流动管理的效能。其三,土地行政是一国行政体系的重要组成部分,其依托于专业化的人员团队和技术工具,涉及土地信息管理、地质矿产勘探、海洋资源开发、交通网络设计等一系列

① Vassilis Tsianos, Serhat Karakayali, "Transnational Migration and the Emergence of the European Border Regime: An Ethnographic Analysis", *European Journal of Social Theory*, Vol.13, No.3, 2010, pp.373-387.

专业事务。如土地行政活动无法有效开展,则可能使得国家建设陷入严重困境。非洲国家便有这方面的例证,它们的土地改革进展缓慢,在基本的土地调查和确权上平均花费约 20 年的时间,这导致各阶层矛盾和社会冲突不断加剧,甚至使国家因此陷入长期战乱之中。①

(二) 领土建构与国家能力的提升

国家能力即指国家贯彻其意志、目标和政策主张的能力。在现代国家建构过程中,强大的国家能力是国家发展和社会治理的重要保证。国家能力不是单一的,其包含财税汲取、军事强制、社会渗透、资源配置和国际竞争等多个维度。② 国家能力提升是一个长期的系统工程,领土建构对此产生着重要影响。

第一,领土建构中的汲取能力提升机制。国家汲取能力是国家能力中最为核心的构成要素,也是加强其他类型国家能力的基础条件。领土作为一国的物质资源基础,是塑造国家汲取能力的关键因素。一方面,国家需要通过开发和利用土地资源来换取税赋收入,其中最为重要的是围绕土地的占有、使用、经营、交易等活动建立明确的制度规则。例如,近代英国的"圈地运动"即在对土地的购买与合并的基础上,建立起了权责关系相对清晰的大规模农场和牧场,这为当时的国土资源整合奠定了制度基础,促进了劳动力和生产资源的有效配置,从而加速了资本主义经济的发展和国家汲取能力的增强。此外,除了领土本身的经济资源意义,领土建构还影响着国家统治者在财政汲取

---

① 丰雷、郑文博、胡依洁:《大规模土地确权:非洲的失败与亚洲的成功》,《农业经济问题》2020 年第 1 期,第 116—117 页。

② [美]乔尔·S. 米格代尔:《强社会与弱国家:第三世界的国家社会关系及国家能力》,张长东等译,江苏人民出版社,2009 年,第 5 页。

上的行为选择。① 领土主权国家作为一类维系经济秩序和实施社会治理的政治组织形式,其统治者需要通过提供安全保护和公共物品来换取公民的纳税。因此,有学者将威斯特伐利亚模式的国际体系比作一个“卡特尔”(cartel)集团:为了降低治理成本和获取更多的财税收入,各国统治者试图避免在国家间“治理市场”(market for governance)上发生激烈竞争,以此降低纳税阶层“用脚投票”的可能性,最终形成了划定领土边界、在各自领土范围内确保治理垄断的默契合谋。② 不少现代国家的领土争端常见于对历史上曾经占有地域的争夺,这不仅是出于道德正当性的考虑,更主要的原因是这些地域所具有的经济价值以及较低的社会治理成本。③

第二,领土建构中的强制能力提升机制。国家强制能力意指国家垄断合法暴力资源、运用强制机构(军队、警察等)来维护安全秩序的能力,它是评估国家能力的一项“硬核”指标。一国的强制能力与汲取能力往往是同增同减的。因此,领土规模通常与强制能力成正比关系,领土空间和资源的开发能够为强制机构的发展提供物质支持,人们也通过利用和改造领土以实现特定的军事战略目标。从反面看,在众多撒哈拉以南的非洲国家,由于地理环境阻隔、人口分布散乱和区域国际环境受限等因素的制约,这些国家的国土开发和经济建设较为落后,其边缘地区大多不受中央政府

---

① Erica Schoenberger, “The Origins of the Market Economy: State Power, Territorial Control, and Modes of War Fighting”, *Comparative Studies in Society and History*, Vol.50, No.3, 2008, pp.663 – 691.

② Avidit Acharya & Alexander Lee, “Economic Foundations of the Territorial State System”, *American Journal of Political Science*, Vol.64, No.4, 2018, pp.954 – 966.

③ Scott F. Abramson, “The Historical Origins of Territorial Disputes”, *American Political Science Review*, Vol.110, No.4, 2016, pp.675 – 698.

的控制，而为地方性的部族军事势力所把持。① 此外，一国的边界线越长和邻国数量越多，其领土受到战争威胁的可能性往往越大，因而更需要克服外部的军事威胁而进行明确的边界划分。据统计，20 世纪以来，由战争引起的国家分离(secession)和领土转移(territorial transfer)现象在全球范围内不时发生，其数量分别达到 53 例和 112 例。当这些国家要划分新的边界时，划界依据大多参考过去存在的“行政边境”(administrative frontier)，其占比分别约为 75% 和 62%。② 原因在于这类边界发挥了“协调机制”(coordinative institution)的功能，它们能够显著减少谈判和管理的成本以及降低军事冲突再次发生的风险。

第三，领土建构中的社会整合能力提升机制。现代国家通常拥有多元化、差异化的社会群体，强化社会整合是推进国家建构的必要环节。领土作为一国公民的空间归属，领土主权原则是建构排他性公民身份的重要支持。该原则一方面保护本国公民的合法权利不会受到他国侵犯，另一方面也要求本国公民对国家忠诚并切实履行各项义务。当国家权威的覆盖范围能够囊括全部领土，国家就能够深入社会之中，并通过消除语言障碍、加强民族团结和发展共同的精神文化来促进社会凝聚力的提升。随着主权国家成为当今国际体系的基本单位，一国要防范地区矛盾和分离问题的发生，最有效的方法就是推动“领土完整”意识深入人心。③ 尤其

① Jeffrey Herbst, “The Creation and Maintenance of National Boundaries in Africa”, *International Organization*, 1989, Vol.43, No.4, pp.673 - 692; Jeffrey Herbst, *States and Power in Africa: Comparative Lessons in Authority and Control*, Princeton University Press, 2000; Cameron G. Thies, “National Design and State Building in Sub-Saharan Africa”, *World Politics*, Vol.61, No.4, 2009, pp.623 - 669.

② David B. Carter & Hein E. Goemans, “The Making of the Territorial Order: New Borders and the Emergence of Interstate Conflict”, *International Organization*, Vol. 65, No.2, 2011, pp.275 - 309.

③ Uriel Abulof, “The Confused Compass: From Self-Determination to State-Determination”, *Ethnopolitics*, Vol.14, No.5, 2015, pp.488 - 497.

是在国家陷入危难之时，这种意识能够缓和社会各阶层或民族之间的政治冲突以及维系国家统治的合法性，从而强化国家对社会的组织力和动员力。可见，领土是一种反映国家整体性的符号，领土建构要求国家在维护社会多样性与推动国民一体化之间取得平衡，最终为国家治理创造坚实的社会基础。

第四，领土建构中的国际竞争能力提升机制。现代国家不仅要维系其内部的稳定发展，还要借助各种空间资源来加强自身在国际上的竞争能力。一国领土具有相当复杂的特征，其位置、边界、规模、形状等均可能对国家生存与发展产生巨大影响。有利的领土位置（如占据陆海交通枢纽）能够降低运输成本，促进国家参与到跨国贸易和全球市场之中；幅员辽阔的领土则为国家提供了人口、资源、地域缓冲等方面的优势，在战争时期确保充足的战略纵深和后方回旋空间，在和平时期提高对国防风险的抵御能力。例如，西欧国家地处大西洋沿岸，它们在地理大发现时期利用自身的航海条件来发展对外贸易和进行殖民扩张，并一度将触角延伸至太平洋和印度洋，最终攫取了数个世纪的海洋霸权；美国不仅拥有东西两侧广阔的海岸线，而且与南北两个邻国不存在复杂的边界纠纷，这样的地缘条件极为有利于其社会繁荣和全球霸权的维系。在当今的主权国家体系下，各个大国仍不断地对其领土进行规划、建设和改造，以期应对多变的地缘政治形势和拓展未来的战略发展空间，并强化自身在国际环境中的适应性和竞争力，从而在全球化时代塑造世界整体的政治经济格局。

（三）领土建构与国家认同的强化

国家认同的形塑和强化也是现代国家建构中的一项核心内容。领土除了在资源、安全和制度等方面为国家存续提供物质性保障外，其也具有祖国家园的文化性意涵，并在国家认同的建构中扮演着重要角色。① 个体认同的成因是复杂的，如个体在成长过程中往往会形成对家乡的依赖感和归属感，从而自然地确立对"乡土"或"故乡"的地方认同。相较之下，由于一国领土通常远大于个体生活的地域范围，人们对领土和国家的认同通常是后天学习和外部灌输的结果。西班牙学者胡安·诺格（Juan Nogue）认为，领土往往与民族主义联系在一起，民族身份与共同体意识的建构为现代国家提供了有力的意识形态支撑，有助于维系领土的稳定性和完整性。② 民族主义者通过塑造某种特殊化的历史记忆和文化认同，并将之投射于一片特定的领土之上，从而强化了长期占有领土的正当性，"领土从统治者用于获取经济资源、战略利益或象征威望的私人财产，转变为在本质上与想象的国家共同体相联系的公共家园"。③ 换言之，领土不仅规定了国家的政治界限，对社会大众而言，它也具有深刻的象征、文化和历史意义。

当领土成为一种意识形态符号，其与观念中的国家是密切相关的。一国通常拥有众多的领土象征物，包括广袤壮丽的山脉、湖泊、河流等自然景观，以及具有特殊意义的界碑、地标、纪念性建筑等政治景观。它们都是国家的符号化呈现，对于国家观念的形成至为重要。此外，在教育、媒体和日常生活中使用的各类地图也创造了视觉化的领土记忆，并催生出一种基于"领土性"的"国家感"。④ 现代

---

① Jan Penrose, "Nations, States and Homelands: Territory and Territoriality in Nationalist Thought", *Nations and Nationalism*, Vol. 8, No. 3, 2002, pp. 277 – 297.

② ［西］胡安·诺格：《民族主义与领土》，徐鹤林、朱伦译，中央民族大学出版社，2009 年，第 16—17 页。

③ Jordan Branch, "Territory as an Institution: Spatial Ideas, Practices and Technologies", *Territory, Politics, Governance*, Vol. 5, No. 2, 2016, p. 11.

④ Michael Biggs, "Putting the State on the Map: Cartography, Territory, and European State Formation", *Comparative Studies in Society and History*, Vol. 41, No. 2, 1999, pp. 374 – 405; Katariina Kosonen, "Making Maps and Mental Images: Finnish Press Cartography in Nation-Building, 1899 – 1942", *National Identities*, Vol. 10, No. 1, 2008, pp. 21 – 47; 于京东：《"领土性"与"国家感"——一种政治地图学的观察视野与分析理路》，《政治学研究》2021 年第 2 期。

国家与民族部落、教会团体、帝国社会等前现代共同体的最大区别在于,它是一种将人民紧密地联结于特定法理空间之上的政治共同体,并且赋予这片空间以特殊的历史文化属性,它是"一块已被历史化的空间占据者,也是一个已被空间化的历史主体"。① 但是,社会大众的地域意识具有多样性,他们的身份认同也是多元化的。② 其中,少数民族的民众表现得尤为明显。他们长期生活于民族聚居地,通常不会自发地去接纳比其民族区域更宽广的地理空间视域,导致其难以树立关于国家的领土意识,更不用说从国家的角度来认识自身的生活方式和历史文化。因此,领土建构要求国家尽可能地将领土形塑为全体国民共同的精神和文化家园,使得各个民族、地区真正融入国家整体之中。例如,中国作为一个具有较强历史和文化延续性的国家,在历代中央政权的推动下,由过去传承至今的"天下""大一统"等思想成为了广受社会大众认可的"领土意识形态"(territorial ideology),促使各民族将其生活地域视为华夏大地的一部分,从而使国家观念比特定的民族或地方观念更能深入人心。

领土认同的形成是国家认同形成的基础条件。国民对领土的认同,是国民在与领土的互动中形成的一种复杂情感,它无疑是塑造国家认同的核心要素。③ 第一,领土呈现出国家的整体性特征,为民众提供了一种共同的认同对象。相较于民族、制度等认同要素,领土超越了个体认知和社会身份的多样性,为国民提供了一种客观、稳定、易感知的统一性。领土的统一与整合促使不同民族、阶层和社会群体形成共同的空间归属感,这有助于国家认同的强

---

① Jessica Evans, "Introduction: Nation and Representation", in David Borwell & Jessica Evans (eds.), *Representing the Nation: A Reader, Histories, Heritage and Museums*. Routledge, 1999, pp. 1 – 2.

② Guntram H. Herb, David H. Kaplan (eds.), *Nested Identities: Nationalism, Territory and Scale*. Rowman & Littlefield Publishers, 1999; Guntram H. Herb, David H. Kaplan, (eds.), *Scaling Identities: Nationalism and Territory*. Rowman & Littlefield, 2017.

③ 周光辉、李虎:《领土认同:国家认同的基础——构建一种更完备的国家认同理论》,《中国社会科学》2016 年第 7 期。

化。第二,领土是一国完全独有的标识,表明了本国与他国的地域区分。领土边界也被喻为“国家认同的细胞壁”,是让民众分辨“我者”与“他者”的重要标志,任何外来的侵略或威胁行径都可能激发强烈的民族主义情绪。[①] 第三,领土变化对国家认同产生了直接的影响。领土分裂意味着一国领土不再完整,原有的领土空间上出现两个或两个以上的新国家;相反,领土合并则代表着原来两个或两个以上国家合并为一个新国家,并且形成了全新的领土单元。无论是苏联、南斯拉夫、捷克斯诺伐克等国家的分裂,还是南北越南、东西德国的合并,都意味着需要创造和培育新的国家认同。

除了身份归属层面,领土之于国家认同的意义还体现在政治支持层面。对于任何一个国家来说,领土都是祖先留下的宝贵遗产,具有“神圣不可侵犯”的政治象征意义。领土完整象征着现代国家的主权统一和政治稳定,“寸土不让”“领土统一”等话语时常能够凝聚民心,为现代国家的统治合法性提供有效支撑。如在以色列的建国史上,以色列的主流思想家将领土观念与民族观念紧密结合,建构起一种“属地型民族主义”(land-centered nationalism)的意识形态,使得不同的政治派别能够放下利益争端形成统一意识。[②] 但值得注意的是,领土问题也容易成为国际斗争和地区冲突的导火索,并可能使一国民众对外部势力产生极端的对抗意识,国家则必须谨慎处理其中的利益、政治和文化问题。领土的完整性一旦遭到破坏,势必会引发政治共同体的认同危机和解体风险,并冲击国家政权存在的合法性根基。由此可见,领土对现代国家的政治认同存在建构和解构的双重作用。

---

① Malcom Anderson, *Frontiers: Territory and State Formation in the Modern World*. Polity Press, 1998, pp.3 – 4.

② Eyal Chowers, “Land-Centred Nationalism and the State: A Re-evaluation of Jewish National Revival”, *Nations and Nationalism*, 2018, pp.1 – 12.

五、结语

固定的领土空间以及独立、完整的领土权是现代国家不可或缺的构成性要素。如今,在全球化时代下,领土的非全球化特征也成为了国家必须重视的一个现象。疫情的流行、气候变化、海洋污染、恐怖主义、跨国犯罪、难民泛滥等全球性公共问题日益凸显,这些问题促使国家谨慎重构自身的领土主权实践。本文从领土角度思考国家建构问题,为当今世界各国探索发展道路提供了一些启示。

第一,在现代国家建构的诸多面向之中,领土建构占据基础性的地位。领土不是容纳自然环境和社会事物的既定背景,而是反映及影响国家发展进程的重要因素。甚至如贾恩弗朗哥·波齐(Gianfranco Poggj)所言:"国家并不是拥有领土,它本身就是领土。"①领土建构意指现代国家对其所占地域进行直接控制和全面治理的过程。这是现代国家建构在空间维度上的展开,反映了国家权力在地理层面上的扩展性和控制力,进而催生了一种疆界明晰化、空间一体化和权力集中化的政治秩序形式。

第二,在对外面向上,领土建构的主要实践是指将盈缩不定的传统边陲转换为精确稳定的现代国界,这明确了国家主权统治的效力范围,并使一国领土受到现代国际体系的承认和维护。如何对已经划定或实际控制的陆海空边界进行控制和开发,如何管控划界纠纷及其相关的资源和利益争端,这些均对国家存续和发展存在重要影响。随着全球流动性的加强,边境地区容易成为走私、

---

① [美]贾恩弗朗哥·波齐:《国家:本质、发展与前景》,陈尧译,上海人民出版社,2007年,第23页。

毒品、人口贩卖、非法移民等问题的滋生地,这要求国家实施更为精细且严格的边务管理,在军事、政治、经济、社会和生态等层面确保边境安全,全方位抵御各种传统与非传统的安全风险。

第三,在对内面向上,领土建构表现为建立统一、规范化的区域格局,促进全国各地经济社会的有效治理。现代国家需要打破其内部各区域在民族、城乡、文化等方面上的结构性隔阂,并从整体上对领土空间资源进行充分利用和有效配置。随着交通和通信技术的快速发展,一国的社会生活呈现时空压缩和时空融合等特征,这是加强"中心-边缘"地区一体化、提升边疆地区自主发展能力的重要契机,这种加强有助于弱化狭隘的民族或地方观念,防范地方主义和分离主义问题的发生。

第四,对于现代国家而言,领土建构具有相当重要的政治效能。首先,它促进了国家统一性的维系,主要体现在中央权威、国家结构框架和国家行政体系三个方面。其次,领土建构推动了国家能力的提升,具体涉及汲取能力、强制能力、社会整合能力以及国际竞争能力。最后,由于领土的存在象征着政治共同体的存在,领土建构还能够增强国民对国家的归属感和认同感。可以说,成功的领土建构是一国实现政治稳定和发展的基本条件。

事实上,目前世界各地围绕领土问题而发生的政治冲突依然层出不穷。一个国家具有什么样的领土建构理念,以及如何根据国内外形势变化来维系领土完整和优化空间格局,无疑对自身的建设和发展存在关键影响,这也是那些力图在世界格局中有所作为的国家必须回答的重大理论和现实问题。领土建构为深入认识现代国家提供了一个独特的切入点,促使学界在国家建构理论研究中重新"找回领土"(bringing territory back in),①为国家治理体

① Michael Keating, "Thirty Years of Territorial Politics", *West European Politics*, Vol.31, No.1-2, 2008, pp.60-81.

系和治理能力现代化建设提供有效的智力支持。

Territory-Building: A Foundation for Modern Country-Building

Yikun Chen　Zhonghua Guo

Abstract: Territory is the spatial foundation for the existence and development of a modern country, which has profound significance for the country's political development and long-term stability. This article, focusing on the relationship between territory and country, conducts an exploratory analysis on the concept, practice, and function of the territory-building. Territory-building is defined as a process of enhancing the control and influence on the territory and shaping it by the modern state. The practices of territory-building are manifested by two dimensions, including the border control based on the demarcation in the external sense and the spatial governance with regional integration in the internal sense. As for the political function, territory-building promotes the process of country-building, especially for maintaining country's unity, reinforcing state capacity, and enhancing national identity. Therefore, the analysis of territory-building contributes to the deeper understanding of modern country-building.

Keywords: territory-building; space; country-building; state capacity

政党能力与国家建构

——印度和巴基斯坦的比较历史分析

武　祥*

[内容提要] 第二次世界大战结束以来,大量亚非拉殖民地纷纷摆脱殖民统治成为主权国家。建国之后,有的国家顺利地实现了国家建构,而有的国家却始终无法在最基本的制度层面形成共识,从而陷入频繁的动荡之中。通过对印度和巴基斯坦两国长达半个世纪政党建国史的比较分析可以发现:在印度建国前,国大党在较高自主性驱动下开展的整合吸纳与组织建设,从横向上实现了跨阶级、跨族群的精英整合,在纵向上形成了中央、省、区、乡镇乃至乡村的五级组织体系。全印穆斯林联盟受制于较低的自主性,缺乏主动推进整合吸纳与组织建设的动力,省议会选举的意外惨败促使其被动地拓展省级以下的组织体系,该政党直至独立前七年才提出模糊的建国目标。概言之,在殖民地时期,主导建国进程的政党,其政党能力的强弱在很大程度上影响独立后国家建构的成败。

[关键词] 英属印度;政党自主性;政党能力;国家建构

一、问题的提出

印度和巴基斯坦取得独立地位前,曾共同经历了英国数百年

* 武祥,中国人民解放军国防大学政治学院讲师。

的殖民统治,受到英国的制度影响颇深。20 世纪 40 年代末,印巴分治后均从宗主国那里借鉴或部分移植了文官制和议会制等现代国家制度,印度将这套制度巩固和延续了下来,巴基斯坦则在勉强维持了近十年议会制后出现政体崩溃,政治斗争趋于极化甚至导致了国家的分裂。①

两国独立后迥异的道路差异,不禁令人产生疑问:为何相同的"制度遗产"会带来如此大的国家建构差异?为何巴基斯坦独立以来,未能建立起凝聚多数精英共识的制度,并且在后续建设带有中央集权和官僚制特征的现代国家道路上一再遭遇挫折?为什么印度在同样的背景条件下避免了议会制政体的瓦解,走上了一条具有大国潜力的国家建构道路?国家建构这一概念带有两重面向:其一强调建立现代政治体制、合法垄断暴力机器、进行有效的财税汲取等政治制度层面的建设;其二侧重于打造一个统一的政治共同体。② 印巴两国的族群、宗教和语言等多样化程度较高,独立至今其内部仍不时爆发各类族群冲突,构建全国范围内政治共同体认同的任务均处于进行时。因此,文中该概念的使用,更多的是强调政治制度意义上的现代国家建构。

本文在梳理能动与结构两类竞争性解释的基础上,结合印度和巴基斯坦的建国历程,突出政党的地位与作用,尝试以政党能力的分析框架来解释国家建构的差异。

---

① 1972 年巴基斯坦东部领土东巴基斯坦取得独立地位,成为今天的孟加拉国。本文所指巴基斯坦为 1947—1972 年包括东西巴基斯坦在内的整个巴基斯坦。

② 参见[美]弗朗西斯·福山:《国家构建:21 世纪的国家治理与世界秩序》,黄胜强、许铭原译,中国社会科学出版社,2007 年。[瑞士]安德烈亚斯·威默:《国家建构:聚合与崩溃》,叶江译,格致出版社,2019 年。

二、竞争性解释及其局限

政体的选择是国家建构的重中之重。二战结束以来,大量新兴民族国家的出现刺激了众多比较政治研究的学者长期耕耘该领域,并在实证研究基础上做出了丰富的理论贡献。毫不夸张地说,有关政体成因研究占据了西方比较政治学研究的“半壁江山”。笔者以这些研究是侧重宏观层面的外部制约,还是强调微观层面的个体行动为划分依据,将其分为结构(structure)与能动(agency)两大阵营。在此基础上,再对相近的观点进行合并,归纳出四项竞争性解释。其中社会阶级论、殖民遗产论和宗教文化论归属结构解释,精英论归属能动解释。

社会阶级论主要观点为,离开特定的阶级,如资产阶级或中产阶级就无法通往民主政体。巴林顿·摩尔在总结英法美国家建构经验的基础上,得出没有资产阶级就没有民主的结论。① 都铎(Maya Tudor)在分析印巴分治以来政治轨迹不同的原因时指出,受过教育的以城市中产阶级为背景的国大党是实现印度民主的促进力量,而以旁遮普省、联合省土地贵族为支撑的全印穆斯林联盟则成为了巴基斯坦建国后建立民主制度的阻碍力量。② 通过对史料的梳理可以发现,印巴独立之前的几十年间,活动于孟买等地的工商业主的确多于旁遮普、孟加拉等地,因此,用印度的资产阶级力量强于巴基斯坦,似乎可以解释两国制度建设迥异的原因。但事实上,资产阶级力量弱小只是巩固民主制度的不利因素之一,类

① [美]巴林顿·摩尔:《民主和专制的社会起源》,拓夫、张东东等译,华夏出版社,1987 年,第 339 页。

② Tudor M, *The Promise of Power: the Origins of Democracy in India and Autocracy in Pakistan*, Cambridge University Press, 2013, pp. 44 – 66.

似的不利因素还有很多,如族群矛盾、宗教文化、国际环境,等等,它们并不能为本文的核心问题提供充分解释。都铎的结论一方面回避了英国殖民者统治手段的运用(如差别对待殖民地内部的不同政治力量),另一方面也忽视了偶然事件给印巴开展国家建构带来的不利影响。

殖民遗产论认为,战后广大亚非拉新兴民族国家在政体上的选择,是由这些国家之前被殖民的经历所决定的,简言之,该理论片面地推论:前英国殖民地独立后更容易实现民主,且被殖民时间越长则越容易走向民主政体。韦纳(Myron Weiner)认为,相当多的前英国殖民地(包括印度),在独立后的全部或大部分时间里都保持着英式的民主制度,而目前没有一个前荷兰、比利时或法国殖民地拥有民主制度。① 伯恩哈德(Michael Bernhard)等学者收集了1951—1995 年期间的 136 个民主化案例,比较了前英国、前法国和前西班牙殖民地与民主政体的相关性。他们的研究进一步认为,在前英国殖民地,殖民统治下度过的时间与民主的存续呈现所谓"正相关"的关系。② 事实上,殖民遗产的解释,体现了初始制度条件下的路径依赖发生过程。但从印巴这两个案例看,英国殖民遗产带来民主的观点,可以解释印度,但在比较视野下,却无法很好地解释为什么巴基斯坦,尤其东巴基斯坦(后独立为孟加拉国)更早被英国殖民统治,却未能建立稳定的民主政体。

政治文化论认为特定的宗教或政治文化有利或不利于民主制度的确立和维系。梅赫塔(Pratap Bhanu Mehta)指出,印度教并无一套权威结构,印度教内部群体也非常多元化,没有任何一个群体

① Weiner M, *The Indian Paradox: Essays in Indian Politics*, Sage Publications, 1989, p.78.

② Bernhard M, Reenock C, Nordstrom T, "The Legacy of Western Overseas Colonialism on Democratic Survival", *International Studies Quarterly*, Vol. 48, No. 1, 2004, pp. 225 - 250.

能够单一地主宰印度教,这其实间接地有利于民主。① 罗利和史密斯(Charles K. Rowley and Nathanael Smith)运用一些西方组织的评分数据对22个穆斯林占多数的国家进行了定量研究,得出结论认为,与世界其他国家相比,穆斯林占多数的国家在民主和自由方面均存在缺陷。② 实际上,上述观点放大了宗教文化的特殊性。从事比较政治研究的学者罗斯金(Michael G. Roskin)曾提醒道,研究印度时要警惕掉入"独特性陷阱",即不能将印度独特的宗教文化作为理解印度的唯一方式,从制度等因素出发其实能够很好地解释印度。③ 此外,尽管一些定量研究展示了伊斯兰教和威权政体间存在相关性,但相关性不意味着因果性,目前无法确定伊斯兰教导致威权政体的因果路径。

结构解释过分强调制约性,以至于对重要的行动者视而不见,能动解释更重视微观个体的行动。精英论是能动解释的代表,它强调特定的政治精英或军事精英个体、派别或多个行动主体之间的互动决定了民主与威权的走向。在印巴比较分析中,精英论的观点可概括为,印度的甘地(Mohandas Karamchand Gandhi)与贾瓦哈拉尔·尼赫鲁(Jawaharlal Nehru),巴基斯坦的真纳(Muhammad Ali Jinnah)和阿尤布·汗(Ayub Hkan)等特定的政治或军事人物在关键时刻做出的重要选择,导致国家建构道路出现差异。④ 精英在特定时刻的重大历史作用理应被承认,但精英发挥作用的背

---

① Mehta P B, "World Religions and Democracy: Hinduism and Self-Rule", *Journal of Democracy*, Vol.15, No.3, 2004, p.115.

② Rowley C K, Smith N, "Islam's Democracy Paradox: Muslims Claim to Like Democracy, So Why Do They Have So Little?" *Public Choice*, Vol.139, No.3-4, 2009, pp.273-299.

③ [美]迈克尔·罗斯金:《国家的常识》,夏维勇、杨勇译,世界图书出版公司,2013年,第383页。

④ 参见[美]芭芭拉·D. 梅特卡夫、[美]托马斯·R. 梅特卡夫:《剑桥现代印度史》,李亚兰、周袁、任筱可译,新星出版社,2019年,第242页。[美]斯坦利·沃尔波特:《印度史》,李建欣、张锦冬译,东方出版中心,2013年,第378页。

景性或制约性因素也同样应当受到重视,尤其是在时间维度上先于精英存在的制度所产生的制约。马克思既重视精英的能动性,又强调结构的约束作用。他曾评价道:“人们自己创造自己的历史,但是他们并不是随心所欲地创造,并不是在他们自己选定的条件下创造,而是在直接碰到的、既定的、从过去承继下来的条件下创造。”①历史学者常常运用反事实假设来提问,即如果特定精英不存在或是没在特定时间节点做出某个决定,那么接下来的历史会如何?在社会科学中,分析带来特定结果的原因时,这一提问方式可以很好地帮助我们注意到精英和发挥制约作用的结构之间的互动。

对比竞争性解释的核心观点以及将它们应用于印巴案例所呈现的局限。本文从政党能力的角度切入,以殖民遗产、社会阶级和政治文化等结构因素为背景,以殖民者与殖民地特殊人物等能动因素之间的互动为主线,提出一项“能动 + 结构”的新解释。

三、政党自主性驱动下的政党能力

本文将政党能力定义为政党在自主性驱动下发展出的整合吸纳与组织建设能力的总称。政党自主性是指,政党摆脱单一阶级、族群、宗教或外部力量束缚,从全局和长远的角度确立组织目标与纲领。考察和比较各政党或政治组织成立初期自主性的大小,对于理解政党能力的差异尤为重要。整合吸纳与组织建设分别涉及政党影响社会的广度与深度,前者是指政党能够提出统摄性的目标或纲领,有效弥合代表不同利益诉求的阶级、族群、宗教等多元政治力量;后者指的是政党将自身的架构尽可能地向社会中下层

① 《马克思恩格斯选集》(第一卷),人民出版社,1995 年,第 585 页。

延伸，以便将组织目标和动员体系渗透至基层社会。殖民地的政党在早期具备较高的自主性，但不一定能形成强政党能力，而若不具备这种自主性，则其成为形成政党能力的潜在短板。19 世纪末 20 世纪初，在英属印度出现了国大党和全印穆斯林联盟两大民族主义团体。英国殖民者中心和边缘力量与这两大团体的互动影响了它们各自的自主性，在 20 世纪阶级因素上升的背景下，其塑造了高低不同的政党自主性。

（一）殖民者边缘力量与国大党

印度国大党成立早期，得益于同殖民者边缘力量的互动，其未受到殖民者中心力量的直接“俘获”，使得组织具备了成为高自主性政党的潜力。英国殖民者并非铁板一块，以英属印度退休文官休谟（Allen Octavian Hume）等人为代表的殖民者内部持自由主义思想的边缘群体，是国大党成立之初的重要支持力量。称其边缘，是因其所秉持的意识形态和支持殖民地“自治”的做法使其在统治者内部占少数，与总督、省督为核心的中心群体相对立。边缘力量认为，英国在推行殖民统治时所采取的排他性和歧视性做法在政治上不合时宜，在道德上令人反感。

在殖民者边缘力量的支持下，国大党得以在较短的时间内整合国内各个地方协会，成为全印性质的组织。1885 年 12 月 28 日，印度国民联盟（Indian National Union）大会在孟买召开，会上印度国民联盟正式改名为印度国民大会（Indian National Congress），由此宣告了印度国大党的诞生。[①] 国大党成立早期，正是休谟以该党秘书长（general secretary）的身份掌控着国大党，他是唯一一位持续多年在国大党年度会议间隙全身心关注国大党事务的人，即便在 1892 年离开印度后，身居英国的他仍继续担任秘书长一职，

① 林承节：《印度民族独立运动的兴起》，北京大学出版社，1984 年，第 146 页。

为国大党提供建议。① 至1892年,休谟已被英印官方圈子拒之门外。他被官方视为危险的捣乱者,而非总督在印度问题上的咨询者。② 同属退休文官的韦德伯恩(William Wedderburn,1838—1918)也积极参与了国大党的成立工作,他后来曾两次被选为国大党主席。③ 1912年休谟去世后,韦德伯恩为其撰写了个人传记,称他为“印度国大党之父”。④

殖民者边缘力量在同国大党上层的互动中,采用的控制手段较温和,给予国大党的支持主要限于斗争策略上。正因有来自统治者内部的帮助,早期国大党提出的批评更多是将落脚点放在改良殖民统治上,而非挑战英国统治。“国大党在批评政府政策的时候,常常保持着尊严和节制。它对英王表示出坚定不移的忠心,对英国政治家的自由主义和正义感怀着无限的信心。”⑤国大党自成立以来,年复一年向英印政府提出温和的改良请求,英国统治者对此无动于衷。国大党内对改良抱有期望的人士渐渐失望,激进势力逐渐开始形成,他们改变了上层精英的路线,通过诉诸印度宗教文化传统动员广大的中下层民众,向英国殖民者发出了争取自治的强烈诉求。

在整合党内激进派与温和派诉求的基础上,国大党时任主席瑙罗吉(Dadabhai Naoroji)于1906年主持通过决议,将国大党的政治目标设定在为印度争取司瓦拉吉(Swaraj,印地语意思为自

---

① Mclane J R, *Indian Nationalism and the Early Congress*, Princeton University Press, 1977, pp.43 - 44.

② Mclane J R, *Indian Nationalism and the Early Congress*, Princeton University Press, 1977, p.118.

③ [美]斯坦利·沃尔波特:《印度史》,李建欣、张锦冬译,东方出版中心,2013年,第257页。

④ Wedderburn W, *Allan Octavian Hume: Father of the Indian National Congress, 1829 - 1912*, Adelphi Terrace, 1913, p.1.

⑤ [印度]R.C.马宗达、H.C.赖乔杜里、卡利金卡尔·达塔:《高级印度史》,张澍霖、夏炎德等译,商务印书馆,1986年,第960—961页。

治)或成立英国监督下的自治政府上。① 该目标在国大党官方层面的确立,源于国大党高层注意到了中下层群众被激进派动员所发挥出的威力。彼时,印度的反殖民斗争出现了两大变化:一方面,广大工人农民积极参与司瓦德西(Swadeshi,印地语意为使用国货)的确沉重打击了英国的商品销售,促进了印度民族工商业发展;另一方面,被动员起来的民众不受控制、走向武装反抗的可能性也越来越大。国大党通过主动把印度自治的目标掌握在自己手中,规避了与殖民者激烈对立的风险,在客观上为本党确立了一个超越资产阶级或地主阶级等单一阶级利益的目标纲领,为国大党在甘地时期转变为一个更为贴近社会中下层的政党打下了基础,也为之后整合吸纳印度共产党等左翼力量做出了铺垫。

(二) 殖民者中心力量与全印穆斯林联盟的建立

与国大党不同,来自殖民者中心力量的直接支持,成为全印度穆斯林联盟(All-India Muslim league)成立的初始动力。印度总督在选区与席位等实际政治利益方面,给予穆斯林上层人士以直接扶持。一方面,这为英国殖民统治赢得了坚定的支持者;另一方面,在全印穆斯林联盟成立之初就弱化了其自主性,大大延滞了其整合吸纳与组织建设的进程。

1905 年英印当局强硬推行孟加拉分治,激起了印度教徒和穆斯林的强烈反对。当时的印度总督寇松辞职后,新任总督明托勋爵(Lord Minto)亟需从印度当地群体中"发掘"出一支能够维护英国统治的政治力量。1906 年 10 月,在英国人阿奇博尔德(W. A. J. Archbold)的联络下,明托于西姆拉接见了由 35 位穆斯林领袖组成的代表团。代表团向总督提出的核心诉求为:在未来可能推行的改革中,应该给予穆斯林单独的选区,在中央立法参事会、市议

① [巴基斯坦]G. 阿拉纳:《真纳传》,袁维学译,商务印书馆,1992 年,第 45 页。

会、区议会等各层级都应当有穆斯林的席位。并且在选区和席位的分配方面,不能仅仅考虑穆斯林的人数,还应当考虑到穆斯林的政治重要性,以及穆斯林为守护大英帝国所做的贡献。总督明托就此做出承诺,穆斯林的政治权利与利益将会在任何行政与宪政改革中受到保护。①

得到了来自殖民者中心力量的保证,全印穆斯林联盟开始组建。西姆拉觐见之后仅两个月,东孟加拉大地主之一萨利穆拉汗(Salimullah)资助全印各地参加穆斯林教育会议的穆斯林成员齐聚达卡,共同商讨组建政党事宜。1906 年 12 月 30 日,全印度穆斯林联盟在达卡成立,参会代表多为穆斯林土地贵族、律师,商界、教育界精英和新闻工作者。② 全体成员一致通过以下决议:(1) 促进印度穆斯林忠于英国政府的情感,消除各种对英国政府施政措施的误解;(2) 保护与增进印度穆斯林的政治权利和利益,恭敬地向英国政府表达他们的要求与愿望;(3) 在不损害穆斯林联盟后述目标的前提下,防止印度穆斯林对其他社群滋生敌对情绪。为保证组织的精英化,全印穆斯林联盟设置了诸多准入门槛,起初成员总数被严格限制在 400 人以内,1910 年以后,该数字扩展到 800 人。此外,候选人年龄不能低于 25 岁,能够熟练地说、写任意一种印度的语言,月收入不得低于 500 卢比(候选人父母能达到这个收入水平亦可)。加入穆斯林联盟需交纳 50 卢比注册费和 25 卢比年费,且超过两期未缴年费将被取消会员资格。③ 英印当局一位官员称,总督明托富有远见的工作,将 6 200 万穆斯林从加

---

① Afzal M R, *A History of the All-India Muslim League 1906 - 1947*, Oxford University Press, 2013, pp.3 - 4.

② [美]斯坦利·沃尔波特:《印度史》,李建欣、张锦冬译,东方出版中心,2013 年,第 278 页。

③ Afzal M R, *A History of the All-India Muslim League 1906 - 1947*, Oxford University Press, 2013, pp.5 - 7.

入煽动性抗议的行列中给拉了回来。①

总督的许诺并非空话，1909 年英国议会颁布《印度参事会法案》（以下简称《法案》），第一次于中央和省级立法机构中设立了只有穆斯林才能投票的单独选区，并且在议会中为穆斯林保留了席位。② 相较之下，国大党呼吁了数十年改革，甚至发起中下层群众参与同殖民者的斗争，仅仅在《法案》中取得了微小的进步。而全印穆斯林联盟却在未付出艰苦努力的情况下，轻而易举地获得了单独选区，甚至还得到了高于穆斯林在全印人口比例的席位名额。殖民者中心力量的直接支持，使得全印穆斯林联盟与地主阶级利益更紧密地捆绑在一起，无法像国大党那样大规模地动员中下层群众，乃至不惜同殖民者发生正面冲突来争取组织目标的实现。全印穆斯林联盟的弱自主性的特征，使得其难以摆脱单一阶级或宗教等力量的桎梏，延滞了其整合吸纳与组织建设的展开。

四、政党能力的强弱差异

20 世纪 20—30 年代，国大党实现了由精英集团到群众运动的扩展，在高自主性驱动下，国大党所提出的“印度自治”纲领超越了单一阶层或族群的利益，整合吸纳了左翼组织与政治精英，一套由中央到基层自上而下的组织体系铺开，并进一步向区和村一级延伸。在同一段历史时期，全印穆斯林联盟受制于较弱的自主性，在涉及自身核心利益时倒向英国殖民者寻求支持与庇护，在反殖民的议题上频频分裂，未能借助大规模群众运动开展整合吸纳与

① ［美］斯坦利·沃尔波特：《印度史》，李建欣、张锦冬译，东方出版中心，2013 年，第 277 页。

② ［美］芭芭拉·D. 梅特卡夫、［美］托马斯·R. 梅特卡夫：《剑桥现代印度史》，李亚兰、周袁、任筱可译，新星出版社，2019 年，第 162 页。

组织建设工作。

（一）国大党强政党能力的形成

1920 年至 1947 年,国大党先后围绕自治和独立的纲领在印度社会展开了广泛的整合吸纳与组织建设,于印度建国前具备了较强的政党能力。1920 年 12 月,国大党年会奠定了甘地的领袖地位。这次年会通过了甘地起草的新党章,第一条即提出:“印度人民通过一切合法与和平的手段获得自治(Swaraj)。”党章重申了“自治”目标,而且首次明确了实现的方式为“合法与和平的手段”。[①] 1920 年至 1922 年,国大党围绕印度自治的目标,组织开展了声势浩大的非暴力不合作运动斗争。运动期间,甘地在国大党和印度社会中的威望如日中天。他被国大党指定为领导民族运动的唯一掌权者,而民众的热情也达到了狂热的程度。[②] 1923 年至 1927 年,不合作运动陷入停滞状态,国大党内部也正因是否参加殖民者组织的立法会而陷入分裂,此时一支更为贴近底层青年群众的左翼力量开始在国大党内部渐渐成型,贾·尼赫鲁与鲍斯(Subhas Chandra Bose)是这支力量的领袖。

1929 年 12 月,贾·尼赫鲁主持召开国大党年会,把彻底独立的战斗口号提升为国大党新的政治要求。[③] 至此,印地语司瓦拉吉的含义已发生了深刻转变,即从原先忠于英王的印度自治,转为脱离英国统治实现印度独立。甘地清楚地认识到左翼力量发动群众的能量,1929 年当选国大党主席后,甘地固辞不就,力荐 40 岁的贾·尼赫鲁担任主席。中国印度史学者林承节称甘地此举“一

① 林承节:《殖民统治时期的印度史》,北京大学出版社, 2004 年,第 298—299 页。

② [印度]R.C.马宗达、H.C.赖乔杜里、卡利金卡尔·达塔:《高级印度史》,张澍霖、夏炎德等译,商务印书馆,1986 年,第 1058 页。

③ [美]斯坦利·沃尔波特:《印度史》,李建欣、张锦冬译,东方出版中心,2013 年,第 317 页。

则是表示对尼赫鲁和左翼活动成就的赞赏,同时也是希望左翼处于领导岗位后,能从全局考虑,协调全党行动,不致走得太远”。[①] 发动无产阶级的旗帜本应牢牢掌握在印度共产党等左翼政党手中,但由于其自身局限性以及英国殖民者的严酷打击,左翼政党的活动范围被局限于个别地域,无法在全印范围铺开。20 世纪 20 年代中后期,国大党内的左翼组织登上政治舞台,国大党以较高的自主性完成了对左翼组织的整合吸纳,引导这股力量在可控范围内发展壮大,使其成为国大党联系印度工农运动的桥梁。至 30 年代中后期,在左翼力量的支持下,国大党旗下汇聚了全印工会大会、全印农民协会等组织,进一步将自身“触角”深入印度社会的基层,将工人农民组织起来,从根本上巩固了国大党作为领导印度建国的主导政党地位。

20 世纪 20 年代初期,国大党年会批准通过新党章,主动对党的组织体系做出重大改革。国大党开展的组织建设的影响体现在上层、中下层两个方面。从上层来看,新组织架构的创新之处体现于在全印委员会之上设立了工作委员会。该委员会由 15 名成员组成,成为国大党历史上第一个全年都在活动的执行机关。它能够经常开会,通常每月一次,并为组织提供日常指导。[②] 工作委员会的设置使得国大党在面对不断变化的外部环境时,能够先在组织内部的上层精英之间达成基本共识,减少了党内派系无序分裂的风险。

从中下层来看,国大党省以下的组织架构和英属印度的行政层级基本一致。在省一级,国大党并未完全按照英属印度省份行政区划来设置省级组织,而是创造性地以当地多数群体所使用的本地语言来进行省级组织建设,例如以泰卢固语划分出安得拉省

① 林承节:《殖民统治时期的印度史》,北京大学出版社, 2004 年,第 327 页。

② Krishna G, “The Development of the Indian National Congress as a Mass Organization, 1918 - 1923”, *The Journal of Asian Studies*, Vol.25, No.3, 1966, p.415.

国大、以古吉拉特语划分古吉拉特省国大等。[①] 此举打破了原国大党构成上的地域狭隘性，有助于吸引孟加拉、孟买等大省之外的精英，且更便于国大党将组织力量深入中下层群众。根据新党章，在每个有 5 名或 5 名以上党员的乡村可设立国大党村级单位，负责在该村推行国大党的计划；村单位之上是乡镇单位（Subdivisional, Taluqa or Tahsil），再向上为区国大；区国大委员会（District Congress Committees）选举产生省国大委员会（Provincial Congress Committee）。[②] 国大党的组织建设对印度的民族解放运动产生了深远影响，一方面，其将权力集中于全印委员会和工作委员会，面对英国殖民者时能够集中力量发声；另一方面，其省、区、乡镇和村的组织架构设置与殖民者的行政层级相平行，可以较快的速度动员中下层群众开展社会运动或参与地方议会机构的席位争夺。

（二）全印穆斯林联盟表面化的整合吸纳与被动的组织建设

20 世纪 20—30 年代，国大党先后提出印度自治与独立的纲领，而全印穆斯林联盟却退守在本党的既得利益里，只提出了一个模糊的建国目标，未能整合吸纳多元的政治力量，从 20 年代至 30 年代中期，全印穆斯林联盟的组织建设陷于停滞，始终未能建立起一个强有力的中心和广泛的基层组织。以 1937 年省议会大选的失利为契机，穆斯林联盟被动地开启组织建设，从而在形式上具备了与国大党相似的组织架构，但已晚于国大党 17 年，错失了成为广泛群众性组织的时机，其自上而下的五级组织体系也未能

---

① Pandey B N, *The Indian Nationalist Movement, 1885 - 1947 (Select Documents)*, Palgrave Macmillan, 1979, p.57.

② Krishna G, "The Development of the Indian National Congress as a Mass Organization, 1918 - 1923", *The Journal of Asian Studies*, Vol.25, No.3, 1966, p.416.

改变内部派系力量在各省根深蒂固的状态。

与同期的国大党相较,全印穆斯林联盟仅处于表面化的整合吸纳,在地方上仍处于四分五裂的状态,各省穆斯林联盟难以称得上能很好代表本省穆斯林群体利益。以后来成为巴基斯坦东西两翼重要组成部分的孟加拉省和旁遮普省为例。20 世纪 20 年代中后期,孟加拉省地方政治权力牢牢掌握在哈克(Abul Kasem Fazlul Huq)领导的政治组织手中。从 1915 年到 1926 年,哈克在东孟加拉的几个地区组织农民佃户(Krishak Praja)运动,获得了广泛的群众基础。① 哈克在此基础上组建了农民佃户党(Krishak Praja Party),其在孟加拉的历次省级立法会选举中的表现均远胜于孟加拉省穆斯林联盟。1937 年全印穆斯林联盟被动地开启组织建设之后,哈克被真纳拉入穆斯林联盟中央组织工作委员会担任委员。② 1941 年哈克退出穆斯林联盟,但仍以农民佃户党名义活动。在 1946 年省级选举中,该党大量成员转入穆斯林联盟,帮助全印穆斯林联盟在孟加拉取得大胜。③

旁遮普省则掌控在大地主法兹尔·伊·侯赛因(Fazl-i-Husain,1877—1936)手中。侯赛因于 1923 年参选旁遮普省议员过程中,组建起联合党(Unionist Party)的班底,实现了旁遮普西部的大地主和中东部的农民之间的联盟,通过附属机构柴明达尔联盟,联合党成功地将组织渗透到旁遮普的村一级。④ 联合党的崛起不仅在省一级的层面给旁遮普省穆斯林联盟带来了挑战,而且在整个印度层面给全印穆斯林联盟造成了威胁。20 世纪 30 年代

① Ghosh S, "Fazlul Haq and Muslim Politics in Pre-Partition Bengal", *International studies*, Vol.13, No.3, 1974, p.444.

② Afzal M R, *A History of the All-India Muslim League 1906 - 1947*, Oxford University Press, 2013, p.304.

③ Talbot I, *Pakistan: A Modern History*, Hurst & Company, 1998, p.409.

④ Talbot I, "Deserted Collaborators: The Political Background to the Rise and Fall of the Punjab Unionist Party, 1923 - 1947", *The Journal of Imperial and Commonwealth History*, Vol.11, No.1, 2008, pp.78 - 79.

早期，侯赛因通过组织全印度穆斯林会议（All-India Muslim Conference）来支持自己为印度穆斯林发声，他的核心主张和全印穆斯林联盟高度相似，如为旁遮普省和孟加拉省多数穆斯林保留单独的选区，将信德从孟买分离出来，让西北边境省获得省级地位等。[①] 直到 20 世纪 40 年代，全印穆斯林联盟提出巴基斯坦建国目标之后，才勉强实现对该党部分上层精英表面化的整合吸纳。

全印穆斯林联盟得以建立的核心支持，来自英国殖民者的中心力量。先是时任总督明托勋爵对觐见团的许诺，紧接着 1909 年英国议会批准通过《印度政府法案》，殖民者把对穆斯林政治利益的支持落实到了法律层面，在未来的议会制改革中，为穆斯林设置了单独的选区，除旁遮普参事会外，在各省参事会中都设置了由穆斯林选民选举的保留席位。穆斯林候选人不但可以参加保留席位的角逐，也可以参与一般席位的选举。拉希姆等巴基斯坦历史学者认为："有了穆斯林分设选区的制度，这就在法律和宪法上确立了穆斯林社会在次大陆作为一个特殊实体的地位，确立了穆斯林联盟作为唯一重要的穆斯林政治组织的地位。"[②]因此，尽管穆斯林联盟曾在真纳的努力下与国大党就"印度自治"达成过短暂共识，但穆斯林联盟对待殖民者的态度更具依附性，这使得该党难以摆脱地主阶级和英国殖民者的束缚而推动组织体系向中下层社会拓展。

全印穆斯林联盟较低的自主性不仅给其整合吸纳带来了困难，而且极大地延滞了该党的组织建设。1936 年至 1937 年英属印度 11 个省的 1 585 个立法会席位竞选中，为穆斯林设置的保留

---

① Jalal A, *The Sole Spokesman: Jinnah, the Muslim League and the Demand for Pakistan*, Cambridge University Press, 1994, p.11.

② ［巴基斯坦］M. A. 拉希姆、M. D. 丘格特、W. 扎曼、A. 哈米德：《巴基斯坦简史》（第 4 卷），四川大学外语系翻译组译，四川人民出版社，1976 年，第 292 页。

席位占到了 482 个，但是穆斯林联盟仅赢得了其中 109 席。[①] 在比哈尔省、中央省、西北边境省、奥利萨省和信德省，穆斯林联盟一席未得。在其余 6 省，穆斯林联盟未能于其中任何一个省获得多数席位，在穆斯林占多数的旁遮普省、孟加拉省、信德省和西北边境省的 272 个穆斯林保留席位中，穆斯林联盟仅得到其中 41 席。[②] 严峻的形势为倒逼穆斯林联盟改革提供了契机，真纳强力推动穆斯林联盟于 1937 年 10 月通过新党章，效仿国大党对自身组织体系进行了大幅度改革。在中央层面，穆斯林联盟极大地增强了工作委员会的权力。成员人数仍为 21 人，但成员产生方式由原来的中央委员会选举改为由主席提名，该机构有权“控制、指导与管理”省级组织，能够解散不服从中央决定的省级组织，中央委员会人数由 310 人扩大至 465 人。在省以下层面，全印穆斯林联盟开始弥补基层组织建设的不足。自低到高设置了初级(primary)、市级(city)、区级(district)党组织。[③] 巴基斯坦裔史学家贾拉尔认为，新党章带来的最显著变化就是作为全印穆斯林联盟最高执行机构的工作委员会自身权力的增长。[④] 改革后的全印穆斯林联盟先是实现了将最高权力集中于工作委员会，再接下来主席通过任命工作委员会成员，实现将最高权力集中于高层一个较小的范围。此举有助于克服从中央到各省的党组织四分五裂的状态，至少从形式上确立起全印穆斯林联盟主席真纳的权威。

真纳与其得力助手利雅卡特(Liaquat Ali Khan，1895—

---

① [美]斯坦利·沃尔波特：《印度史》，李建欣、张锦冬译，东方出版中心，2013 年，第 326 页。

② [巴基斯坦]G. 阿拉纳：《真纳传》，袁维学译，商务印书馆，1992 年，第 229—230 页。

③ Afzal M R, *A History of the All-India Muslim League 1906 - 1947*, Oxford University Press, 2013, pp. 287 - 307.

④ Jalal A, *The Sole Spokesman: Jinnah, the Muslim League and the Demand for Pakistan*, Cambridge University Press, 1994, p. 41.

1951)分别以主席和秘书长的身份,长期担任工作委员会委员,自1938年至1947年印巴分治,从未间断。① 稳定的权力中心增强了全印穆斯林联盟同国大党和殖民者的谈判筹码,有利于全党围绕"建国决议"开展一系列建国准备。但是,被动的组织建设也带来了诸多弊端,尤为显著的是中央对地方省级组织的控制高度地依赖真纳个人。巴基斯坦建国后不久,真纳与利雅卡特的相继离世给穆斯林联盟领导的制宪工作带来了重大冲击。

五、政党能力影响国家建构的机制

印巴分治以来,国大党和穆斯林联盟分别领导印度和巴基斯坦开始了建国进程。国大党凭借较强的政党能力主导了制宪会议,在高度共识基础上完成制宪,建立起强中央的联邦制国家。国大党也在接下来的大选中接连获胜,稳居人民院多数席位并在中央层面执政长达30年,为印度议会权威的巩固打下了坚实基础。在巴基斯坦建国过程中,穆斯林联盟政党能力较弱的负面影响体现了出来,穆斯林联盟自身陷入派系化斗争,制宪会议反复延宕,议会制度未能在巴基斯坦精英与民众那里建立起稳固的根基。

(一)独大型政党体制与印度议会权威的巩固

1947—1950年是印度由自治领向共和国的过渡时期。国大党领导的制宪会议克服了国内语言、族群、宗教、种姓等多重不利因素,完成了印度共和国宪法的制定工作。"国大党主导的制宪会议反映了印度社会的多样性。在参加制宪会议的国大党成员中,

① Afzal M R, *A History of the All-India Muslim League 1906 - 1947*, Oxford University Press, 2013, p.307.

有保守派、社会主义者和甘地主义者；律师、医生、教师、记者和社会工作者；城市商人和劳工领袖；农民、地主和农业工人(Kisan)领袖。”①这种“融多元于一元”的权力结构为国大党凝聚共识，推动制宪议程发挥了重要作用。国大党的党员不仅在制宪会议中占比超过80%，而且贾·尼赫鲁、帕特尔等党内核心人物也同时身兼制宪会议和临时政府的要职。美国的印度宪法史学家奥斯丁(Granville Austin)曾直白地指出，印度制宪会议本质上就是一党制国家(one-party country)内部的一党机构(one-party body)，制宪会议就是国大党，而国大党就是印度，在他看来，制宪会议、国大党、政府就像三角形的三个顶点，看似三个独立实体，但由于其内部成员之间相互重叠，因此对印度具有非凡的意义。②

在贾·尼赫鲁、帕特尔等人的领导下，制宪会议经过多次辩论，用时近3年，完成了制宪全部程序。③ 宪法前瞻性地制定了一套强中央的联邦制，为避免印度的领土分裂提供了有力的制度保障。该宪法第一条即明确提出印度为联邦制国家。宪法起草委员会主席安倍德卡尔博士(Dr. Ambedkar)曾向制宪会议解释为何使用Union而非Federation指代“联邦”：其一，印度的联邦并不是各成员单位协议的产物；其二，各成员单位没有退出联邦的自由。④ 1947年印巴分治后，印度境内存在着大大小小约550个土邦。⑤ 土邦的大量存在意味着潜在的分离倾向，因此在制度设计时，一套能够从宪政层面确保强中央的联邦制度就受到了国大党的重视。在宪法上体现为两大条款：其一，宪法第246条附则明确

---

① Singh K P, “Role of the Congress in the Framing of India's Constitution”, *The Indian Journal of Political Science*, Vol.51, No.2, 1990, p.159.

② Austin G, *The Indian Constitution: Cornerstone of a Nation*, Oxford University Press, 1966, pp.8－9.

③ 林承节：《印度史》(第2版)，人民出版社，2014年，第331—332页。

④ Basu D, *Introduction to the Constitution of India* (*20th edition*), Lexis Nexis, 2011, p.51.

⑤ [美]斯坦利·沃尔波特：《印度史》，李建欣、张锦冬译，东方出版中心，2013年，第357页。

了中央立法权、邦立法权和联合立法权的分配，剩余立法权被收归中央。其二，依据宪法第356条“总统规则”(President Rule)，总统在邦长建议下，有权宣布某邦进入紧急状态，将邦行政权收归总统，把立法权收归联邦议会。① 这一强化联邦集权的宪政制度，为印度的领土完整和国家发展建立了基础框架，印度得以实现政治意义上的国家整合。

议会制的确立是印度宪法另一项引人瞩目的成就。宪法规定议会由总统和上下两院构成。如同英国君主，印度总统为名义上的国家元首，但议会通过的法案未经总统批准不得成为法律。上院又称联邦院(Rajya Sabha)，成员总数最多250人，其中12人由总统提名，其余议员由各邦和中央直辖区间接选举产生。下院为人民院(Lok Sabha)，成员525人，由各邦和中央直辖区年满21岁(后改为18岁)的印度公民直接选举产生。人民院议员总额根据人口调查数据按人口比浮动。印度联邦政府由获人民院多数席位的政党组建，该党领袖在总统授权下组成联邦部长会议(Council of Ministers)并担任总理，各部部长由总理提名，总统任命。② 总理领衔的部长会议向议会负责，受到议会的监督，在无法得到人民院信任时，应即辞职。

联邦制和议会制是国大党领衔的制宪会议为印度国家建构做出的两大贡献。强中央的联邦制是避免争斗导致疆域四分五裂的制度保障，而议会制则成为印度内部各派政治力量争斗与妥协的平台。国大党在领导民族主义运动的早期经历中，超越单一宗教、族群和阶级所体现出的自主性在建国制宪中起到了重要作用。“宪法把世俗主义确立为国策。虽然‘世俗化’的字眼没有在最初

---

① 张文娟：《印度宪法设计逻辑初探》，《东南亚南亚研究》2017年第2期。

② Basu D, *Introduction to the Constitution of India (20th edition)*, Lexis Nexis, 2011, pp. 196 - 211.

的宪法中出现，但它通篇都贯彻了要建立一个世俗国家的精神”。[①] 尽管国大党上层领导多出身婆罗门种姓，但在制定宪法时却坚定地摒弃种姓制度，从法律上禁止对“不可接触者”以及其他弱势群体的歧视。新宪法的指导原则不仅确立了保护私有财产的根本原则，还致力于通过国家分配物质资源以促进共同福祉和财富分配平等。[②] 这些看似相互抵触的制度安排，体现出国大党领衔制定宪法过程中为寻求印度社会“最大公约数”所做的尝试与努力。

（二）穆斯林联盟的派系化与巴基斯坦议会权威的瓦解

巴基斯坦建国初期，穆斯林联盟享有很高威望，在外部没有任何反对党的力量可以与之抗衡。“从 1947 年到 1954 年，甚至某种程度上说一直到 1956 年，巴基斯坦都可以称得上是一党制国家(one-party state)。”[③]尽管穆斯林联盟在新国家的地位并不逊于国大党，但穆斯林联盟领导的制宪进程却未能像国大党那样顺利。建国初期的穆斯林联盟在表面上维持着“一党独大”的形象，实质上内聚力较弱，在面对建国后的族群、语言、宗教等问题时无法形成合力。党政之间持续发生摩擦与冲突，党的组织建设也陷入停滞，1954 年首届制宪会议甚至直接被总督解散，制宪进程也经历了反复延宕。经历了党内与党外、中央与地方等多方的妥协，巴基斯坦宪法于 1956 年获得制宪会议通过，宪法获得通过当年穆斯林联盟就分崩离析，[④]解体为多个地方性派系。

---

① 林承节:《印度史》(第 2 版)，人民出版社，2014 年，第 353 页。

② [美]芭芭拉 · D. 梅特卡夫、[美]托马斯 · R. 梅特卡夫:《剑桥现代印度史》，李亚兰、周袁、任筱可译，新星出版社，2019 年，第 236 页。

③ Afzal M R, *Political Parties in Pakistan, 1947 - 1958*, National Commission on Historical and Cultural Research, 1976, p. 84.

④ Talbot I, *Pakistan: A Modern History*, Hurst & Company, 1998, p. 126.

巴基斯坦独立之初,穆斯林联盟在制宪会议和所有省级立法机构中拥有占压倒性的多数。彼时的主要反对派来自少数印度教徒,而他们不可能组阁成功。由于几乎没有外部对手,穆斯林联盟在建国后主要面临在内部追随者之间分配"战利品"的问题。① 穆斯林联盟主席真纳成为巴基斯坦自治领第一任总督,并当选制宪会议主席。自治领沿用 1935 年《印度政府法案》作为"过渡宪法",其中有关总督的自由裁量权和特殊责任的条款虽已被删去,但真纳以崇高的个人威望出任巴基斯坦总督,无形中赋予了该职位至高无上的权威。首届内阁成员全部由真纳个人指定,首任总理由利雅卡特(穆斯林联盟秘书长)出任。"真纳主持内阁会议,制定政策。部长和秘书都经常向他请教,他同各省的省督也以半月通信一次的方式保持接触。相形之下,内阁总理就黯然失色,无足轻重了"。② 真纳以一己之力将穆斯林联盟、制宪会议、内阁、军队凝聚在一起,但这一局面维持了仅仅一年。1948 年 9 月真纳病逝,他的继任者们在权威不足的情况下不断诉诸个人化的派系,试图重新凝聚党内党外的力量。但此举反倒助长了穆斯林联盟的分裂,在面对建国后棘手的族群、语言、宗教等问题时陷入了长期的困境。

真纳和其指定的接班人利雅卡特相继离世的确给穆斯林联盟领导的建国进程带来了重大冲击,但比较来看,国大党在相同时期,也巧合地经历了两位重要领导人的离世,先是 1948 年圣雄甘地被极端印度教徒刺杀,而另一位重要领袖帕特尔于 1950 年 12 月病逝,但甘地的离世并未影响国大党的制宪进程,而帕特尔的逝世也未给国大党造成分裂。巴基斯坦制宪进程的延宕可归咎

---

① Callard K, "The Political Stability of Pakistan", *Pacific Affairs*, Vol. 29, No. 1, 1956, p. 8.

② [巴基斯坦]M. A. 拉希姆、M. D. 丘格特、W. 扎曼、A. 哈米德:《巴基斯坦简史》(第 4 卷),四川大学外语系翻译组译,四川人民出版社,1976 年,第 379—380 页。

于穆斯林联盟在建国前表面化的整合吸纳与被动的组织建设，这一分裂的结构使得穆斯林联盟在核心领导人去世后难以再度形成凝聚力。

1956 年 2 月，在印巴分治 9 年后巴基斯坦宪法终于出炉。该宪法设置也采用了联邦制和议会制，为平衡东西巴基斯坦政治力量，议会采用一院制即国民议会（National Assembly），310 个席位在东西巴基斯坦之间平均分配。① 行政权授予对立法机关集体负责的内阁，内阁由总理主持。新宪法出台后，总统取代了原总督的名称，总统将由国民议会和省议会成员组成的巴基斯坦选举团选出。根据宪法，乌尔都语和孟加拉语成为全国语言。第二届制宪会议并没有解决第一届制宪会议遗留的问题，反而将其真实地呈现在了新宪法中。例如在联邦和地方权力划分问题上，该宪法无力打造出强中央的联邦，这给地方力量挑战中央留下了空间。例如，宪法第 106 条划分了共和国联邦、省，以及二者的共同立法权限事项。第 109 条立法的“剩余权力”留给省。联邦立法权有 30 项，省立法权有 90 项，联邦与省共同立法权有 19 项。联邦的立法权缩小到了只有 49 项。② 为弥补中央权力的不足，总统被赋予在紧急情况下采取单方面行动的权力。

对比印度宪法，尽管印度宪法中也赋予了总统在紧急状态下干预地方议会的权力，但国大党一党独大的体制保证了议会权威的巩固，行政权力被牢牢掌握在总理手中。而在巴基斯坦，穆斯林联盟于制宪期间就未能很好地掌控行政力量，行政机构对议会负责成为停留在宪法纸面上的一句空话，这就为总统以紧急状态为由直接插手行政事务和地方自治埋下了隐患。1958 年 10 月 7 日，总统米尔扎发布公告宣布暂停施行宪法，内阁各部部长被免职，中

① Talbot I, *Pakistan: A Modern History*, Hurst & Company, 1998, pp. 143 - 144.

② 杨翠柏编：《南亚政治发展与宪政研究》，巴蜀书社，2010 年，第 93—97 页。

央和地方的立法机构均被解散,政党活动被禁止。[①] 仅过了三周,作为军事管制首席执行官的阿尤布·汗就发动军事政变推翻了总统的文官政府。[②] 议会制彻底终结,取而代之的是长达十余年的首个巴基斯坦军人统治时代。

六、结语

18 世纪至 20 世纪初,殖民主义的全球扩张既给殖民地带来了深重的灾难,又深刻塑造了殖民地的现代政治机构和经济社会秩序。马克思曾于《不列颠在印度统治的未来结果》一文中一针见血地指出:"英国在印度要完成双重的使命:一个是破坏性的使命,即消灭旧的亚洲式的社会;另一个是重建的使命,即在亚洲为西方式的社会奠定物质基础。"[③]二战结束后殖民主义走向末路,亚非拉大量殖民地摆脱宗主国的控制,成为独立的主权国家。建国之后,进入后殖民地时代的它们纷纷走上构建现代国家的道路,但各自的成果却大相径庭。印巴两国的案例恰恰折射出从传统国家迈向现代国家所经历的波折与艰辛。

现代国家涉及宏大的制度建构,往往内在地要求政治精英在立法、行政、司法、财税、文官、军事等一系列重大制度设计方面形成合力。先于国家出现的政党如果将建国确立为目标或纲领,那么无论是以革命的方式暴力建国,还是在原有制度框架内以谈判的方式和平建国,摆脱殖民统治实现国家独立的使命都会对政党

---

① [巴基斯坦]M. A. 拉希姆、M. D. 丘格特、W. 扎曼、A. 哈米德:《巴基斯坦简史》(第 4 卷),四川大学外语系翻译组译,四川人民出版社,1976 年,第 435 页。

② 伊夫提哈尔·H.马里克:《巴基斯坦史》,张文涛译,中国大百科全书出版社,2010 年,第 143—144 页。

③ 《马克思恩格斯选集》(第一卷),人民出版社,1995 年,第 768 页。

能力提出比参政议政或夺取政权更高的要求。如此一来,政党能力就不会仅仅局限于组织动员、民意汇聚和利益表达等传统的政党职能,而更多地指向政党的自主性。

政党自主性是驱动组织开展整合吸纳与组织建设的关键,其关系到政党能力的强弱。在类型学视角下,政党如同其英文词根part所呈现的那样,被视为社会的一个部分,其自主性的问题被遮蔽。从拉长的历史时期看,政党能否摆脱单一阶级、族群、宗教乃至外部力量的桎梏,进而从整体的高度和长远的角度确立目标与纲领,对政党自身的生存乃至后续现代国家的建设影响深远。本文所述政党能力的概念并不像已有的中西方学者提出的概念那样强调政党发展的结果,而更多地指向政党发展的过程,这一过程有着横向的整合吸纳和纵向的组织建设两个观察指标。在高自主性驱动下开展的整合吸纳与组织建设最终共同汇聚成强政党能力,其为独立后的国家建构奠定基础。

Party Strength and State Building

—A Comparative Historical Analysis of India and Pakistan

Xiang Wu

Abstract: Since the end of World War II, many colonies in Asia, Africa and Latin America got rid of colonial rule and become sovereign states. After independence, some countries successfully achieved goals of state building, while the political elites in other countries have never reached a consensus on the most basic level, which led to frequent turmoil in the past decades. A Comparative Analysis of the history of political parties in India and Pakistan over the past half century reveals: Before India's independence, the INC, who had high level of autonomy, achieved organizational integration and construction both horizontally and vertically. On the one hand, they integrated cross-class and cross-ethnic groups. And on the other hand, they built the party's organizational system at all levels, including central government, provinces, districts, towns and even villages. The AIML was suffered from a relatively low level of autonomy, and it lacked the motivation to promote organizational integration and construction. They didn't expand their organization at the provincial level until they failed in the provincial assembly elections in 1937. They proposed their ambiguous goals for Pakistan in 1940, which just 7 years before the independence. In short, the strength of the party who led the anti-colonial independence movement would have great influence on the state building in post-colonial Countries.

Keywords: British India; autonomy of political party; party strength; state building

评　论

改革开放以来的海外中国民族主义研究：脉络、趋势及反思(1978—2020)

高　源　夏　瑛*

[内容提要]　改革开放以来，海外对中国民族主义的研究兴趣日趋浓厚，产出了一大批学术成果。本文系统回顾了过去40年来海外发表的有关中国民族主义研究的代表性论文，发现海外中国民族主义研究聚焦于三个主题：(1)中国民族主义情绪的驱动因素；(2)民族主义情绪对中国国内政治和国际关系的影响；(3)该影响的发生机制。总体而言，改革开放以来的海外中国民族主义研究经历了国家民族主义和大众民族主义的清晰分野，到两种研究路径的融合发展，再到网络民族主义研究的兴起这三个阶段。随着研究方法的推进和研究资料的扩展，海外中国民族主义研究愈来愈呈现出多学科交叉发展的特点。与此同时，该领域也存在一些显而易见的问题，包括概念界定的模糊性、分析视角的单一性以及案例选择的特殊性。未来的中国民族主义研究还需从方法、资料和分析视角等多方面着手，致力于从中国实践发展出更具解释力的普遍性理论。

[关键词]　中国民族主义；海外研究；国家民族主义；大众民族主义；网络民族主义

* 高源，中山大学政治与公共事务管理学院博士研究生；夏瑛，中山大学政治与公共事务管理学院教授、博士生导师。

民族主义蕴藏着影响世界政治、经济和社会发展的巨大能量，是海外学界关注的重要议题。改革开放以来，海外学者对中国民族主义的研究兴趣日趋浓厚，①以“中国民族主义”为主题的文章在海外刊发数量高达 1 500 余篇。② 这些研究大多将近代中华民族看作一个整体，认为中国民族主义表达出的情绪、言论和行为都是为了捍卫民族独立、利益和尊严的一种爱国传统，并尝试以中国民族主义为切入点来观察其对中国国内政权稳定以及国际秩序的影响。但由于民族主义本身以及中国国内和国际形势共有的复杂性，这些研究存在较为激烈的矛盾和争论。

那么，争论围绕哪些问题展开？我们如何能够客观而整全地把握海外学界研究中国民族主义的脉络？哪些研究在海外学界中产生了比较重要的影响？海外研究成果对于开展中国民族主义的本土研究具有重要的借鉴意义。然而，目前国内学界为数不多的回应未能和海外研究展开充分对话，也未对海外研究的最新成果做出更新梳理。③

为此，本文使用文献计量方法构建了 40 年来海外中国民族主义研究的期刊文献数据集和文献共被引网络，并在此基础上筛选出该领域最具影响力的重要文献。④ 通过系统回顾这些代表性研

① 本文重点关注改革开放以来，国外学者发表在 SSCI 期刊数据库中有关中国民族主义议题的论文，不包含国内本土作者刊发的学术论文。

② 我们在 Web of Science—Core Collection 数据库中使用主题为“民族主义”和“中国”的关键词进行检索，检索时间覆盖 1978—2020 年，共获得 1 618 条文献数据，其中包括论文 1 188 篇，书评 136 篇，书的章节 84 个，研讨会论文 64 篇，提前刊出文章 51 篇，编辑材料 43 篇，综述 34 篇，书籍 15 本，信件 3 封。整理去重后共获得 1 459 条文献数据。

③ 崔玉军：《西方关于中国民族主义的研究：范式与主题》，《国外社会科学》2009 年第 5 期，第 114—121 页；李保国、林伯海：《国外学者对当代中国民族主义的研究》，《国外社会学》2017 年第 4 期，第 24—34 页。

④ 具体使用两种筛选方法：一是直接统计 40 年来 SSCI 期刊数据库中以中国民族主义为主题的，总被引频次和篇均被引频次最高的论文；二是基于文献数据集构建文献共被引网络，筛选出网络中共被引频次最高、网络中心度最大以及突现频率较强的文献（包含书籍、期刊论文和新闻）。

究,本文认为海外学者的争论主要围绕以下三个问题展开:(1) 中国民族主义的内在性质是积极的还是消极的?(2) 这种性质会对中国国内政治和对外关系产生怎样的影响?(3) 产生影响的过程机制是怎样的?

具体而言,海外学者的分歧始现于对中国民族主义的两种研究路径:国家民族主义和大众民族主义。前者强调政治精英所代表的国家对社会情绪的引导与管理,后者关注以民众为代表的中国民族主义的情绪表达。近十年来这两种研究路径趋向于融合发展,并在研究方法上进行了跨学科的创新性应用。

基于文献计量,并结合传统综述方法梳理海外中国民族主义研究脉络具有学术和现实意义。首先,文献计量方法有助于全面、系统地把握整体研究脉络,而传统综述分析能够弥补文献计量在文献理解深度方面的不足。其次,对"他者"视角研究的长时段梳理,有助于把握海外中国民族主义研究的内容和特征的变化趋势,为国内学界研究提供借鉴。再次,学术研究是现实政治生活的反映。充分梳理海外研究,不仅能够为该领域寻找新的学术增长点,还能为更好地建构民族国家提供建设性参考。最后,从中国的政治实践出发来增加与海外研究的交流和回应,有助于国内学界在民族主义议题上摆脱"他者"话语的框架束缚,进一步塑造具有亲和力的中国形象。

一、改革开放后的海外中国民族主义研究开端

结合海外中国民族主义论文刊发的数量变化,本文将改革开放后的海外中国民族主义研究脉络划分为三个阶段:改革开放后至 1995 年是研究开端,1996 年至 2012 年是研究的稳定发展时期,2013 年至 2020 年是研究的快速增长阶段。

在开端期,改革开放推动了中国国内经济、政治和社会结构的发展,而国际秩序发生的巨大变化也让西方世界重新评估中国在平衡世界秩序中的重要程度。海外学者普遍认为这一时段中国开始重新反思自己的民族认同及其对现代化的意义。虽然改革开放后中国民族主义呈现出较为明确的特点,但海外学者仍然很难为其作出清晰的概念界定。学者们更多是将改革开放后的中国民族主义区别于近代中国革命的民族主义,从而明确了改革开放后中国民族主义保留与更新的要素。比如在目标差异上,更加追求国内经济发展和国际地位的提高;在动力差异上,它们同时面临国内外多种因素相互作用,而不仅只面临国内矛盾;在研究主体上,改革开放后的中国民族主义研究不仅受到海外学界的关注,还得到了中国学界、政界和民间的共同关注。

对概念和特征有了初步认定后,海外学者对这一阶段表现出来的中国民族主义的性质做出了两种截然不同的判断:积极抑或消极的。"积极派"认为改革开放后的中国民族主义是温和而自信的,这与近代排外的中国民族主义存在本质差别;这一派中影响力最大的是米歇尔·奥克森伯格(Michel Oksenberg)。"消极派"认为中国民族主义更多保留了近代的特征,仍然没有融入现代化潮流,"愤怒"是其最突出的情绪表达;这一派的代表性学者包括爱德华·弗里德曼(Edward Friedman)和白鲁恂(Lucian W. Pye)。这两派学者对中国民族主义影响的理解也相差甚远。比如,在预测积极影响时,奥克森伯格强调中国民族主义中的自信情绪可帮助缓解面临的困难,促进现代化发展,并有助于恢复中国昔日的伟大。相反,弗里德曼和白鲁恂都认为中国的民族主义处在既批判传统又批判西化的矛盾之中,与现代化发展不相融合。

两种观点的学者都采用了国家自上而下对社会进行管理的分析路径。"积极派"认为文化自信和成熟的政治精英赋权为中国民族主义带来了好的影响:自信的民族主义积极向国家内部寻找阻碍现代化发展的原因,如工业、交通、通信基础不足等。虽然他们也反对来自外部的经济剥削和文化渗透,但却接受先进技术对现代化的推进作用。① “消极派”则从中国国内发展的路径解释中国民族主义对现代化的阻碍。弗里德曼认为,中国尚未能在文化传播载体如博物馆、文学及印刷媒体方面培育起坚实的共同体想象基础,也没能凭借社会流动、城市化和经济文化依赖等社会纽带为社会建立强大而统一的认同感,这导致中国一度陷入“落后和灾难”。② 白鲁恂从发展政治学和政治文化的视角来解释中国民族主义与现代化进程的负向关系。他认为,中国的民族主义不是从所谓竞争政治中锻造出来的,而是建立在外在的道德秩序上,没有跳出传统,也很难走向现代政治制度。③

未来中国民族主义研究将向何处去?在这一阶段的讨论中,海外学者对之众说纷纭,从不同角度指出了未来可预期的方向和问题:方向一是提倡复兴儒家文化,以儒家思想为社会主义新文化建设的重要资源,但有人认为这存在走向传统旧制度的风险;方向二是提倡发展所谓“竞争性”政党政治,但同样有人认为这可能会对现有政治秩序产生冲击。白鲁恂建议未来研究应结合传统元素与现代世界文化特征,寻求互动中的渐进多元主义,实现中国民族主义研究的创新发展。

改革开放后,海外学者对中国民族主义研究的关注度迅速提高,可见海外学术界为尝试理解中国民族主义而付出的努力。然而,由于很难对中国有更加深入的了解,海外学者往往将西方的民

---

① Michel Oksenberg, “China's Confident Nationalism”, *Foreign Affairs*, Vol.65, No.3, 1986, pp.501-523.

② Friedman, “Reconstructing China's National Identity: A Southern Alternative to Mao-Era Anti-Imperialist Nationalism”, *The Journal of Asian Studies*, Vol.53, No.1, 1994, p.67.

③ Pye. L. W, “How China's Nationalism was Shanghaied”, *The Australian Journal of Chinese Affairs*, Vol.29, 1993, pp.107-133.

族主义内涵直接应用于中国语境,或者过分强调历史传统对现实政治的影响,造成理解的偏颇甚至错位。或者出于对中国快速崛起的关切,海外学者集中关注中国民族主义的情绪化表征,急于围绕中国民族主义的"性质"做出判断。他们为中国民族主义嵌入了多样化的修饰词,并在可能偏离的基础上预测其未来将会产生的影响。然而,中国民族主义自身的历史性、复杂性和动态性决定了对其进行截面化的性质判定是困难的,如同盲人摸象,难以做到客观整全地呈现。现实中,中国民族主义的内核是对内的而不是对外的,主题是反思传统,副题才是反思西方。①

二、海外中国民族主义研究的稳定发展时期

1996 年至 2012 年,中日关系一度紧张,南海问题出现纷争。在民间社会,以《中国可以说不——冷战后时代的政治与情感抉择》为代表的系列书籍在国内热销。中国官方外交决策中不妥协的姿态,以及国内社会和海外华人群体中不断高涨的爱国情绪,这些均被一些海外学者认为是以不同方式传递出的民族主义的强信号,吸引其进一步关注。从文献发表数量看,这一阶段被 SSCI 期刊数据库收录的相关论文总数达到 430 篇,是上个阶段的 10 倍有余。从文献的地区分布看,中国民族主义问题受到世界各地学者的广泛关注,包括美国、欧洲国家、澳大利亚和中国周边各国的学者。

相比开端阶段,海外学者对中国民族主义性质的判断更趋两极分化。持积极观点的学者认为中国民族主义是防御性而非攻击

① 陈明明:《中国民族主义及其命运》,载《城市治理与公共权力:边界、责任与宪法性》,上海辞书出版社,2005 年,第 108—119 页。

性的，它擅长在理性中进行权衡。持消极观点的学者担忧所谓“中国民族主义的排外性”可能对西方带来威胁。伴随着中国综合国力的不断增强，这两种观点在交错中争锋。

积极一派的代表学者有赵穗生、郑永年、唐斯和桑德斯(Erica Stvecker Downs and Phillip C. Saunders)等。赵穗生认为务实主义是中国民族主义最主要的内在特质，他相信中国的文化和发展不会跟世界产生很多冲突，更不会对西方产生威胁。① 郑永年认为中国民族主义是针对不合理国际秩序的一种回应和表达，目标是国内的民族国家建构而不是对外。② 唐斯和桑德斯认为中国民族主义的负面性质被夸大了，当前做出负面评论不合时宜。③ 沈大伟(David Shambaugh)和奥克森伯格将中国民族主义描述为“防御型民族主义”，他们认为中国是一个不太可能挑战国际体系现状的大国。④

消极一派的学者以葛小伟(Peter Hays Gries)、叶胡达(Michael Yahuda)和柯岚安(William A. Callahan)等为代表，由于没能区分中国官方、文化精英和民间社会看待民族主义的不同态度，他们往往过度关注甚至夸大了中国民族主义的负面性质，⑤过高估计了中国民族主义的“非理性”特征可能对公民心态及官方外交政策产生的影响，⑥并因此而相继表达了对未来国际关系和地缘政治发

---

① Zhao, S, “Chinese Nationalism and Its International Orientations”, *Political Science Quarterly*, Vol.115, No.1, 2000, pp.1-33.

② Yongnian Zheng, *Discovering Chinese Nationalism in China—Modernization, Identity, and International*, Cambridge University Press, 1999, p.246.

③ Downs, E. S., & Saunders. P. C, “Legitimacy and the Limits of Nationalism: China and the Diaoyu Islands”, *International Security*, Vol.23, No.3, 1998, p.114.

④ Shambaugh, D, “Containment or Engagement of China? Calculating Beijing's Responses”, *International Security*, Vol.21, No.2, 1996, pp.180-209.

⑤ Barry Sautman, “Racial Nationalism and China's External Behavior”, *World Affairs*, Vol.160, No.2, 1997, pp.78-95.

⑥ Callahan W A, *China: The Pessoptimist Nation*, Oxford University Press, 2010.

展的担忧。[①] 概括看，持消极观点的学者通常将来自中国社会部分民众的民族主义的情绪化表达视作“反西方”的表征。

就中国民族主义的影响而言，积极派学者持乐观态度。在国内影响方面，赵穗生认为中国民族主义能够在面临国际环境的巨大外部压力时，通过凝聚共识来赢得广泛的公众支持，提升政权抵御风险的能力，从而维护国内政治稳定。郑永年也认为中国民族主义有助于发展经济、维持社会政治稳定以及实现民族国家建构。[②] 这种认为民族主义有利于国家建构的功能论观点已经被当时的海外学界普遍接受。在国际影响方面，赵穗生担忧中国民族主义情绪表达会被其他国家误解为一种威胁，并做出类似的回应而导致国家陷入“安全困境”。[③] 沈大伟、唐斯和桑德斯都观察到了中国在民族主义与经济绩效之间作出的谨慎权衡。比如唐斯和桑德斯认为中国政治精英的决策和行动是理性的，[④]能够在面临强大国内和国际压力的时候，谨慎地权衡，做出最有利于国家和人民利益的选择。此外，为了应对中国民族主义影响下的国际秩序变化与冲突问题，海外学者衍生出对用中国风格解决世界问题的兴趣，[⑤]如王赓武选择以“天下与帝国”作为在哈佛大学首次演讲的主题。[⑥]

消极一派学者对中国民族主义影响的预测趋于悲观。在国内

---

① Michael Yahuda, “China's New Assertiveness in the South China Sea”, *Journal of Contemporary China*, Vol.22, No.81, 2013, pp.446 - 459.

② 郑永年:《中国民族主义的复兴——民族国家向何处去》，东方出版社，2016 年，第 351 页。

③ Zhao S, “A State-Led Nationalism”, *Communist and Post-Communist Studies*, Vol.31, No.3, 1998, pp.287 - 302.

④ Downs, E. S., & Saunders, P. C, “Legitimacy and the Limits of Nationalism: China and the Diaoyu Islands”, *International Security*, Vol.23, No.3, 1998, p.114.

⑤ 参见赵汀阳:《天下体系:世界制度哲学导论》，中国人民大学出版社，2011 年。

⑥ Wang, Gungwu, “Tianxia and Empire: External Chinese Perspectives, Inaugural Tsai Lecture”, Harvard University (May 4), 2006.

影响方面,有学者质疑民族主义在促进国家建设方面的功能,认为民族主义会限制中国领导人的外交政策自主权,分散国家的经济发展注意力,因而无法为政权提供稳定的“合法性支持”。① 在国际影响方面,此时中国在国际秩序中的重要程度已经非常显著,但抱有消极观点的学者则更关注中国民族主义带来的外部性,强调其所谓“导致国际冲突的可能性”。如罗斯(Robert S. Ross)认为“日益激烈的海军竞争”会影响美中合作。② 持消极观点的学者也不认为“天下”体系是解决当前国际秩序问题的新出路。柯岚安认为“天下”体系模糊了帝国与全球主义、民族主义与世界主义之间的概念界限,不一定适合用于引导世界走向后霸权时代的世界秩序。③

海外学者在本阶段对中国民族主义作出的性质判断及影响预测,主要围绕国家与社会的两种互动进路展开:自上而下的国家民族主义路径和自下而上的大众民族主义路径。积极一派学者主要沿着国家民族主义路径,从政治精英阶层的外交政策制定来分析中国民族主义。他们认为改革开放以来的中国民族主义是由国家重新发现并主导,通过爱国主义教育宣传运动建立和实施的,重在强调中国的传统文化、悠久历史、民族统一和领土完整。赵穗生将中国民族主义的关键特征总结为国家主导下的政权合法化工具,由国家利益驱动,向社会传播爱国主义教育。该分析框架倾向于淡化历史叙述,强调“理性”决策模式对理解中国政策和行动的解释性价值。党和政府在分析过程中被看作理性行动者,构建和部

① Zhao, D,“The Mandate of Heaven and Performance Legitimation in Historical and Contemporary China”, *American Behavioral Scientist*, Vol. 53, No. 3, 2009, pp. 416 - 433.

② Ross, R. S,“China's Naval Nationalism: Sources, Prospects, and the U. S. Response”, *International Security*, Vol.34, No.2, 2009, pp.46 - 81.

③ Callahan, W. A,“Chinese Visions of World Order: Post-Hegemonic or a New Hegemony”, *International Studies Review*, Vol.10, No.4, 2008, pp.749 - 761.

署“民族主义情绪以实现目标”。① 丽莎(Lisa)认为中国运用民族主义所具有的“选择”和“自治”这两种新的治理方式来促进国家发展,仍然将青年有效限定在社会责任和爱国主义框架中。②

持消极观点的学者挑战了当时主流的国家民族主义分析框架,提出了大众民族主义分析路径。他们认为国家民族主义的分析掩盖了情感、历史以及日益增长的大众民族主义在发展中对中国外交政策的潜在影响,过度简化了中国民族主义的现实内涵。葛小伟认为中国存在与国家民族主义不同的、自下而上的大众民族主义运动。他将社会心理学视角下的“面子”一词引入政治分析,认为中国的大众民族主义植根于对近代西方侵略的“耻辱”叙述和对当前中国身份的激昂看法中,通过所谓“非理性情绪表达来破坏国家对政治话语的垄断,给政府制造压力”。③ 柯岚安指出当国家面临较为复杂的国际形势时,大众民族主义蕴藏着影响国家外交决策的巨大力量。④ 2008 年奥运火炬传递事件后中国国内出现的抵制“洋货”运动,也被一些西方学者认为是“消费民族主义”对全球化的抗拒。⑤ 谢淑丽(Susan Shirk)结合中国国内政治与国际事务两个视角,尝试更为具体地“揭示”这一过程机制,即所谓“关键时期大众民族主义如何通过作用政治过程而影响外交政策”。⑥ 由此可见,持消极观点的学者在分析中更倾向于突出来自

① Zhao Suisheng, "Chinese Intellectuals' Quest for National Greatness and Nationalistic Writing in the 1990s", *China Quarterly*, Vol. 152, 1997, pp. 725 - 745.

② Lisa Hoffman, "Autonomous Choices and Patriotic Professionalism: On Governmentality in Late-Socialist China", *Economy and Society*, 2006, Vol. 35, No. 4, pp. 550 - 570.

③ Peter Hays Gries, *China's New Nationalism: Pride, Politics, and Diplomacy*, University of California Press, 2004. pp. 147 - 155.

④ Callahan, W. A, "History, Identity, and Security: Producing and Consuming Nationalism in China", *Critical Asian Studies*, Vol. 38, No. 2, 2006, pp. 179 - 208.

⑤ Jackson, P, "Local Consumption Cultures in a Globalizing World", *Transactions of the Institute of British Geographers*, Vol. 29, No. 2, 2004, pp. 165 - 178.

⑥ Susan L. Shirk, *China: Fragile Superpower*, Oxford University Press, 2007, p. 320.

社会的民族主义动员能力及其对国家政策决策的影响力，甚至有学者提出大众民族主义的动力来源与国家密不可分。① 然而，海外学者往往忽视了中国民族主义诞生的历史土壤以及当代背景。② 民族主义的大众化情绪的确更容易吸引学者的目光，但作为回应世界现代化的产物之一，中国民族主义的主流倾向并不是反西方的。③ 与此同时，国家始终在为如何理性引导来自社会的民族主义付出努力并承担压力。

在国家和大众民族主义之间，还有一种均衡分析路径较少受到关注。唐斯和桑德斯提出了一个理解中国政治行为的有效模型，即当政权同时面临国际政治经济压力和来自国内的民族主义压力时，往往会将民族主义向更加谨慎、克制的方向引导。他们在观察中日关系发生的变化中发现，当民族主义在国民中塑造凝聚力和共同意识并具备提升政治体系抵御风险的能力时，它更可能得到国家的认可；但这种情绪和思潮的发展不能触及国家和人民群众利益的边界。④

总体上，这一阶段海外学者对中国民族主义的性质判断、影响预测及分析框架存在较为激烈的争论。那么，是什么因素推动了海外学者挑战主流的国家民族主义框架，转而更关注大众民族主义可能产生的消极影响呢？我们通过文献计量分析发现，那些持消极观点的学者更加容易受到媒体和文化精英的大众民族主义情绪的影响。比如，谢淑丽认为一些中国大众传媒站在民族主义阵

---

① Edward Friedman, "China: Fragile Superpower (Review)", *China Review International*, Vol.14, No.2, 2007, pp.536 - 541.

② He Yinan, "History, Chinese Nationalism and the Emerging Sino-Japanese Conflict", *Journal of Contemporary China*, Vol.16, No.50, February 2007, pp.1 - 24.

③ 陈明明：《中国民族主义及其命运》，载《城市治理与公共权力：边界、责任与宪法性》，上海辞书出版社，2005 年，第 108—119 页。

④ Downs, E. S., & Saunders, P. C, "Legitimacy and the Limits of Nationalism: China and the Diaoyu Islands", *International Security*, Vol.23, No.3, 1998, p.114.

营内解读事件，使用所谓强化战争苦难的“受难者叙事”来竞争读者；[①]胡克礼(Christopher Hughes)以《狼图腾》《中国不高兴》《论中国海权》等热销著作为研究资料，片面地认为中国有人正在将民族主义与地缘政治思想相结合。

与此同时，国际社会为海外学者提供的媒介接触内容也同样强调，甚至在某种程度上夸大了中国民族主义的情绪化表达。在本阶段的文献共被引网络中，[②]伯恩施坦和芒罗(Richard Bernstein & Ross H. Munro)的论文和著作同时具有较高的共被引频次和网络中心度(Degree Centrality)，《南华早报》驻京记者贝克尔(Jasper Becker)发布的新闻报道[③]作为资料来源也处在网络的重要位置。几位作者和中国有很深的渊源。其中，伯恩施坦曾担任《时代》杂志北京分社的社长，芒罗曾担任《时代》杂志在香港、曼谷和新德里的分社社长以及《多伦多环球邮报》驻北京记者。他们为美中关系及中国与亚洲邻国的关系描绘了一幅悲观图景。[④]

这些著作和报道共同使用了夺人眼球的醒目标题，并通过在受众意识中强行构建敌人而将国际关系高度简化为敌对关系，这帮助他们的作品吸引了国际社会、政策制定者以及学界的广泛关注。虽然这些作品存在很多分析漏洞，比如忽视了美中两国在维持亚洲地区和平、加强贸易和投资关系，以及两国在预防可能出现的代价高昂而危险的新冷战等方面付出的努力等。但这些漏洞的存在仍然没有阻碍一些海外学者不加分辨地广泛引用，以佐证他

---

① Susan L. Shirk. *China: Fragile Superpower*, Oxford University Press, 2007, p.320.

② 文献共被引网络分析是文献计量学的一种基础研究方法。如果两篇论文 A 和 B 同时被后来的一篇或多篇论文所引用，文献 A 和 B 被认为具有共被引关系。

③ 贝克尔于 1985 年至 1990 年担任《曼彻斯特卫报》驻华记者。此后，他为 BBC 环球电视台和《经济学人》报道中国事务，曾担任《南华早报》北京分社社长。

④ Richard Bernstein, Ross H. Munro, "The Coming Conflict with China", Vintage, 1998-2-3; Bernstein, R., & Munro, R. H, "The Coming Conflict with America", *Foreign Affairs*, Vol.76, No.3, 1997, p.18.

们对中国军事行动和外交政策的判断。①

此外，互联网的发展进一步打破了传统媒介自上而下、从中心向边缘扩散的传播模式，这使民众更容易参与到民族主义的传播过程中。网络媒介可以看作印刷资本主义的衍生，因此其与民族主义的亲密关系与生俱来。胡克礼认为，随着通信技术的进步，“中国的网络政治更容易被用于促进民族主义的集体行动，为国家的管理制造困难”。②

三、中国民族主义研究的快速发展阶段

2013年以来，中国国内可以观察到的民众的大规模民族主义情绪表达现象显著减少，但这一阶段海外学者刊发的中国民族主义研究文章却已接近1 000篇，作者覆盖了50个国家和地区的超过500个研究机构。在中国综合国力进一步提升的背景下，该阶段中国民众的情绪表达更多从线下转移到了线上，因而海外学者转向关注中国的网络民族主义研究领域。

这一阶段，海外主流媒体和学者普遍认为中国民族主义越来越自信（assertive），他们对中国民族主义的性质和影响的争论也趋于缓和。随着改革开放以来中国社会自身、网络信息技术和社会科学研究方法的更新变化，更多学者质疑传统经验研究的解释力，因此尝试对中国民众的民族主义情绪进行精确测量。比如，江忆恩（Alastair Iain Johnston）发现网络媒体和传统媒体在影响报道议程方面的相互作用可以用来解释话语和议程传播速

① Edward Wong, “Chinese Military Seeks to Extend Its Naval Power”, http://www.nytimes.com/2010/04/24/world/asia/24navy.html.

② Hughes, C. R, “Nationalism in Chinese Cyberspace”, *Cambridge Review of International Affairs*, Vol.13, No.2, 2000, pp.195 - 209.

度的差异,[①] 凯恩斯和卡尔森(Christopher Cairns & Allen Carlson)使用人类和计算机辅助的内容分析方法系统评估中国民众的民族主义情绪等级。[②] 海外学者发现,中国民众的民族主义情绪化水平也许并不像此前两个阶段争论的那样强烈。或者说,中国民众的民族主义情绪经历了一个“先升后降”的过程。这些研究结论促使海外学者重新考虑中国民族主义对国际秩序可能产生的影响。具体体现在两方面:一是对此前的消极观点重做理性评估,二是预测中国民族主义影响下国际政治经济秩序的未来走向。

首先,海外学者对中国民族主义可能产生的消极影响重新进行了理性评估。在此前的研究中,持消极态度的学者普遍接受两个观点:其一,认为“愤青”群体是中国民族主义的主要来源,因而未来中国将更加“危险”;其二,认为国家是中国民族主义情绪表达的重要推手,因此中国民族主义的发展可能会影响国际秩序。这两个观点都在最近的研究中被质疑:有学者指出,尽管中国在爱国教育中对近代史上所受的民族屈辱着墨颇多,但民众尤其中国的年轻一代并没有表现出更强的民族主义倾向。[③] 凯恩斯和卡尔森发现,一些社交媒体上强烈的大众民族主义情绪表达主要针对国内事件而不是海外某国,且这种情绪表达随着事件发展也趋于理性,国家在舆情扩散过程中对网络民族主义的管理主要采取温和引导的方式。

---

① Johnston, A. I, “How New and Assertive Is China's New Assertiveness?” *International Security*, Vol.37, No.4, 2013, pp.7-48.

② Cairns, C., & Carlson, A, “Real-World Islands in a Social Media Sea: Nationalism and Censorship on Weibo during the 2012 Diaoyu Crisis”, *The China Quarterly*, 2016, Vol.225, pp.23-49.

③ Jackson S. Woods & Bruce J. Dickson, “Victims and Patriots: Disaggregating Nationalism in Urban China”, *Journal of Contemporary China*, Vol.26, No.104, 2017, pp.167-182.

其次，海外学者普遍认可中国民族主义是影响国际政治经济秩序发生结构性重塑的重要因素。米尔斯海默(John J. Mearsheimer)认为民族主义作为一种意识形态强调自主和主权，没有哪一个民族国家希望由其他民族国家告诉他们应该如何安排自己的政治制度。他以民族主义和国内均势政治作为核心解释变量，推论冷战后的自由主义国际秩序正走向崩溃的趋势。① 有学者认为中国的新技术民族主义制定了一种国家导向的方法，利用国家资源和监管体系在关键战略领域发展技术，驱动了国际经济秩序变革。② 对此，佩特里切维奇和蒂斯(Olga Petricevic & David J Teece)建议为避免削弱世界战略部门的技术创新能力和知识耗散，跨国企业应积极设计自己的未来，尽可能依赖法治国家所施加的新的贸易和投资壁垒展开联动。③

这一阶段海外中国民族主义研究的分析路径强调融合和创新，此前国家和社会二元对立的分析框架被打破。其中，"融合"是将国家和大众民族主义两种研究路径贯通，综合考虑中国民族主义的不同面向。这体现在支持大众民族主义路径的学者接受了国家民族主义的部分观点，虽然他们更强调自下而上的过程中包含了实现强国的梦想，但也认可民族主义是改革开放后国家建构力量的来源之一。④ 作为国家民族主义分析的提倡者，赵穗生也接受了中国民族主义正在发生"地缘政治转变"⑤的观点。他认为两

---

① Mearsheimer, J. J, "Bound to Fail: The Rise and Fall of the Liberal International Order", *International Security*, Vol. 43, No. 4, 2019, pp. 7 - 50.

② Joske, A, "Picking flowers, Making Honey: The Chinese Military's Collaboration with Foreign Universities", *Australian Strategic Policy Institute*, Vol. 6, 2018, pp. 1 - 25.

③ Petricevic, O., & Teece, D. J, "The Structural Reshaping of Globalization: Implications for Strategic Sectors, Profiting from Innovation, and the Multinational Enterprise", *Journal of International Business Studies*, Vol. 50, 2019, pp. 1487 - 1512.

④ Strauss, J. C, "Chinese Nationalism in the Global Era by Christopher R. Hughes", *Nations and Nationalism*, Vol. 14, No. 2, 2008, pp. 418 - 420.

⑤ Hughes, C, "Reclassifying Chinese Nationalism: the Geopolitik Turn", *Journal of Contemporary China*, Vol. 20, No. 71, 2011, pp. 601 - 620.

种路径融合后，中国民族主义主要由来自国家和社会两个不同方向的力量共同推动，来自社会的大众民族主义情绪依然会对国家政策产生影响。①

“创新”分析路径跳出国家与社会间关系的主流框架，尝试对中国民族主义主体间的互动过程提出新的解释，并对其可能产生的影响做出更加保守的评估。华莱士和白洁曦（Jeremy L. Wallace & Jessica Chen Weiss）引入双层博弈视角和“信号理论”，将国际关系与国内政治分析相结合，展示了社会情绪表达与国家外交政策决策之间的复杂博弈关系。② 富恩夫施林加和宾兹（Lea Fuenfschilling & Christian Binz）结合制度主义和地理学来解释民族主义对全球社会技术系统的有限影响。他们在探讨中国废水行业转型失败的原因时发现，水行业的全球社会技术制度才是影响国内废水基础设施扩建决策的决定性因素，而不是中国的民族主义，③这超越了民族主义话语体系中的领土边界含义。基克（Laur Kiik）以中国在缅甸建造密松水电站项目为案例，从次国家层次的外部偶发情境出发，提供了中国民族主义产生有限影响的另一种解释。④

---

① Zhao, S,“Foreign Policy Implications of Chinese Nationalism Revisited: the Strident Turn”, *Journal of Contemporary China*, Vol. 22, No. 82, 2013, pp. 535 - 553.

② Wallace, J. L., & Weiss, J. C,“The Political Geography of Nationalist Protest in China: Cities and the 2012 Anti-Japanese Protests”, *The China Quarterly*, Vol. 222, 2015, pp. 403 - 429.

③ Fuenfschilling, L., & Binz, C,“Global Socio-Technical Regimes”, *Research Policy*, Vol. 47, No. 4, 2018, pp. 735 - 749.

④ Laur Kiik,“Nationalism and Anti-Ethno-Politics: Why ‘Chinese Development’ Failed at Myanmar's Myitsone Dam”, *Eurasian Geography and Economics*, Vol. 57, 2016, pp. 374 - 402.

四、突破三重困境:海外中国民族主义研究的反思与展望

改革开放以来,海外学者为中国民族主义研究贡献了丰硕成果,并不断尝试以多学科交融发展获得超越政治学视野的审视和评估。具体来说,从改革开放初期只涉及历史学和政治学,逐渐拓展到涵盖经济学、社会学和心理学,近年来陆续向数学、计算机科学、环境学、分子生物学、医药健康护理学等更多学科类别发展融合。① 然而,当前多学科交融为中国民族主义理论创新做出的贡献仍然有限,甚至还未能摆脱中国特殊论的处境。伴随着民族主义成为全球最重要的政治现象之一,亟待学者们对其展开更加深入的解析。我们认为,未来中国民族主义研究还需突破理论、方法和议题三方面的困境。

首先,理论创新困境有待突破。

一是应积极构建既能概括中国经验,又具有国际对话能力的中国民族主义概念体系。由于缺少通行的概念界定,很多海外学者认为中国在改革开放后重新出现了一种民族主义情绪。由于这种情绪被认为与近代中国革命时期的民族主义情绪相似,因此这部分海外学者将其看作近代中国民族主义的复兴,或者通俗地将其概括为"当代"中国民族主义,主要通过对两个时期民族主义特征进行区分来界定彼此的概念边界。20 世纪 90 年代中期,中国学界也出现了对民族主义问题的讨论,并部分援引海外学者的概念界定方式。但这里存在两个问题:第一,海外学者对改革开放以来中国民族主义的概念理解能否完全匹配中国语境?"民族主义"

① 对改革开放以来 SSCI 期刊数据库发表的有关中国民族主义研究文献进行学科知识基础聚类,分别计算出三个阶段的学科基础。

作为一个具有西方传统的概念，往往被认为本质上是一种消极现象。因此，当我们将这一概念投射到存在巨大社会和政治差距的文化环境中使用时，需要审慎考察这一概念所包含的原始假设和意义表达的适用性。① 第二，民族主义的强大力量深植于各地特定的社会背景和文化遗产之中，是漫长历史过程中的一部分②——史密斯为我们开展理论创新提供了两个源泉：历史与比较。因此，如何在中国历史和事实经验中提炼出经验概念进而构建概念体系，并以比较的视角将中国与世界民族主义的研究成果进行对话，是未来中国民族主义理论创新的重点和难点。

二是需要打破既有海外研究的单一分析框架限制。综观改革开放以来海外中国民族主义研究的三个阶段可以发现，虽然具体分析方法在争论中得到了发展，但每个阶段的理论发展都受到当时主流分析框架的限制。在开端期，海外学者倾向使用国家自上而下管理社会的功能主义分析框架，将关注点局限于探讨中国民族主义是促进还是阻碍了现代化发展。到了研究的发展期，我们在文献共被引网络中发现影响力较大且持续时间较长的著作是《想象的共同体——民族主义的起源与散布》。可以推测安德森(Benedict Anderson)的理论为本阶段主流的国家民族主义分析框架的产生奠定了基础，海外学者普遍认为是精英建构了中国认同的流动和可延展性，加强了现有政权的合法性。然而，国家民族主义分析框架过分强调国家在塑造战略选择时的作用，并将中国民族主义过度简化为政党政策，缺少实质内容。提倡大众民族主义分析框架的海外学者往往又夸大了社会情绪表达的粘合作用。进

① Fengguang Liu, Dan Han, Dúniel Z. Kádár, Juliane House, "The Expressions '(M) minzu-zhuyi' and 'Nationalism': A Contrastive Pragmatic Analysis", *Journal of Pragmatics*, Vol. 174, 2021, pp. 168 - 178.

② [英]安东尼·D. 史密斯：《全球化时代的民族与民族主义》，龚维斌、良警宇译，中央编译出版社，2002 年，第 4—5 页。

入研究的增长期，海外学者将国际变量也纳入分析框架中，并且尝试在分析中综合国内和国际竞争因素。① 然而，单一的国内或者国际变量往往不具有独立因果效应，无法呈现具有较高实践检验能力的论证。而且，由于中国分析单位的多层次和决策层内部的复杂性，很难客观清晰地呈现决策层的决策过程。②

其次，方法革新进程有待推进。海外中国民族主义研究经历了两次方法革新，第一次是从主观推断转向事实论证，第二次是从事实论证转向量化测量。较早对该领域展开研究的海外学者多是具有浓厚中国情结的传统汉学家，他们的论证方式注重主观理解和推断，但在实践检验能力方面存在缺陷。改革开放的深入发展为海外学者研究中国民族主义提供了更多可选择的论证资料，学者们能够使用与中国民族主义直接相关的书籍、杂志、电影、海报、讽刺漫画等多种资料来展开论证。还有学者多次来到中国进行实地调研，甚至作为其本国政府的高级官员直接参与与中国的外交活动。然而，作为文化精英，知识分子话语的代表性有限，因此基于该文本做出的结果预测就不那么具有说服力。此外，通过外交事件中的亲身经历来观察领导层的外交决策，这也对学者本人的职业和人际网络提出了很高要求。

伴随社会科学研究方法和信息技术的快速发展，海外中国民族主义研究已经不满足于通过历史事件分析等方法来论证其核心因果逻辑，而是进一步要求对概念和情绪进行精确测量，做到更加完整规范的因果方法论证。③ 在海外中国民族主义研究的第三阶

① Pu, X. Jessica Chen Weiss, "Powerful Patriots: Nationalist Protest in China's Foreign Relations", *Journal of Chinese Political Science*, Vol. 21, No. 4, 2016, pp. 501 - 502.

② Fewsmith, J, " Powerful Patriots: Nationalist Protest in China's Foreign Relations", *Perspectives on Politics*, Vol. 16, No. 1, 2019, pp. 271 - 272.

③ Johnston, A. I, "How New and Assertive Is China's New Assertiveness?", *International Security*, Vol. 37, No. 4, 2013, pp. 7 - 48.

段,学者关切的问题主要有:民族主义情绪在中国的最新发展情况,其与外交政策之间的关系,以及可能带来的问题。大规模问卷调查和社交媒体为海外学者提供了新的可分析资料。唐文方等较早使用统计方法检测了中国民族主义在世界范围内的影响程度;[①]潘婕和徐轶青(Jennifer Pan & Yiqing Xu)使用主成分分析(PCA)和探索性因子分析(EFA)等统计方法分析大规模调查的样本,发现公众意识形态偏好的配置方式直接影响其对民族主义的支持程度;[②]凯恩斯等使用内容分析的方法研究社交网络中"普遍存在的民族主义情绪"。近年来,由于发现基于两种数据得出的研究结论相差较大,海外学者开始重新评估社交媒体数据在反映中国民族主义面貌时的准确性。不过,虽然早期社交媒体平台的数据影响力正在减弱,社交媒体数据的群体代表性等问题也仍然存在,但对多种新兴社交网络平台进行追踪观察仍有必要。

最后,议题关注视阈有待拓展。如表 1 所示,我们对上述三阶段的海外中国民族主义研究议题在文献共被引网络中进行聚类后发现:虽然议题所涉学科越来越广泛,但多学科在智识上似乎未能实现较好地融合,以致议题在横向视阈上渐趋微观甚至琐碎。具体看,第一阶段该议题关注中国民族主义与民主化和现代化的关系。到了第二阶段则围绕中国民族主义的特征、性质、起源、影响等议题产生争论,议题更多被限制在本国政治和国际政治研究领域。第三阶段以后,网络民族主义和地缘政治等新议题研究又迅速凝聚了该领域的大部分海外学者,进一步限制了该议题向更宽阔处拓展。

---

① Tang, Benjamin Darr, "Chinese Nationalism and its Political and Social Origins", *Journal of Contemporary China*, Vol.21, No.77, 2012, pp.811 - 826.

② Pan, J., & Xu, Y,"China's Ideological Spectrum", *The Journal of Politics*, Vol.80, No.1, 2018, pp.254 - 273.

表 1　改革开放以来国际学界有关中国民族主义研究文献的主题演变趋势(SSCI期刊数据库收录)

1978～1995(年)	1996～2005(年)		2013～2021(年)	
议题	议题	占比	议题	占比
中国(不含港、澳、台)、政治、博弈理论、现代化	钓鱼岛；中国外交政策；学生民族主义；大战略；国家安全；民族认同；合法性；回应	36%	数字民族主义；互联网新媒体；中国社交媒体与大数据；小粉红；精英大学生；方法论民族主义；愤青	24%
	中国国际关系理论；全球化；限制；政策反应；国际秩序；国际发展援助	33%	自由国际秩序兴衰；国际政治社会学；经济开放；新权利；金砖四国；美国双重遏制	14%
	崛起的力量；新民族主义；泰国；世界主义；政治学；理论家；民主化	23%	《海洋法公约》；南海争议；强制机制；权威决定论；简约论；越南媒体战略；中国龙；套上铃铛	11%
	北京奥运会；国内结构变迁；全球化；历史与民族主义；协商政治	8%	中国崛起；地缘政治；全球权力差异；道德现实主义；反进入海军条令；公民态度；民族情感；中日领土争端；东海防空识别区	10%
			孔子学院；文化外交；多案例比较研究；亚洲安全架构；韩国；中国民族认同建构	8%
			美台新焦点；主权；自由参与；“一带一路”倡议；全球化	8%
			越南；菲律宾；中日三角经济联动；中国经济治国	7%
			历史教科书事件；中日关系	7%

（续表）

1978～1995(年)	1996～2005(年)		2013～2021(年)	
议题	议题	占比	议题	占比
			中国共产党执政能力：意识形态、合法性与政党凝聚力	7%
			国内观众成本；领导偏好；国内政治；中国自信	4%

海外学者的"他者"视角和方法训练，共同推动中国民族主义研究议题向科学主义和专业主义的微观方向越走越远，但也容易丢失与政治实践密切相关的重要问题。首先，由于意识形态的差异，海外学者往往沉浸于突出中国民族主义在国家和社会间的对立，未能深入关注国家和社会间的互动影响及交叉演进过程。其次，信息技术的快速发展及网络数据的可获得性引导海外学者聚焦中国网民的民族主义话语叙事和情绪表达，然而网络民意数据广泛存在的选择性偏差容易导致学者过分关注民族主义的部分面向而不是整体。因此，综合考虑其在多种媒介载体上的全面呈现，有助于从客观上把握中国民族主义的真实面貌。最后，基于民族主义自身所具有的跨学科属性，全面观察其在政治、经济和社会生活更多方面的具体表现，有利于将中国民族主义的研究议题从本国政治及国际政治拓展到更广泛的学科研究领域。

Overseas Chinese Nationalism Studies since China's Opening-up Reform: Patterns, Trends, and Reflections (1978-2020)

Yuan Gao　Ying Xia

Abstract: Since China's Opening-up Reform, overseas scholars have been paying an increasing interest in the study of Chinese nationalism. By reviewing the relevant literature on Chinese nationalism in the past four decades, this study finds that the literature basically focuses on three topics: 1) the driving force of Chinese nationalism; 2) the influence of Chinese nationalism on China's domestic politics and international relations; and 3) the mechanism of such influence. Overall, the literature has gone through three stages. The first stage was marked by two competitive views on Chinese nationalism: the state nationalism and the mass nationalism. The second stage saw a convergence of these two perspectives. The third stage is featured by the emergence of online nationalism. With the development of methods and data, overseas studies on Chinese nationalism have become a multi-disciplinary field. Meanwhile, certain constraints are also obvious, including for instance, the vagueness of conceptualization, the lack of diversity in analytical perspectives, and the limit of single case study. The studies on Chinese nationalism in the future should attempt to development general theories with the improvements of methods, data and analytical perspectives.

Keywords: Chinese nationalism; overseas studies; state nationalism; mass nationalism; online nationalism

稿　约

1. “复旦政治学评论”为学术性与思想性并重的政治学研究类系列丛书，由复旦大学国际关系与公共事务学院组织编写，每年出版1—2辑。“复旦政治学评论”坚持学术自由之方针，以推动中国政治研究的发展为目标。欢迎海内外学者赐稿。

2. “复旦政治学评论”每辑专题由编辑委员会确定，除专题论文外，还刊载其他中文研究性论文，兼及译稿、研究评论、书评及其他相关撰述。译稿请注明原文语种及出处。稿件须为未在任何报章、刊物、书籍或出版物上发表的作品，会议论文以未出论文集为限。

3. 研究性论文一般以一万字至二万字为宜，其他类型的文字可在一万字上下。

4. 来稿可为打印稿，也可为电子文本。来稿须符合“复旦政治学评论”文稿体例。

5. “复旦政治学评论”实行匿名审稿制度，由学术委员会审定稿件。收到稿件后三个月内，“复旦政治学评论”编辑部即通知作者关于稿件的处理意见。文字打印稿恕不退还。

6. 凡在“复旦政治学评论”发表的文字，并不代表“复旦政治学评论”的观点，作者文责自负。

7. 凡在“复旦政治学评论”发表的文字，著作权归复旦大学国际关系与公共事务学院所有。未经书面允许，不得转载。

8. “复旦政治学评论”编辑部有权对来稿按稿例进行修改。不同意修改者请在投稿时注明。由每辑执行主编负责具体工作。

9. 来稿请附作者署名、真实姓名、所属机构、职称学位、学术简介、通讯地址、电话、电子邮箱地址，以便联络。

10. 打印稿请寄：复旦大学国际关系与公共事务学院“复旦政治学评论”编辑部（邮政编码：200433，地址：上海市邯郸路220号）。电子文本请发至：ChunrongLiu@fudan.edu.cn。

稿　　例

一、来稿请按题目(中、英文)、作者、内容提要(中、英文各200字左右)、正文之次序撰写。节次或内容编号请按一、(一)、1、(1)……之顺序排列。正文后附作者简介。

二、正文每段段首空两格。独立引文左右各缩进两格,上下各空一行,不必另加引号。

三、正文或注释中出现的中、日文书籍,以及期刊、报纸之名称,请以书名号《》表示;文章篇名请也以书名号《》表示。西文著作、期刊、报纸之名称,请以斜体表示;文章篇名请以双引号“”表示。古籍书名与篇名连用时,可用·将书名与篇名分开,如《论语·述而》。

四、正文或注释中出现的页码及出版年月日,请以公元纪年并以阿拉伯数字表示。

五、所有引注均须详列来源。注释一律采用“页下脚注”格式,注释序号为连续编号。参考文献置于正文之后。

六、注释与参考文献请参考以下附例。

(一) 书籍

1. 中文

(1) 专/编著:王沪宁主编:《政治的逻辑:马克思主义政治学原理》,上海人民出版社,2004年,第71页。

(2) 译著:[美]罗伯特·吉尔平:《国际关系政治经济学》,杨宇光等译,经济科学出版社,1989年,第207页。

(3) 文集中的文章:黄仁伟:《关于中国和平崛起道路的再思考》,载上海市社会科学界联合会编:《人文社会科学与当代中国》,上海人民出版社,2003年,第164—175页。

2. 西文

(1) 专著:Aberbach, Joel D., Robert D. Putnam and Bert A. Rockman, *Bureaucrats and Politicians in Western Democracies*, Cambridge: Harvard University Press, 1981, pp.35-44.

(2) 编著: Kenneth Oye, ed., *Cooperation under Anarchy*, Princeton, N.J.: Princeton University Press, 1986, p.38.

(3) 译著: Nikolai Kondratieff, *The Long Wave Cycle*, trans. Guy Daniels, New York: Richardson and Snyder, 1984, chapter 2.

(4) 文集中的文章: Raymond Aron, "War and Industrial Society," in Leon Bramson and George Goethals, eds., *War: Studies from Psychology, Sociology, and Anthropology*, New York: Basic Books, 1968.

(二) 论文

1. 中文

(1) 期刊论文: 阎学通:《中国面临的国际安全环境》,《世界知识》2000 年第 3 期。

(2) 报纸文章: 丁刚:《多边合作求安全》,《人民日报》2005 年 3 月 23 日,第三版。

2. 西文

(1) 期刊论文: Samuel P. Huntington, "How Countries Democratize," *Political Science Quarterly*, Vol. 106, Issue 4, Winter 1991-1992, pp.579-616.

(2) 报纸文章: Robin Wright and Glenn Kessler, "Bush Aims for 'Greater Mideast' Plan," *Washington Post*, February 9, 2004, p.A-1.

七、注释或参考文献,如与上一引用完全相同,可简化为"同上"(英文用"Ibid."表示)。如与上一引用的作者、著作相同,页码不同,可简化为"同上书,第 * 页"(英文为"Ibid., p. *")。

八、互联网上下载的资料除应注明作者、题目、时间等信息外,还应注明完整网址及最后浏览日期。

九、请尽量避免使用特殊字体、特殊编辑方式或个人格式。

图书在版编目(CIP)数据

知识传播与学科自主性建构/陈明明主编. —上海：复旦大学出版社，2023.5
(复旦政治学评论)
ISBN 978-7-309-16782-5

Ⅰ.①知… Ⅱ.①陈… Ⅲ.①政治学-研究-中国 Ⅳ.①D6

中国国家版本馆 CIP 数据核字(2023)第 049644 号

知识传播与学科自主性建构
陈明明 主编
责任编辑/邬红伟

复旦大学出版社有限公司出版发行
上海市国权路 579 号 邮编：200433
网址：fupnet@fudanpress.com http://www.fudanpress.com
门市零售：86-21-65102580 团体订购：86-21-65104505
出版部电话：86-21-65642845
常熟市华顺印刷有限公司

开本 787×960 1/16 印张 16.75 字数 210 千
2023 年 5 月第 1 版
2023 年 5 月第 1 版第 1 次印刷

ISBN 978-7-309-16782-5/D·1158
定价：62.00 元